반퇴의 정석

나이 먹어도 돈 걱정 없는 인생을 사는 법

반퇴의 정석

김동호 지음

중앙books

앞으로 30년,
어떻게 버틸까?

호모 헌드레드(homo-hundred) 시대가 왔다. 2009년 유엔은 '세계인구 고령화(World Population Aging)' 보고서에서 2020년 평균수명이 80세를 넘는 국가가 무려 31개국으로 급증할 것으로 예상해 이를 '호모 헌드레드 시대'로 정의했다. 소수의 사람들만 가능하다고 여겼던 100세 장수가 일반 사람들에게도 해당되는 시대가 열린 것이다.

늘어난 수명, 보장 없는 노후

노후는 길어졌지만 삶은 더욱 팍팍해졌다. 기대수명은 늘어나고 있지만 돈을 벌 수 있는 기간, 소득 기간은 그대로이기 때문이다. 1970~90년의 압축성장시대는 막을 내리고, 만성적인 저성장의 시대의 도래와 함께 인공지능이 인간의 일자리를 대체하는 4차 산업혁명이 도래했다. 과거에는 30년 일하고 벌어놓은 돈으로 짧은 여생을 보내면 됐지만, 고령화 시대에는 은퇴 후 30년을 버틸 수 있어야 한다.

1인 가구는 이미 전체 가구의 25%를 넘어섰지만 많은 이들은 정작 노후에 대한 대비를 못하고 있다. 당장 오늘 하루도 힘든데 인생 후반 일까지 언제 챙기냐며 스스로를 위로하고 합리화하며 세월을 보내는 것이 우리네 현실이다. 국민연금, 퇴직연금이 있어서 안심이라는 말도 다 옛말이다. 현재 직장생활을 하는 사회인 중 상당수가 수명이 길어져 발생하는 장수 리스크에 직면할 가능성이 크다. 특히 국민연금 지급 시기가 61~65세 이후로 대폭 늦춰진 세대는 은퇴 크레바스를 피하기 어렵다. 고단한 인생이 될 가능성이 커지고 있는 것이다.

매일이 전쟁 같은 세상을 살면서 간신히 정년을 채우기도 어렵다. 실제 퇴직 연령은 53세를 갓 넘기기 때문이다. 1969년 이후 세대는 65세까지 기다려야 국민연금이라도 받는다. 더구나 연금의 액수가 많지 않아 그것으로 노후 생활을 보내기도 어렵다. 그래서 퇴직해도 자신의 능력을 지속적으로 활용하여 일하는 인생 이모작의 시기, '반퇴시대'가 온 것이다.

호모 헌드레드 시대를 위한 '반퇴의 정석'

당장 먹고 살기도 바쁜데 퇴직 후의 삶까지 미리 계획하고 준비하기란 어렵다. 그러나 '생각이 반이다' 라는 말처럼 미래를 준비하고자 하는 마음만 먹는다면 지금부터라도 차근차근 노후 대비를 해나갈 수 있다.

한 술에 배부른 투자법이란 세상에 없지만 이 책에 소개한 좋은 예시를 살펴보며 따라해본다면 '반퇴시대'를 현명히 살아가며 30년을 버틸 수 있는 노후 자금을 확보할 수 있을 것이다.

또한 연령별 재산 리모델링을 포함해 주식과 펀드 투자, 부동산 투자, 연금 쌓기를 비롯한 자산관리, 강남 부자들의 돈 불리기 노하우까지 다채롭게 담아냈다. 이 외에도 미래와 노후에 대한 불안감을 없애기 위한 마음 잡기, 노후 준비를 시작하는 법, 재취업의 비결, 사람들과의 관계를 유지하는 법, 건강을 지키는 법, 여가를 보내는 법 등 총 7가지의 '반퇴의 정석'에 대해 다루었다.

행복하고 풍요로운 노후를 위한 인생 솔루션

실질 정년이 50대 중반에도 미치지 못하는 현실을 고려하면 최소한 국민연금을 수령할 때까지 근로소득이나 사업소득이 필요하다. 이것은 반퇴세대의 가장 본질적인 특성이라고 할 수 있으며 이를 위해서는 '재취업의 정석'을 살펴보면 좋을 것이다.

돈과 일 못지않게 중요한 것이 관계라는 점도 간과하지 말아야 한다. 노후 자금이 든든하고 소일거리가 있어도 배우자와 원만하지 못하고 친구가 없다면 행복하기 어렵기 때문이다. 마지막으로 빼놓을 수 없는 노후의 백미인 여가를 보내는 방법도 소개했다. 오래 살면서 개미처럼 일만 하거나, 혹은 노후에 쓸 돈이 없어 매일을 무료하게 보낸다면 백세시대는 축복이 아니라 불행이기 때문이다.

이 책을 통해 부디 미래에 대한 막연한 불안감을 가진 독자들이 불안과 궁금증을 해소하고, '반퇴의 정석'이 여러분의 행복한 미래를 위한 초석이자 백세시대의 실용적인 나침반이 될 수 있기를 간절히 바란다.

2017년 겨울, 김동호

차례

들어가며 앞으로 30년, 어떻게 버틸까?   4

1 호모 헌드레드 시대가 왔다

마인드의 정석

이제는 백세 시대를 설계하라   15
일본도 피하지 못한 '노후 빈곤 세대'   18
노후 30년 안전벨트는 4층 연금   21
65세 정년 연장은 환상이다   27
인생 이모작의 골든타임   30

2 노후 준비, 빠를수록 좋다

인생 설계의 정석

30대, 이미 주사위는 던져졌다   37
40대는 노후 준비의 황금기   42
은퇴 크레바스를 대비해야 하는 50대   46
임금피크제는 기회인가 함정인가   50
6070을 위한 노후 준비   55

3 내 돈은 내가 굴린다

노테크노련한 재테크의 정석

'30년 가계부'를 써라   65

나 자신을 펀드매니저로 만들어라   71

🕱 주식으로 돈 벌기 위한 7대 조건   77

🕱 증시서 털리는 개미들의 5대 특징   83

🕱 외국인이 좌우하는 국내 증권시장   88

주택, 반드시 보유해야 할까?   92

🕱 주택연금 현황   100

노후 월급은 현역 시절 만들어라   103

🕱 억대 연봉은 누가 받나   109

🕱 민간 기업을 뛰어넘는 공무원 급여   112

이벤트별로 자금 계획을 세워라   115

재산이 불어나는 절세의 방법   121

🕱 세액공제&소득공제   126

증여&상속의 방법   128

연금&보험이라는 안전판   135

🕱 금융소비자 정보포털 '파인'   143

🕱 미래의 월급 IRP   147

퇴직 무렵 부채는 족쇄다   151

🕱 금리가 오르면 가능한 이자생활   157

⊙ 미국 기준금리의 파급 경로 162

⊙ 20대의 재산 리모델링 164

⊙ 30대의 재산 리모델링 168

⊙ 40대의 재산 리모델링 172

⊙ 50대의 재산 리모델링 176

⊙ 60대의 재산 리모델링 180

4 경력을 리모델링하라

재취업의 정석

퇴직 후 5년이 고비 187

재취업을 준비하는 법 192

⊙ 실업급여 활용법 197

해외에서 재취업 기회를 잡는 법 199

현직에 있을 때 갈 곳을 정하라 205

재취업에 필요한 스펙 208

4차 산업혁명에 필요한 직업 211

토끼보다는 거북이가 유리하다 218

과거는 잊고 오래 다닐 곳을 찾아라 221

자영업은 어렵다 225

창업은 차라리 일찍 시작하라 229

자영업자에게도 정년이 있다 233

⊙ 자영업자의 노후 대비를 위한 '노란우산공제' 238

CEO에게도 이모작은 필요하다 241

5 새로운 관계에 대비하라

관계의 정석

부부가 2인 3각으로 준비하라   249

🎲 부부 5계명   255

남녀의 65세 이후는 다르다   259

졸혼에도 대비하라   264

🎲 황혼이혼   267

자식에 기댈 생각은 접어라   270

장성한 자녀의 귀환을 막아라   276

손주와 놀아줘라   279

노인종합복지관을 이용하라   283

인적 네트워크를 리셋하라   288

스마트폰의 시대를 대비하라   292

6 건강이 노후를 좌우한다

건강관리의 정석

평소 즐기면서 관리하라   299

부모 간병에 대비하라   304

웰 다잉을 준비하라   310

🎲 노인장기요양보험   313

의료 파산에 대비하라   314

🎲 실손보험은 실속을 챙겨라   319

최후의 1인은 실버타운을 이용하라   323

7 인생의 풍요로움을 즐겨라

여가의 정석

여행은 노후의 필수품이다   331

악기를 배워라   337

귀농·귀촌은 모방하라   342

나가며   행복하고 여유로운 삶을 위하여   348

START
FINISH

1
—

호모 헌드레드
시대가 왔다

마인드의 정석

이제는 백세 시대를 설계하라

"회장님 100세까지 만수무강하십시오." (임원)

"……." (회장)

장수시대가 되면서 떠돌기 시작한 우스갯소리다. 이렇게 새해 인사 말씀을 올리자 어느 중견기업 회장의 표정이 갑자기 어두워졌다고 한다. 창업 1세대 회장쯤 되면 나이가 80세를 넘어선 경우가 많다. 그런데 "100세까지 건강하게 잘 사시라"고 하면 곤란하다. 여생이 20년도 안 된다는 말이기 때문이다. 기대수명이 짧았던 조선시대 같으면 100세 장수가 덕담이지만 이제는 그렇지 않다.

사실 100세는 신 같은 존재나 경험할 수 있는 나이였다. 구약성경에는 100세에 아들을 낳았다는 얘기도 나오지만 보통 인간과는 거리가 먼 얘기다. 중국 고전에도 100세를 살 것도 아닌데 무엇 하러 100년

앞을 걱정하느냐는 산문 구절이 나온다. 그래서 100세는 '병 없이 하늘
이 내려준 나이'라는 의미의 상수(上壽)로 불린다.

하지만 기대수명이 길어지면서 인생 패러다임이 확 바뀌고 있다. 절
제된 음식 습관과 적절한 건강관리를 통해 백세시대가 본격적으로 열
리면서다. 2015년 인구주택총조사에서 100세 이상 인구는 3159명으
로 나타났다. 10만 명당 6.6명이다. 90세 이상 인구는 15만 명을 돌파
했다. (갓난아기를 포함해) 1000명당 3명이다. 인간이 백세를 사는 호모
헌드레드가 더이상 신화가 아닌 현실이 된 것이다.

백세시대의 공식화, '노후준비지원법'

이같이 인구지형이 급변하자 정부는 2017년부터 백세시대를 공식화
했다. 2016년 12월 29일 국가노후준비위원회를 열어 '제1차(2016~
2020) 노후 준비 지원 5개년 기본계획'을 발표했다. 2015년 제정된 '노
후준비지원법'을 시행한 것이다. 그동안 개인의 문제로 치부했던 백세
시대 준비에 국가가 적극적으로 관여하는 것은 바람직하고 당연한 조
치다.

이를 계기로 개인의 자세와 대응도 바뀌어야 한다. 백세시대가 남의
일이 아니라 나의 일이고 사회 패러다임의 변화를 초래한다는 사실을
인식해야 한다. 당장 베이비부머는 100세를 살게 됐지만 젊은 세대일
수록 부담이 더 커진다는 사실을 깨닫고 대비에 나서야 한다. 퇴직을
앞둔 베이비부머는 당장 발등에 불이 떨어졌다.

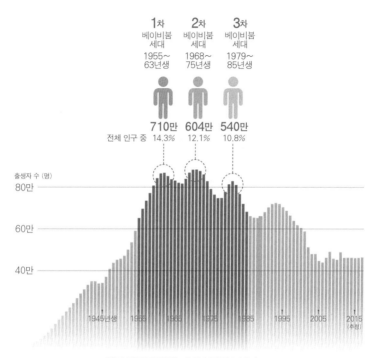

1차
베이비붐
세대
1955~
63년생

2차
베이비붐
세대
1968~
75년생

3차
베이비붐
세대
1979~
85년생

전체 인구 중
710만
14.3%

604만
12.1%

540만
10.8%

출생자 수 (명)

80만

60만

40만

1945년생 1965 1975 1985 1995 2005 2015
(추정)

한국 사회를 덮치는 30년 퇴직 쓰나미 자료: 통계청(2015 인구추계)

정부가 노후 준비를 도와준다고 하니 잘된 일이다. 정부는 우선 베이비붐 세대를 대상으로 노후 진단과 상담, 교육 서비스를 해주기로 했다. 퇴직을 앞뒀다면 전국 107개 국민연금공단 지사가 운영하는 지역 노후준비지원센터의 문을 두드리자. 이곳에 가면 정부에서 표준화해 만든 진단지표로 노후 준비 수준을 진단받을 수 있다.

일본도 피하지 못한 '노후 빈곤 세대'

일본은 한때 세계 최장수국으로 부러움을 샀다. 하지만 이제는 고령화 쓰나미로 고통을 받고 있다. 노후 빈곤의 절벽 아래로 떨어지는 고령자가 급증하고 있어서다. 폐지와 깡통을 줍고 연명하다가 거동이 어려워지면 결국 홀로 남아 고독사하는 경우도 부지기수다. 지방자치단체와 자원봉사자가 집 앞에 놓인 우편물을 정기적으로 점검해 생사 여부를 확인하는 서비스가 보편화하고 있는 이유다.

노후 빈곤의 어두운 현실

일본인도 장수의 역습을 상상하지 못했을 것이다. 일본은 세계 3위 경제대국이고 국민소득 4만 달러를 넘어섰지만, 국민의 노후 복지 체계는 의외로 완벽하지 않다. 공적연금이 한국보다 오래전에 도입됐지만 긴 노후를 감당할 정도로 수령액이 많지 않다. 대기업에 장기간 근무했다면 매달 20만 엔 정도 받을 수 있지만, 영세한 기업에 근무해 연봉이 많지 않았다면 한 달에 5만~6만 엔밖에 안 된다.

더구나 자영업을 했다면 쌓아놓은 연금은 훨씬 적다. 결국 일본 사회 역시 노후 준비는 각자도생에 의존하는 부분이 크다. 그래서 연중무휴로 일하는 극빈 노인이 급증하고 있다. 일본에서 출판돼 공전의 주목을 끌었던 《탈, 노후 빈곤》은 이런 실상을 적나라하게 전달하고 있다.

《탈, 노후 빈곤》에서 저자는 어두운 새벽 6시에 무거운 수레를 끄는 한 고령의 남성을 만나게 된다. 연로한 나이에 왜 이런 고된 일을 하는지 궁금해 말을 거니 올해로 80이 되었다고 하는 노인은 연금만 가지고는 먹고살 수 없으니 일을 멈출 수 없다고 대답한다. 국민연금을 받고 있지만 간병보험료, 의료보험료를 연금에서 제하고 나면 1만 엔 정도밖에 남지 않아 수도세, 전기세, 식비 등의 생활비를 제하면 거의 남는 것이 없다는 거였다.

월 3만~4만 엔 연금으로 연명하는 1000만 명

이는 65세 이상 인구가 국민 넷 중 한 명을 넘어설 만큼 고령화가 급진전되면서 나타난 현상이다. 일본 총무성에 따르면 2017년 9월 일본의 65세 이상 고령자는 3514만명에 달한다. 인구 1억2671만명 가운데 27.7%를 차지했다. 90세 이상 인구도 전년보다 14만 명 늘어 206만명을 기록했다. '호모 헌드레드'(100세를 넘긴 사람)도 6만7000여명에 이른다. 일하는 고령자도 늘어나고 있다. 2016년 고령자의 취업자수는 770만명으로 나타났다. 고령자 취업률이 22.3%로 고령자 5명 중 1명은 일을 하고 있다는 얘기다. 미증유의 백세시대에 갑자기 직면하면서 남의 일이라고만 여겼던 노후 파산 상태에 이른 고령자가 일본에서는 해마다 급증하고 있다. 여기서 꼭 반면교사로 삼을 것은 노후의 생명줄은 바로 연금이라는 점이다. 이들 고령자의 약 70%의 생계 유지 수단은 대부분 연금으로 나타났다. 문제는 연금 수령자의 절반 가까이가 월 10만 엔도 안 되는 돈을 받고 있다는 점이다.

일본의 공적연금은 기본적으로 2층 구조로 돼 있다. 기초연금과 후생연금인데, 기초연금은 모든 국민이 의무적으로 가입해 '국민연금'으로 불린다. 그런데 이마저도 가입률이 60%대 후반에 그치고 있다. 더구나 기초연금이어서 수령액이 월평균 5만 엔에 불과하다. 가장 일반적으로 많이 받는 액수는 3만~4만 엔 수준이다. 용돈도 안 되는 돈이다. 그러나 다른 연금 없이 기초연금만 받고 있는 사람은 1069만 명에 이른다는 것이 '2012년 국민생활기초조사'의 보고 내용이다.

한국의 국민연금 역할을 하는 것은 후생연금이다. 이마저 연봉이 많고 오래 근무해야 액수가 상당히 올라간다. 그래봐야 20만 엔을 넘는 경우는 드물다. 결국 기초연금과 후생연금을 합한 노령연금은 월 3~9만 엔을 받는 경우가 가장 일반적이다. 당장 생업도 어려운 팍팍한 세상에 노후까지 준비하는 것은 말처럼 쉽지 않다. 우리에게도 10년 내 '노후 빈곤 쓰나미'가 현실화할 수밖에 없다.

노후 30년 안전벨트는 4층 연금

반퇴시대는 퇴직을 앞둔 1차 베이비부머(1955~63년 출생자 710만 명)를 포함해 취업이 늦고 저성장·저금리가 일상화된 2·3차 베이비부머(30~40대)를 포함한다. 능동적으로 대처하지 못하면 노인 빈곤에 빠질 수밖에 없다. 65세 이상 인구의 노인빈곤율은 49%에 이른다. 젊어서 모아둔 게 없어 퇴직 후 바로 노인 빈곤으로 이어진 결과다.

이런 상황에서 반퇴세대는 앞 세대와 전혀 다른 사회·경제 환경에 직면하고 있다. 반퇴세대는 우선 앞 세대에 비해 노후가 20~30년 길어졌다. 기대수명이 1970년 61.9세에서 2015년 82.3세로 반세기도 안 된 사이에 20년 넘게 늘어나면서다. 사고 없고 건강하면 100세 생존이 가능하다는 얘기다.

반퇴세대의 노후는 고단할 수 있다. 저성장·저금리로 인해 취업이 어렵고 어렵게 취업해도 자산을 축적하기 어렵다. 어렵게 돈을 모아도 굴리기 어렵다. 일본과 유럽처럼 마이너스 금리가 도입돼 퇴직자의 이자생활이 불가능해질 가능성도 커지고 있다. 재산을 불리는 지렛대였던 부동산 신화는 막을 내렸다. 이같이 험난한 환경을 극복하고 백세시대를 살아가려면 어떤 준비가 필요할까.

재산 현황 파악이 출발점

우선 재테크 전략을 전면적으로 수정해야 한다. 재산 현황부터 점검할 필요가 있다. 자산과 부채를 확인해 노후 30년을 버틸 수 있는지 확인하기 위해서다. 과거에는 목돈을 모아서 적당히 쓰다가 생을 마감하면 됐다. 그러나 이제는 모든 자산의 연금화가 필요하다. 퇴직을 하더라도 매달 나오는 월급처럼 연금을 받아야 30년 노후를 보낼 수 있다. 준비는 빠를수록 좋다. 30대부터 시작하라는 얘기다.

당장 줄줄이 퇴직하고 있는 베이비부머(1955~63년 출생자)는 발등에 불이 떨어졌다. 베이비부머는 55년생을 시작으로 2015년부터 환갑이 되기 시작했다. 이미 현업에서 물러나고 있는 만큼 새롭게 준비할 겨를 없이 바로 반퇴시대에 진입하게 된 세대다. 이들은 과감한 도전보다는 안정적인 노후 준비 전략을 짜야 한다.

자녀를 독립시키고 자신이 현업 시절 쌓은 전문성과 능력에 걸맞게 인생 이모작을 모색하는 데 집중할 필요가 있다. 퇴직금은 연금으로 돌리고 보유한 주택은 작은 집으로 갈아타는 게 좋다. 이렇게 규모를 줄인 주택은 노후를 보낼 보금자리로 쓰면서 주택연금으로 활용하면 된다.

40대를 위한 고도의 반퇴 전략

40대가 주축인 X세대(1968~75년생)는 고도의 반퇴 전략을 짜야 한다. 이들은 50대인 베이비부머보다 더 힘겨운 노후를 보낼 가능성이 크다. 베이비부머는 고성장 시대에 공부하고 사회에 진출해 취업이 잘 되고 자산을 축적할 여건이 좋았다. 그다음 세대로 갈수록 취업이 어려워지고 자산 축적 여건이 나빠지고 있다. X세대는 1차 베이비부머에 비해 모아놓은 자산은 절대적으로 적을 수밖에 없다.

　30대가 주축인 Y세대(1979~85년생)는 시간적 여유가 많다. 그러나 서른 살부터 적극적으로 대비해야 넉넉한 노후 준비가 가능하다. 반퇴 준비 여건은 1차 베이비부머는 물론이고 X세대보다 더 나쁘기 때문이다. 이들 상당수는 극심한 취업난을 겪으면서 취업과 결혼이 늦어져 경제적 기반 마련에 어려움을 겪은 경우가 많다.

　사회에 진출해서도 고령화된 구조에서 일하게 되면서 다양한 기회를 갖기가 쉽지 않다. 더구나 저성장·저금리 구조는 이들의 재산 형성을 어렵게 만들었다. 이들의 소득에 비해 여전히 자산 가격이 높다는 점도 걸림돌이다. 서울 반포동 아크로리버파크(전용면적 84㎡)의 시세는 20억~25억원에 달한다. 교통 여건이 뛰어나고 한강 조망까지 가능한 신축 아파트라는 이유에서 천정부지로 가격이 뛰고 있는 것이다. 서울 강남은 재건축 아파트가 줄줄이 대기하고 있어 가격 상승 도미노가 당분간 이어질 수밖에 없다. 이는 전국적으로 여파를 미치게 되고, 그만큼 젊은 세대는 주택 마련 여건이 어려워져 자산 축적에 걸리는 시간도 길어지게 된다.

4층 연금

4층 연금을 쌓아야 하는 이유

연금은 기본 4층으로 쌓아야 한다. 국민연금은 기본이다. 공무원을 비롯한 공공 분야 종사자는 연금이 상대적으로 안정적인 편이지만 봉급 생활자는 월급이 끊겨 소득 절벽에 직면하는 순간 생활의 여유가 없어진다. 미래에셋 은퇴연구소가 발간한 은퇴 리포트에 따르면, 60대와 50대 부부의 적정 은퇴 생활비는 각각 약 260만 원과 300만 원으로 조사되었다. 손자 용돈이라도 주고 1년에 한 번 정도 해외여행을 다니거나 한 달에 한두 번 국내 여행을 다니려면 300만 원으로도 부족하다. 평소 여유가 있다면 국민연금·퇴직연금 외에 개인연금을 쌓고 그 위에 주택연금을 쌓자. 공무원·교원·군인 역시 직역연금 외에 주택연금을 추가로 활용할 수도 있다.

지금까지 주택은 주거 용도로만 쓰였지만 노후가 길어지면 주택을 맡기고 매달 연금을 타는 게 좋다. 9억 원 이상의 고가 주택이라면 집을 팔아 월세를 받을 수 있는 소형 아파트나 도시생활형 주택을 매입하고 거주 주택은 규모를 줄이는 것도 고려할 만하다. 이렇게 4층 연금을 쌓고 현금 흐름을 개선하면 노후는 축복이 될 수 있다.

상속·증여도 고민해야 한다. 어느 정도 자산이 있다면 배우자나 자녀에게 미리 증여하는 게 절세 효과를 높이기 때문이다. 고도성장을 거친 1차 베이비부머는 웬만하면 집 한 채 정도는 가지고 있다. 서울 강남에서는 집 한 채만 있으면 통상 10억 원이다. 평소 증여를 한 뒤 상속 전략을 잘 짜야 절세를 극대화하고 노후를 풍족하게 할 수 있다. 자녀에게 미리 증여할수록 자녀의 경제적 기반도 빨리 형성된다. 증여할 재산을 일찌감치 조금씩 해두는 게 나중에 자녀 간 분쟁도 막을 수 있는 장치가 된다.

30년 보낼 이모작은 필수

반퇴세대에게 이모작은 필수가 됐다. 노후 30년간 등산이나 다니면서 소일할 순 없기에 평소 관심 분야를 개발해 적절한 일거리를 만들어야 한다. 경제적으로 안정돼 있다면 여행이나 취미활동, 자원봉사를 해도 좋지만 실상 경제적으로 자유로운 은퇴자는 많지 않다. 현업 시절 쌓은 전문성과 능력에 걸맞게 이모작을 모색해야 한다.

은퇴 크레바스에 대한 대비도 필요하다. 크레바스는 빙하지대에 발생한 거대한 균열이다. 퇴직 직후 소득이 줄어들거나 일을 그만두게 되면 상실감과 우울증에 빠질 수도 있다. 노후 안정의 기반은 현업에서

오래 살게 되면서 달라진 노후 환경

	과거	현재
경제 환경	고성장(7~10%)	저성장(2~4%)
예금 금리	고금리(7~10%)	저금리(2~4%)
기대수명	61.9세(1970년 기준)	82.3세(2015년 기준)
퇴직 후 노후 기간	10~20년	30~40년
부동산의 재산 가치	집값 꾸준히 상승 (퇴직 후에도 분양, 매매, 신축 등으로 재테크 가능)	집값 둔화되고 양극화 (퇴직 후 대출금 남아 있으면 오히려 짐이 될 가능성)
연금의 필요성	필요성 낮음	생존 위해 필수
의료비 지출	수명이 짧아 부담 작음	70세 이후 부담 급증
노후 생활	주로 여가 생활하며 소일	경제 활동하거나 봉사 활동
자녀의 부양 가능성	부모 부양하는 자녀 많아	기대하기 어려움

열심히 일하는 평정심의 자세에서 출발한다. 또한 퇴직 후 무엇을 할지 평소 조금씩 고민해둬야 한다. 그러다 보면 자신의 관심이나 전문성을 발견하게 되면서 자연스럽게 인생 이모작으로 연결하는 길을 찾을 수 있다.

인생을 어떻게 보낼지 끊임없이 성찰하는 자세도 필요하다. 저성장·저금리 시대와 고령화가 맞물려 나타난 반퇴시대를 잘 대비할 수 있다면 누구나 즐거운 노후를 보장받을 수 있다.

65세 정년 연장은 환상이다

한국은 2016년 3763만 명을 정점으로 2017년부터 생산가능인구 (15~64세)가 줄어들기 시작했다. 특히 1955~63년 사이에 태어난 1차 베이비붐 세대가 65세 이상 고령인구로 진입하는 2020년부터는 감소세가 더 빨라진다. 게다가 2017년 8월에는 65세 이상 인구 비중이 14%를 넘어서는 고령사회에 진입한 것으로 추산되고 있다. 인구 5000만 명 가운데 700만 명에 달한다.

이렇게 되면 전체 인구 중 생산가능인구가 차지하는 비중은 2015년 73.4%에서 2035년엔 60%로 떨어지고, 2065년에는 47.9%가 될 것으로 전망되고 있다. 이런 식으로 고령화가 급속도로 진전되면 한국은 머지않아 일할 사람 부족을 겪게 될지도 모른다. 개인 차원에서도 걱정이 많다. 퇴직 후 30년 안팎의 여생을 보내야 하는데 노후 준비가 쉽지 않아서다.

정부는 이런 변화에 대응해 정년 추가 연장을 논의하기 시작했다. 2017년부터 모든 직장의 법정 정년이 60세로 바뀌자마자 다시 65세로 늘리는 방안이다. 이 같은 방안은 2016년 12월 29일 국가노후준비위원회 '제1차 노후 준비 지원 5개년(2016~2020년)' 계획의 핵심 과제로 포함됐다.

65세 정년 연장은 그림의 떡?

이 방안에 누구나 솔깃하기 쉽다. 하지만 정책의 효과성을 잘 따져봐야 한다. 결론을 먼저 말하면 65세 정년 연장은 일반 회사원에게는 '그림의 떡'이 될 가능성이 크다. 정년을 연장하면 100만 공무원은 100% 수혜를 입는다. 공무원은 신분 보장이 돼 있어서다. 하지만 회사원은 사정이 다르다. 회사원의 3분 1인 비정규직은 더더욱 아무런 관련이 없다.

민간기업 회사원의 실질 퇴직 연령은 53세로 조사되고 있다. 노동법에 해고를 금지하고 있지만 사업 자체가 없어지면 정리해고가 불가피해지고 법원이 이를 받아들이는 것이 현실이다. 조선·해운 같은 제조업은 물론이고, 은행 같은 금융 서비스업이 명예퇴직을 비롯해 끊임없이 구조조정 봇물을 이루고 있는 이유도 여기에 있다.

이런 상황에서 다시 정년을 65세로 올리면 그 수혜자는 회사원이 될 수 없다. 민간의 경제가 커지고 정부의 역할이 갈수록 작아지는 상황에서 가뜩이나 비대해진 100만 공무원 조직과 30만 공기업 직원의 정년이 추가 연장된다. 국가의 효율성은 한층 더 낮은 단계로 떨어질 수밖에 없다. 민간에선 인공지능과 사물인터넷을 융합한 4차 산업의 확대로 일자리가 급속도로 줄어들고 있다. 여기서 정년 65세 연장은 청년의 일자리 진입을 막아 청년 세대의 '3포 현상'을 더욱 부채질할 수 있다.

선진국의 고용 시스템

선진국은 이러한 문제점을 두루 감안해 정년제도를 개혁하고 있다. 일본의 경우 2013년부터 정년을 65세로 연장했고, 앞서 1998년부터 60세로 정년을 연장했다. 그전에는 55세가 정년이었다. 일본은 정년을 연장하더라도 임금이 55세에서 '피크'를 이루는 경우가 일반적이다. 청년 세대를 채용하는 임금 재원을 확보하기 위한 것이다. 이런 장치가 있어서 고용이 필요할 때 요즘처럼 마음껏 청년을 뽑을 수 있다. 일본의 청년 취업률이 높은 이유다. 또한 정년이 연장되면 그에 적합한 일을 맡긴다. 특히 65세 정년은 일할 능력과 의지가 있는 사람에게 길을 열어주는 가이드라인일 뿐 일괄적으로 적용되지 않는다. 개별 회사가 노사 협의를 통해 새로운 취업 규칙을 만들어 일하는 시간과 업무를 조정한다.

이에 따라 급여는 60세까지는 55세의 75%, 65세까지는 55세 때의 55% 수준으로 감액되는 것이 일반적이다. 독일은 정년이 67세인데 2029년까지 순차적으로 적용한다. 미국에서는 1981년 정년이 폐지되었다. 성과가 부족하면 그것을 근거로 바로 계약이 해지된다. 영국도 2011년에 정년을 없앴다. 한국도 정년을 연장하려면 선진국의 합리적 방안을 참고해 고용시장 전체의 균형을 도모해야 한다.

인생 이모작의 골든타임

연말 연초에는 일자리 이동이 활발하다. 인사이동의 여파다. 한바탕 이동 이후 회사는 아무 일 없었던 것처럼 계속 돌아간다. 빈자리는 후임자로 바로 채워지기 때문이다. 얼마쯤 더 지나면 소식이 들려온다. 누구는 어느 중소기업의 임원으로 영입이 됐다더라. 누구는 귀농했다더라. 누구는 자격증을 따 뭘 한다더라. 아예 창업에 나섰는데 대박이 났든지, 퇴직금을 털어먹었든지 어떻다더라….

어떤 소식이 들려오더라도 무소식보다는 뭐라도 얘기가 들려오면 일단 인생 이모작에 연착륙하고 있다고 볼 수 있다. 어디서 무엇을 하든 새로운 인생 여정에 안착하고 있다는 의미여서다.

문제는 퇴직하고 나서도 아무런 소식이 들려오지 않는 사람들이다. 이들은 일반적으로 재직 중 너무 일에 열중해 정년이 다가오고 있는데도 별 대비를 하지 못한 사람들일 가능성을 배제할 수 없다. 퇴직이란 회사를 떠나는 것이다. 회사에서 20~30년 했던 일을 내려놓고, 가족보다 더 많은 시간을 보낸 동료들과도 작별하게 된다. 다른 한편으로는 완전히 새로운 인생이 열리는 순간이기도 하다.

5060, '신중년'의 시대

이에 대한 대비는 평소 해야 한다. 퇴직 이후 무엇을 할지 고민해 방향을 정해놓아야 하고, 동료들에게도 떠날 시기를 알려 퇴직 이후에도 인적 교류를 할 수 있도록 정서적 유대관계를 형성해놓을 필요가 있다. 이런 준비 없이 회사를 떠난 퇴직자의 일반적인 심리상태는 불안한 과정을 거치는 것으로 조사되고 있다. 회사가 평생 봉사한 나를 버렸다는 배신감마저 든다는 것이다.

퇴직자들의 경험담을 들어보면 50세가 넘으면 순식간에 세월이 지나간다. 이때 우물쭈물하다가 퇴직 통보를 받고 당황할 수 있다. 내 집처럼 익숙했던 곳을 하루아침에 홀연히 떠나야 하기 때문이다. 이에 대한 대비는 직장을 구한 후 어느 정도 자리를 잡게 되는 30대부터 시작해야 한다. 당장 퇴직 이후에 무엇을 할까 구체적인 고민을 시작하라는 것이 아니라 언제든 떠나도 될 정도로 자신의 능력치를 키우라는 것이다.

그런데 마음의 준비가 안 돼 있는 경우가 적지 않다. 심지어 일주일 후 퇴직하는데도 아무 일 없다는 듯 태연한 사람도 있다. 이는 그만큼 요즘 퇴직자가 젊다는 뜻이기도 하다. 아직 마음은 청춘이고 몸도 팔팔한데 정년 절벽에 직면하니 실감이 나지 않는 것이다. 정부도 이같이 정신적, 신체적 젊음을 고려해 2017년부터 준고령자와 고령자라는 표현을 없애고 장년으로 통일하기로 했다.

1991년 제정된 '고용상 연령 차별 금지 및 고령자 고용촉진에 관한 법률'은 50세 이상 55세 미만을 준고령자, 55세 이상을 고령자로 분류했다. 그러나 2017년 하반기부터 준고령자는 개념이 아예 없어지고, 55세 이상은 장년(長年)이라고 부르기로 했다. 60세는 물론 70세도 고령자가 아니라 장년이다. 나아가 정부는 5060세대를 '신중년'이라고 부르기로 했다. 저출산·고령화, 베이비부머 효과 등으로 5060세대가 급증하는 인구구조의 변화를 반영한 것이다. 5060세대 인구는 2016년 1,340만 명으로 생산가능인구의 30.9% 수준이며, 2027년 1,667만 명으로 정점에 이른 뒤 하락세로 전환될 것으로 전망되고 있다. 이들은 주된 일자리에서 50세 전후에 퇴직을 시작해 연금수급 개시(61~65세)까지 인생 2모작을 통한 재취업 일자리를 가질 가능성이 크다. 이후에는 평균 72세까지 사회공헌 일자리에서 활동하는 인생 3모작까지 경험하게 될 전망이다.

이런 변화는 자신이 하기에 따라 물리적 연령과 관계없이 얼마든지 일할 수 있는 시대가 됐음을 의미한다. 55세 이상은 고령자가 아니라 장년이란 틀에서 사회적 대우를 받게 된다. 일할 의욕과 능력만 있으면 얼마든지 일할 수 있도록 연령을 차별하지 않겠다는 정책적 의지를 담고 있다.

인생 이모작의 골든타임

그럼에도 정년 시계는 멈추지 않는다. 이 시계는 일반적으로 50세부터 빨라진다고 볼 수 있다. 나이가 들면 세월이 휙휙 지나가듯 퇴직자들은 50세를 돌아서니 눈 깜짝할 사이에 5년, 10년이 지나간다고 회고한다. 이는 이때가 인생 이모작의 골든타임이라는 의미이기도 하다. 이때 어떻게 하느냐에 따라 이모작의 질이 달라질 수 있다.

이 시기는 또한 회사에서 가장 무거운 업무를 맡고 있을 때라 일 외에는 생각할 겨를도 없다. 그럴수록 시간을 잘 활용해야 한다. 휴일을 너무 소모적으로 보내지 말고 자신을 돌아보는 성찰의 시간으로 갖고 퇴직 이후 필요한 준비를 하는 시간으로 써도 좋다. 그래야 현업에 대한 의욕도 강해지고 미래도 밝아질 수 있다.

2

노후 준비,
빠를수록 좋다

인생 설계의 정석

30대, 이미 주사위는 던져졌다

30대는 인생의 주사위가 던져진 시기다. 사회에 진출해 본격적으로 자리를 잡고 인생의 골격을 쌓아올리기 시작한 시점이다. 인생이라는 시계에서 30대는 오전 6시에서 오전 9시 즈음에 걸쳐 있다. 오전에 하루 계획을 어떻게 세우냐에 따라 그날의 성과가 결정되듯 30대 때 쌓은 기반이 인생을 크게 좌우할 수 있다.

우선 30대 초반에서 중반까지는 스타트가 중요하다. 이때 중요한 일은 크게 세 가지 정도다. 사회 초년생을 지나 전문성을 쌓으면서 사회적 기반을 튼튼히 하고, 재무 준비를 본격화하며, 결혼해 가정을 꾸리는 일 등이다. 물론 어느 것 하나 쉬운 일은 없다.

결혼 자금의 문턱

일단 결혼 문턱부터 높다. 취업난의 여파로 학업이 길어지고 취업이 늦어지다 보면 결혼도 저절로 늦어질 수밖에 없다. 결혼이 늦어지는 만혼이 일반화되고 있는 것이 현실이다. 2016년 평균 초혼 연령이 남성은 32.8세, 여성은 30.1세인 것으로 나타났다. 우리 전통 나이로 바꾸면 남자는 34세, 여자는 31세에 결혼한다는 얘기다.

그런데 결혼을 하기 위해서는 '금수저'가 아니고서는 스스로 최소한의 결혼 자금을 마련해야 한다. 결혼 비용은 남자는 1억5000만 원, 여자는 8000만 원가량 필요하다는 것인 일반적인 조사 결과다. 이 정도 돈을 월급으로 모으려면 4~5년으로는 어림도 없다. 병역까지 마쳤다면 더 많은 시간이 걸린다. 월급을 받아도 이리저리 나갈 곳이 많고, 여유분을 저축하려 해도 저금리 구조라 굴리기도 쉽지 않다.

그럼에도 이때 뿌리를 튼튼히 쌓아야 노후까지 바라본 재무적 기반을 갖출 수 있다. 돈이 돈을 버는 복리의 마법처럼 돈은 시간이 만든다는 점을 반드시 기억할 필요가 있다. 한 달이라도 빨리 시작하면 시간이 지날수록 축적의 크기는 커진다. 똑같은 수입을 벌어들이는 두 사람이 있을 때 30세부터 체계적으로 저축하는 사람과 쓸 것 다 쓰고 40세부터 저축하기 시작하는 사람의 결과는 다를 수밖에 없다.

30대의 재테크 5계명

이를 위해서는 30대의 재테크 5계명을 기억해둘 필요가 있다. 먼저 선

저축·후소비가 필요하다. 명품가방 사고 명품차 사느라고 종잣돈을 모으지 못하면 4050 때는 땅을 치고 후회해도 소용이 없다. 결국 기회비용의 문제인데 기반을 탄탄히 할 것이냐 아니면 30대부터 인생의 재미를 중시할 것이냐의 차이다. 전자를 선택한다면 소득의 상당 부분을 적금에 넣어라. 또 적립식 펀드를 활용해도 좋다. 아직 젊을 때이니 채권형보다는 주식형에 투자해 고수익을 추구하는 것이 좋다. 금리가 서서히 오르고 있지만 고금리 시대는 오지 않기 때문에 원금보장형 투자상품만으로는 수익률을 올리기 어렵다.

이렇게 종잣돈을 만들면서 목돈이 마련되면 주택을 장만할 수 있다. 처음부터 너무 욕심을 내지 않아도 좋다. 인기지역이나 대형 평수를 고집하지 말란 얘기다. 소형 평수부터 변두리부터 시작해 점차 인기지역으로 대형 평수로 관심을 높이면 된다. 다만 계속 시장 상황을 살펴야한다. 부동산은 수급이나 정부 정책에 따라 수시로 상황이 바뀐다. 물론 너무 성급하게 판단하는 것도 금물이다. 부동산은 소형이라도 한 번투자하면 쉽게 환금하기 어렵다. 취득세와 양도세를 내야 하므로 비용도 따른다.

셋째, 기혼자라면 부부가 함께 의사결정을 내리는 것이 중요하다. 요즘 젊은 세대는 배우자의 수입 상황을 잘 모르는 경우가 적지 않다. 부부가 모두 직장에 다닐 경우 각자 사회생활의 패턴이 다르다 보니 소득에 대해 서로 정확히 모르기도 한다. 그러나 부부가 서로의 재무상태를 밝히고 함께 힘을 모아야 자원의 효율성을 극대화할 수 있다는 것을 기억해야 한다. 서로 재무상태를 모르면 무리한 주식 투자에 나서거나 과소비를 해도 견제할 방법이 없는 것도 문제다.

넷째는 육아에 대한 계획이다. 여성들이 뜻하지 않게 경단녀가 되기 쉬운 것은 출산과 육아로 인한 결과일 경우가 많다. 부부가 모두 소득을 올리면 아무래도 가계 소득의 증가속도가 빠를 수밖에 없다. 이런 점에서 남편의 역할이 특히 중요하다. 아내가 경단녀가 되지 않도록 가사일을 더 많이 한다는 자세를 가져야 하고 실제로 그래야 30대 경단녀의 고비를 넘길 수 있다. 백세시대에는 꾸준한 사회생활도 필요하고 인생의 자아실현도 중요하므로 출산 후 어떤 일이든 직업을 갖는 것이 중요하다.

마지막으로 조기 교육으로 인해 발생하는 불필요한 돈을 많이 쓰지 말라는 것도 기혼자들이 유의해야 할 점이다. 한국은 초경쟁 사회다. 유년 시절부터 사회에 진출해도 경쟁은 끊임이 없다. 어차피 평생 경쟁하며 살아야 하기 때문에 유년 시절부터 경쟁의 부담을 줄 필요가 없다. 어릴 때는 아이들에게 돈을 퍼붓기보다는 많은 것을 보여주고, 감성을 기르는 기회를 만들어주는 것이 더 좋다. 유년 시절부터 욕심을 내어 온갖 사교육을 시키면 자기주도 학습 능력을 기르지 못하고 돈만 낭비하기 십상이다.

더구나 30대는 결혼 이후 육아가 본격적으로 시작되는 시점이다. 과거에는 '자기 먹을 것은 갖고 태어난다'고 했지만 지금은 전혀 그렇지 않다. 그러다 보니 아이를 한 명만 낳거나 많아야 둘에 그친다. 막상 육아를 하다 보면 전혀 예상하지 못한 돈이 필요하다는 것을 실감하는 것도 30대 중반부터다. 30대 중후반을 지나면 부모 세대가 대부분 은퇴했을 가능성이 크다는 것도 고려해야 한다. 부모의 경제적 자립이 부족하다면 이 부분을 간과할 수 없기 때문이다.

탄탄한 인생 체력을 길러라

경력을 다지는 것도 중요하다. 30대는 회사에서 대리급에서 과장급이 되는 시점이라 왕성하게 일할 때다. 30대 초반은 일을 배우기 시작해 정신없이 지내다 보면 어느새 전문 지식이 쌓이는 시기다. 그러다 30대 후반이 되면 일이 슬슬 무거워지기 시작한다. 팀장이나 선임자가 시키는 대로 하는 단계에서 발전해 일의 중심에 들어서면서 일에 대한 전문성과 고민이 훨씬 깊어지는 시기다. 급격한 산업환경 변화와 이에 따른 상시 구조조정으로 직장에 다녀도 끊임없이 지식을 흡수하고 자신만의 전문성을 확보하지 못하면 좋은 성과를 낼 수 없는 것이 현대 사회의 현실이다.

자영업자를 비롯한 개인사업자 역시 30대 중반을 넘어 후반에 이르면 이런저런 시행착오를 끝내고 자신만의 전문 분야를 만들어 놓아야 한다. 한 우물을 팔 것인지, 기존의 시행착오를 밑거름으로 과감하게 업종이나 영역을 바꿀 것인지를 판단해 비즈니스 환경 변화에 신속하게 대응해야 한다. 30대에 탄탄한 인생 체력을 기르면 그 이후 인생 등반이 훨씬 수월해질 수 있을 것이다.

40대는 노후 준비의 황금기

40대가 되면 인생의 무게가 확연히 달라진다. 직장에서는 중간관리자가 되는 시점이며 자영업자를 비롯한 개인사업자는 사업이 궤도에 오른다. 기혼자라면 자녀가 중·고등 학생으로 훌쩍 자랐을 시점이다. 100세 인생의 시계로 보면 오전 9~12시에 걸쳐 있는 시기다. 이때는 노후 준비 과정에서 황금기에 속한다. 이미 30대를 정신없이 흘려보냈다 해도 40대에 바짝 노후 준비의 틀을 탄탄하게 다지면 그 이후에는 훨씬 수월해진다.

하지만 넘어야 할 고비가 많다. 자녀의 교육 문제가 본격적으로 고개를 든다. 공교육 붕괴로 사교육에 의존하는 망국적 현실이 바뀌지 않는 한 사교육비 부담으로 허리가 휘청대는 것도 이때다. 자녀의 사교육비만 줄여도 노후 준비가 순탄할 수 있다. 통계청에 따르면 유치원생을 제외한 사교육비는 2010년 21조 원에서 2015년 18조 원으로 감소 추세에 있다. 사교육비가 줄어들고 있다는 것이다. 그러나 저출산 여파로 청소년이 줄어들고 있으니 사교육비 총량이 함께 감소할 수 있다는 점을 간과해선 안 될 것 같다.

실제로 사교육비 감소를 체감하는 40대 부모는 없을 것이다. 서울의 경우 중학생은 연간 500만 원, 고등학생은 연간 800만 원 가까운 사교육비가 들어간다는 것이 교육부의 통계 자료다. 초등학교 4학년부터 사교육이 슬슬 시작된다고 보면 초4~고3까지 9년간 5000만 원이 들어간다. 자녀가 둘이라면 1억 원이다. 효과라도 있으면 다행인데 일반고라면 상위 10%에 들어야 '인서울'이 가능하다고 하니 투자수익률치고는 한마디로 꽝이라고 할 수 있다. 이 여파로 요즘은 재수, 삼수가 드물지 않다. 이 리스크를 잘 관리해야 노후 준비가 순탄해질 수 있다. 자칫 사교육비에 치여 40대를 보내면 노후 준비에 큰 구멍이 뚫릴 수 있다.

집 마련의 골든타임

설상가상으로 40대는 내 집 마련의 골든타임이다. 요즘은 일부러 집을 사지 않고 월세나 전세로 사는 사람들도 많다. 하지만 자금만 있다면 내 집 마련을 마다할 이유는 없다. 주택은 장기적으로 보면 언제나 끊임없이 우상향 곡선을 그리기 때문이다. 정부의 주택정책이 냉온탕을 오가면서 주택시장이 과열과 침체를 거듭하지만, 주택시장은 역사적으로 보면 늘 오르고 있다. 장기침체에 빠질 때도 있지만 수요와 공급이 해소되면 다시 오름세를 타는 것이 부동산의 속성이다. 역대 정부는 부동산과의 전쟁을 벌여왔지만 시장을 이긴 적이 없다.

요인은 시대마다 조금씩 새롭게 등장한다. 1970년대에는 주택보급률이 문제였다. 수도권으로 인구가 몰리면서 늘 주택이 부족했다. 지금은 사실상 국민소득 3만 달러 시대가 됐다는 소득 변수가 크다. 삶의 질이 높아지면서 주택의 고급화가 진전되고 있다. 아무리 부정하려고 해도 교통과 쾌적함을 비롯한 생활 인프라도 주택 가격 상승의 요인이다. 아파트 거주 문화가 오래되면서 만성적으로 재건축 수요가 발생하는 것도 선호 주택의 부족현상을 초래하고 주택 가격을 높이는 요인이 되고 있다.

이런 과정을 거쳐 부동산은 길게 보면 꾸준히 상승하게 돼 있다. 선진국이 그 결과를 보여주고 있다. 미국·영국·프랑스·호주 등 주요국의 부동산 시세는 지금도 끊임없이 오르고 있다. 경기 과열에 따른 버블붕괴가 때로 주택시장에 충격을 주기도 하지만 장기적으로는 역시 주택 가격이 상승해 온 것이 부동산 시장의 보편적 현상이다. 더구나 주택은 인플레이션 헤지 수단으로도 탁월한 수단이다. 저금리 구조에서도 인플레이션이 조금씩 발생하는 만큼 현금을 보유해서는 손해를 보는 상황이 된다.

자녀가 둘이라면 국민주택 규모(전용면적 85㎡)가 필요하고 서울이라면 분양가가 적어도 5억~6억 원(강남은 9억~13억 원)에 달한다. 지방이라면 부담이 훨씬 줄어든다. 수도권만 벗어나면 국민주택 아파트는 2억원 안팎이면 마련할 수 있다.

여기서 잘 봐야 하는 것이 부동산 시장의 동향이다. 앞으로도 주택은 공급 과잉과 인구 감소로 과거처럼 크게 투자 수익을 기대하기 어렵다. 따라서 무리하게 서울 강남 진입을 하려 하지 말고, 실수요로 집을 마련할 필요가 있다. 집을 투자 대상이 아니라 거주 목적으로 접근하라는 얘기다.

머리가 돌아갈 때 노후 준비를 하라

이렇게 불안한 미래를 대비하려면 인생 이모작도 슬슬 준비해야 한다. 올해 40대 초반인 중견기업 직원 최모씨는 틈틈이 사회복지사 공부를 하고 있다. 주말에 인터넷 강의를 통해 공부한다. 빠르다 싶지만 그만한 이유가 있다. 사회복지사를 하려면 120시간의 자원봉사 실적이 있어야 한다. 평소 주말에 딱히 하는 일이 없으니 미리 자원봉사 자격 요건을 갖추려는 것이다. 그의 주변에는 이런 식으로 미래를 준비하는 사람이 많다. 머리가 조금이라도 유연할 때 자격증이라도 따놓겠다는 것이다.

올해 40대 후반에 접어드는 정모씨는 공인중개사 공부를 하고 있고 그가 알고 지내는 같은 또래의 여성은 보험설계사 공부를 하고 있다. 공부하는 과정에서 재무 상식이 많아지고 외연도 넓어진다. 여유가 있으면 목공을 배우기도 한다. 손이 유연할 때 배우면 훨씬 빠르게 익히고 안목도 깊어져서다.

이들처럼 노후 준비는 오히려 머리 회전이 유연하고 체력이 있을 때 틈틈이 하는 것이 바람직하다. 40대가 되면 회사에서 중간관리자가 되면서 자신을 돌아볼 시간을 갖기 어려워진다. 그럴수록 귀중한 시간을 잘 활용해 인생 후반을 대비해야 한다. 준비에 필요한 시간은 스스로 만들어야 한다.

은퇴 크레바스를 대비해야 하는 50대

50대가 되면 얼굴에 세월의 흔적이 묻어나기 시작한다. 머리가 희끗해지고 주름도 하나둘 늘어난다. 백세시대의 시계로 보면 낮 12시를 넘어 오후 3시에 걸쳐 있다. 인생의 황금기라고 할 수 있다. 직장에서는 상층부의 직책을 맡기 시작하고, 50대 중반을 전후해 임원이 되는 시기이기도 하다. 자영업을 비롯해 개인사업자라면 업력이 20~30년에 달하면서 사업의 절정기를 맞고 있을 시점이다.

자녀는 어느새 대학생이 돼 있거나 군에 가 있고 50대 후반에 다가서면 자녀의 출가가 시작된다. 30~40대에 육아와 교육으로 정신이 없었다면 50대는 양육 부담에서 슬슬 벗어나는 시기다. 30~40대에 차근차근 준비해왔다면 그간 쌓인 국민연금과 퇴직연금에다 개인연금이 어느새 목돈으로 불어나 있을 때다. 퇴직 후 일시금으로 받지 않고 장기간 또는 종신으로 지급받아 쓰도록 설계해놓았다면 금상첨화가 될 수 있다.

은퇴 크레바스를 대비하는 법

하지만 같은 50대라도 전반부와 후반부의 상황은 완전히 다르다. 50대 전반부는 집에서나 밖에서나 역할이 절정기에 달할 때다. 집에서는 자녀가 대학에 다니거나 군에 가기 위해 휴학하는 등 계속 학업을 하고 있는 경우가 많다. 자녀가 사회에 진출할 때까지 마지막 뒷바라지가 필요하다. 사회적으로도 정점에 올라서 있을 때다. 여유를 찾기보다는 온통 회사 일에 정신을 쏟는 것이 현실이다.

그러다 보면 퇴직 이후를 생각할 겨를이 없다. 사실 노후 준비가 가장 필요한 때가 50대이지만 그럴 만한 여건이 안 된다. 결국 퇴직하고 나서야 인생 이모작에 나서는 경우가 적지 않은 이유다. 가계금융 조사에 따르면 2016년 50대 가구주의 부채를 뺀 순자산은 평균 3억6000만 원에 불과하다.

문제는 이만한 자산으로는 60세 이후 노후 30년을 버티기 어렵다는 점이다. 이제는 60세에 퇴직해도 국민연금이 바로 나오지 않는다. 1969년생 이후는 65세가 돼야 나온다. 은퇴 크레바스를 넘기려면 퇴직 이후를 대비해야 한다. 개인의 노력도 중요하지만 재직하고 있는 회사의 체계적인 지원도 뒷받침돼야 한다.

퇴직 지원 프로그램, 아웃플레이스먼트(Outplacement)

최근 한 연구기관에서 국민연금 수급 시기를 67세 이후로 늦추고, 불입 시한도 지금의 60세 이상으로 늘리는 방안을 내놓았다가 냉담한 반응을 얻었다. 가뜩이나 민간기업의 평균 실질 퇴직이 53세에 불과해 기나긴 은퇴 크레바스를 겪어야 하는데 수급 시기를 늦추면 퇴직 후 생활은 더욱 어려워질 수 있다. 그런데 국민연금 수급 기한을 더 연장하면 국민 상당수가 국민연금을 구경해 보기도 전에 은퇴 크레바스의 계곡 아래로 굴러 떨어질 수밖에 없다. 53세에 퇴직해 67세에 국민연금을 받으면 14년간 버틸 사람이 얼마나 되겠나. 재취업하면 좋겠지만 취업난으로 쉽지 않은 데다 성공해도 연봉이 많지 않고 60세를 넘기면 다시 퇴직 전선에 내몰리는 것이 현실이다.

선진국과 비교했다지만 한국은 외형만 경제협력개발기구(OECD)의 자격을 갖추고 있을 뿐이고, 소득과 자산 격차가 크고 개인 간 양극화가 극심하다. 노인빈곤율은 OECD 최고 수준이다. 이런 상황에서도 국민연금 수급 시기를 늦춘다면 양극화는 더욱 커질 수밖에 없다. 선진국은 절대빈곤은 물론 상대빈곤이 한국과는 비교가 안 될 정도로 해소된 국가들이다. 한국에서도 국민연금의 가입과 수급 시기를 늦추려면 기대수명이 더 길어지고 노인빈곤율이 OECD 평균 수준으로 완화되는 20~30년 후 세대의 장기적 과제로 추진하는 것이 바람직할 것으로 보인다. 당장 퇴직을 앞둔 현재 세대에게는 부적합한 대책으로 보인다.

현재 퇴직을 앞둔 50대에 필요한 제도는 회사의 퇴직 지원 프로그램인 아웃플레이스먼트(Outplacement)를 체계적으로 지원하는 것이다. 종신고용이 관행이던 일본 기업들도 평소 퇴직 지원 프로그램을 시행하고 있는 곳이 많다. 직원이 퇴직 이후에도 전문지식을 활용해 재취업하거나 창업할 수 있도록 인생 이모작에 필요한 교육과 훈련을 시켜준다. 이를 통해 체계적으로 교육 기회를 부여하면 직원은 자신의 퇴직 이후를 안정적으로 준비할 수 있다. 아무런 대비 없이 퇴직하게 되면 100세에 이르는 기나긴 인생을 제대로 보낼 수 없다. 이런 제도적 뒷받침이 없으면 하루아침에 생활이 급변하면서 상당 기간 우울증을 겪기도 한다.

50대가 되면 퇴직 시계가 급격히 빨라진다. 바쁜 일상에 묻혀 이를 느끼지 못하는 경우가 일반적이다. 하지만 50대 중반을 넘어서면 눈 깜짝할 사이에 정년이 다가온다. 연금을 비롯해 노후 자산이 상당히 축적돼 있다면 큰 걱정은 없다. 여기에 자녀 교육까지 거의 끝나간다면 노후는 순탄할 수 있다.

하지만 그렇지 않다면 임금피크제를 적용 받을지, 재취업에 나설지 진지하게 고민하는 것이 필요하다. 임금피크제가 적용되면 급여가 체감적으로 주는 것도 문제지만 60세에 퇴직해 창업하거나 재취업할 만한 곳을 찾기가 어려워진다. 오히려 현직 프리미엄이 있을 때 대기업에 재직중이라면 중견 및 중소기업으로 옮겨 직급을 올리고 임금을 유지하는 것이 훨씬 롱런할 수 있는 길이 될 수 있다.

창업도 조금이라도 젊고 현직 프리미엄이 있을 때가 좋다. 준비하는 만큼 퇴직 후 연착륙이 가능하다는 것이 퇴직자들의 증언이다. 드라마 '미생'에 나오는 대사처럼 "안에는 전쟁터, 밖은 지옥"이라는 말을 어떻게 해석해야 할지 가장 많은 갈등을 겪을 때가 50대라고 하겠다. 선택은 자신을 가장 잘 아는 본인의 몫이다.

임금피크제는 기회인가 함정인가

임금피크제는 윗돌을 빼서 아랫돌 괴는 방식이다. 정년 연장에 따라 기업이 직원을 더 오래 고용하는 대신 장기 근속자의 임금을 낮추고 그 여력으로 신규 취업자를 고용하자는 취지의 고용 연장 시스템이기 때문이다. 한정된 인건비로 정년 연장을 흡수하고 신규 채용도 해야 하는 기업에서 보면 임금피크제는 불가피한 선택이다.

하지만 현장에서는 과도기적 마찰이 빚어지고 있다. 국회가 2013년 5월 정년을 60세로 연장하는 '고용상 연령차별 금지 및 고령자 고용촉진에 관한 법률(일명 정년연장법)'을 제정하면서 기업의 임금 부담 완화를 위해 임금피크제 도입을 의무화하지 않으면서다. 2017년 9월 정부의 양대 노동지침 폐기에 따라 임금피크제 도입 장벽은 더욱 높아지게 됐다.

기업은 2016년 상시 근로자 300명 이상 사업장에 이어 2017년부터 모든 사업장에서 정년 연장이 의무화됨에 따라 다각적인 대책 마련에 나서고 있다. 56~59세부터는 최고 임금 대비 80~50% 수준으로 임금을 낮추는 임금피크제를 도입하고 있다. 하지만 노사의 입장 차이에 따라 순탄치 않은 과정을 거쳐 오고 있다. 근로자들은 임금 삭감 없이 정년 연장을 요구하고 있지만 기업의 입장은 다르다. 인공지능과 로봇을 활용한 4차 산업혁명의 변화 소용돌이에서 살아남으려면 기업의 생존조차 불투명하기 때문이다.

정년 연장을 위한 임금피크제 도입

이러한 이유들이 복합 작용하면서 임금피크제 도입에는 상당한 시간이 걸리고 있다. 고용노동부에 따르면 정년을 보장하되 일정 연령 이후 임금을 감액하는 임금피크제를 도입한 기업은 2016년 기준으로 300인 이상 사업장의 46.8%로 나타났다. 이는 2015년 27.2%에 비해 20%포인트가량 높아졌지만 여전히 보편화했다고 보기 어렵다.

임금피크제가 도입된 경우에도 넘어야 할 산이 많다. 임금이 줄어들게 되면 업무와 역할도 조정될 수밖에 없다. 그래서 선진국에서는 임금피크제와 함께 '점진적 퇴직제도'를 병행하고 있다. 점진적 퇴직제도는 임금피크에 도달한 근로자의 근로시간을 25~75% 수준으로 줄여나가면서 임금을 줄이는 것으로, 여기서 확보된 재원으로 청년 고용을 확대하는 제도다. 독일·스웨덴·일본은 정년 연장과 함께 이 제도를 받아들여 장년의 노후 보장과 청년 일자리 확보라는 두 마리 토끼를 잡고 있다.

인생 이모작의 핵심 변수

임금피크제는 앞으로 은퇴를 앞둔 베이비부머 세대의 인생 이모작 과정에서도 핵심 변수가 될 수 있다. 회사원 정모(54)씨는 "정년 60세를 보장한다고 하는데, 주위에서 50대 중반까지 회사에 다니는 사람을 찾아보기 힘들다"며 "정년 60세가 보장된다고 해도 막상 임금피크제가 적용되면 급여에 만족할 수 있을지 걱정된다"고 말했다.

그래서 정씨는 임금이 줄더라도 정년을 채울지, 아니면 조금이라도 젊고 의욕이 넘칠 때 이직이나 창업을 비롯해 인생 이모작에 나설지 고민하고 있다. 하지만 극심한 고용 정체와 실업난으로 새로운 일자리를 얻는 것은 쉽지 않다. 쉰을 넘겨 안정기에 들어가야 할 시기에 창업을 하는 것도 리스크가 커 엄두를 내기 어렵다.

정씨의 딜레마는 퇴직을 앞둔 장년 세대의 공통된 관심사다. 제도적으로는 60세 정년이 보장되고 있지만 현실은 녹록지 않다. 베이비부머 세대인 박모(59)씨는 임금피크제를 믿고 있다가 갑작스러운 조기퇴직 날벼락을 맞았다. 박씨는 이름만 대면 누구나 아는 굴지의 기업에 다녔다. 정년이 58세에서 60세로 연장됐을 때 그는 57세였다. 회사를 2년 더 다닐 수 있다고 생각했다. 하지만 그가 맡았던 사업부가 실적 저하로 구조조정되면서 그도 자리를 내놓아야 했다. 박씨는 "이렇게 될 줄 알았으면 한 살이라도 젊을 때 새로운 기회를 찾는 게 좋았을 것이란 생각이 든다"며 "벌써 예순이 가까운 나이에 아무런 준비 없이 밖으로 나오게 되자 막막하기만 하다"고 말했다.

경총 명예퇴직제도 운영지침

경영자총협회는 일찌감치 2014년 11월 13일 '경총 명예퇴직제도 운영지침'을 발표했다. 경총은 기업이 명예퇴직 활용을 통해 추구해야 할 4대 원칙을 제시했는데, 그 내용을 보면 정년 연장에 따른 기업의 인력 운용 부담 해소책이라고 할 수 있다. 첫째 승진 정체 완화, 신규 채용 확대를 통해 인력 관리의 효율성을 향상시키고, 근로자에게 추가 보상 확보와 새로운 직업 경로를 모색할 수 있는 기회를 제공하라고 권고했다.

또한 명예퇴직제도는 공정하고 합리적으로 설계·운영하며, 근로자의 자발적 선택을 존중하며, 명예퇴직 위로금은 기업의 경영 상황, 정년 잔여기간 같은 복합적인 변수를 고려해 설정돼야 한다고 제시하고 있다. 끝으로 명예퇴직을 실시하는 기업은 근로자의 새로운 직업 경로 모색에 도움이 될 수 있도록 재취업, 창업 같은 전직 지원 서비스를 제공하도록 노력한다는 가이드라인을 제시했다.

이는 상당수 기업이 정년 연장으로 늘어나는 고령자를 수용하는 데 큰 부담을 느끼고 있다는 신호로 해석할 수 있다. 경총이 회원 기업의 대표로서 방안을 제시했지만 기업의 일반적인 고충과 속내를 표현한 것으로 볼 수 있다는 의미다.

이러한 상황을 종합하면 임금피크제는 근로자 입장에서는 근로의 연장보다는 인생 이모작을 준비하는 절호의 기회로 활용한다는 데 방점을 찍어야 할 것으로 보인다. 임금이 줄면 보직을 내려놓는 것을 비롯해 역할이 줄어들게 된다. 이 기간 중에는 현직 프리미엄을 활용해 자신이 가장 잘할 수 있는 일을 찾아보는 것이 좋다. 회사 입장에서는 적극적인 아웃플레이스먼트 지원을 해 인생 이모작을 도와야 한다.

60세 정년 채우기를 선택하지 않고 56세에 조기퇴직해 프리랜서 홍보업을 선택한 최모(61)씨는 요즘 일감이 넘치고 있다. 처음에는 경험이 없어 시행착오도 많이 겪었다. 그럴듯한 명함에 이끌려 재취업했다가 비전이 없어 그만둔 적도 있다. 그런 경험은 금세 최씨의 인생 자산이 되면서 자신에게 가장 적합한 일을 찾는 원동력이 됐다. 최씨는 "적당한 때가 되면 빨리 현실에 부닥쳐야 빨리 적응한다"며 "그래야 현업에 있을 때 경험과 인적 네트워크도 최대한 활용할 수 있다"고 말했다.

임금피크제의 득실

임금피크제는 재무적으로 득실을 잘 따져볼 필요가 있다. 민간기업에서는 보통 57~58세부터 '임피'가 시작되고, 정년이 원래 58세였던 공기업은 59세부터 적용된다. 민간기업은 임피의 효용이 어차피 공기업보다 크지 않다고 할 수 있다. 임금이 깎인 채로 3~4년 더 다녀도 공기업 임금을 따라가지 못하기 때문이다. 대기업이라면 임금이 높겠지만 임원이 아니고서는 55세를 넘는 직원은 찾아보기 어렵다.

임금피크제는 자칫 임금이 깎였는데도 회사를 계속 다닐 수 있다는 환상에 사로잡혀 더 길게 내다봐야 하는 인생 이모작을 방해할 수도 있다. 정년 연장이 제도화됐다고 해도 실질적으로 보장되지도 않고, 임금피크제가 도입됐다고 해도 그 임금만 바라보고 있다가는 새로운 기회마저 놓칠 수 있는 백세시대가 현실화하면서다.

6070을 위한 노후 준비

예순이 되면 인생 한 바퀴를 의미하는 60갑자를 다 돌게 된다. 장수시대가 오기 전 환갑은 황혼을 의미했다. 성대한 잔치가 벌어지고 온 가족과 친지, 마을 사람과 지인들까지 모여 경사를 축하했다. 하지만 이제는 60대란 제2의 청춘이고 이모작을 시작하는 시간이다. 50대까지는 자아실현을 위해, 가족을 위해 살았다면 60대부터는 자기가 하고 싶은 일을 실천에 옮기고 삶의 여유를 갖는 시간이 돼야 한다.

이를 위해서는 탄탄한 재무적 준비가 돼 있고 자녀 뒷바라지 부담도 없어야 한다. 하지만 현실은 녹록지 않다. 결혼이 늦었다면 환갑을 넘기고도 자녀의 학업을 지원해야 한다. 자녀 출가가 끝나지 않아도 인생이 자유롭지 않다. 설상가상으로 노후 준비가 충분하지 않다면 결국 돈을 벌어야 해서다.

실제로 통계청에 따르면 일자리를 원하는 60~70대는 470만 명에 달한다. 전체 60~70대 인구 870만 명의 50%가 넘는다. 이렇게 일자리를 원하는 사람이 많은 것은 노후 준비가 충분하지 않은 탓이 크다. 1953년생 이후부터는 국민연금이 61~65세부터 나오므로 60대 중반까지는 오히려 은퇴 크레바스에 빠져 생활고에 빠질 수도 있다.

하지만 눈코 뜰 새 없이 지내다 보면 아무런 준비 없이 환갑을 맞이하는 것이 한국인의 평균적인 현실이다. 체력이 왕성하고 의욕도 넘치지만 누구나 직면하는 정년 앞에서는 장사가 없다. 미리 대비해 60세가 넘어서도 계약직으로 계속 근무하거나 재취업에 성공한 경우도 있지만 60세 중반을 넘기기는 어렵다.

재취업에 성공했더라도 회사 오너를 제외하면 예외 없이 언젠가 퇴사를 해야 하기 때문이다. 우리보다 고령화가 앞서 진행됐던 선진국도 사정이 다르지 않다. 일본과 독일 같은 선진국은 정년을 65세 이상으로 연장했지만 내용을 보면 부러워할 만한 일도 아니다. 일본의 경우 55세가 되면 임금피크제가 시작되고, 60세가 되면 다시 임금이 뚝 떨어진다. 결국 60세 이후에는 점진적으로 퇴직하는 단계에 들어간다. 일주일에 사흘 출근하거나 하루에 4시간씩 시간제 근무를 하는 방식이다. 기업이 장년 근로자의 퇴직 후 연착륙을 도움으로써 국가로선 복지 부담을 덜게 되는 수단이다.

60대, 왕도는 없지만 길은 많다

결국 60대가 되고서도 계속 경제적 활동을 하려면 자영업을 비롯한 개인 사업에 의존할 수밖에 없다. 왕도는 없지만 길은 많다. 자신이 하던 분야의 일을 하면 가장 좋지만 그럴 여지는 크지 않다. 시대 흐름에 뒤지고 민첩성이 떨어지면서 그럴 만한 기회가 많지 않아서다. 결국 60세 이후에는 새로운 길을 찾아야 한다.

가장 이상적인 대안은 경험과 연륜을 살리는 길이다. 첫 번째 현실적 수단은 협동조합이다. 협동조합은 공동의 목적을 가진 5인 이상이 모인 사업체로 출자 규모와 관계없이 1인 1표의 의결권을 가진다. 한마디로 뜻이 맞는 친구나 동료, 선후배와 공동사업을 할 수 있다. 조합원은 출자 자산에 한정된 유한 책임만 지므로 사업이 잘 안 돼도 리스크를 차단할 수 있다.

2013년부터 도입된 협동조합은 도입 3년 만에 1만 개가 넘어섰다. 집수리·청소·세차부터 복지·육아와 교육·훈련, 문화·예술, 벤처·축구단까지 없는 게 없다. 잘 되면 돈을 벌어서 좋고, 그냥 유지만 돼도 사회활동의 텃밭이 되니 좋다. 협동조합을 하기 전에 인생 후반 전직 지원 프로그램을 통해 약간의 교육을 받아도 좋다.

60대는 이같이 오랜 사회 경험과 인적 네트워크를 통해 자신의 관심 분야를 협동조합을 통해 사업화해볼 만하다. 정년이 없고 적절한 사회적 네트워크가 유지되면서 역동적인 사회활동이 가능하므로 60세 이후의 인생 이모작에 안성맞춤이다.

재무적 준비가 탄탄하다면 60대부터는 즐기면서 살아도 좋다. 체력은 왕성하므로 다시 배낭을 메고 전국 일주나 세계여행을 떠나볼 것을 권한다. 60대의 여행은 지긋하게 세상을 들여다볼 수 있어 의미가 깊다.

기대수명

연도	여성	남성
2015	85.2	79.0
2017	85.6	79.5
2020	86.2	80.3
2025	87.0	81.6
2030	87.8	82.7
2035	88.5	83.7
2040	89.1	84.7
2045	89.7	85.5
2050	90.2	86.3
2055	90.7	87.1
2060	91.2	87.8

자료: 통계청

틈틈이 자원봉사에도 관심을 가져볼 때다. 경제적, 시간적 여유가 있다면 자원봉사의 자리는 많다. 시·군·구청 홈페이지를 찾아보거나 문의하면 자원봉사할 곳이 도처에 널려 있다. 그 과정에서 새로운 소일거리를 발견할 수도 있다. 사회적 활동을 한다는 것은 개인은 물론 국가적으로도 도움이 되는 일이다.

가족과의 시간도 무르익는 때가 60대의 특징이다. 자녀의 출가로 며느리와 사위가 새로운 가족이 되고 손자손녀가 등장하는 시기다. 재력 있는 할아버지·할머니라면 좋겠지만 그것이 전부는 아니다. 새로운 가족과의 순조로운 관계 형성이야말로 60대 장년의 새로운 도전이다. 사

회적 관계를 리셋하는 것도 60대의 숙제다. 퇴직 후에는 남을 사람만
남고 대부분 주변을 떠나기 때문이다. 주변에 남은 사람들과의 돈독한
관계야말로 노후의 든든한 버팀목이 될 수 있다.

70세가 넘어서도 계속 일하려는 이유

인생 70년을 살았다는 뜻의 '고희'는 당나라 시인 두보(杜甫)의 '인생칠
십고래희(人生七十古來稀)'에서 유래했다. 수명이 짧았던 옛날에는 보기
드문 나이였다.

한국노인인력개발원 자체 설문에서 '언제까지 일하고 싶냐'고 묻자
평균 74세로 나타났다. 실제로 한국노인인력개발원에 따르면 2015년
정부에서 인건비 등을 지원받아 기관·기업에 채용된 60세 이상 고령
자 중 절반이 넘는 66.9%가 70대다. 60대(17.6%)보다 4배 가까이 많았
다. 이는 60대는 자력으로 재취업하거나 개인 사업을 하는 경우가 많
다면, 스스로 재취업할 능력이 떨어지는 70대가 되면 정부 지원을 받
아서라도 계속 일하려는 사람이 많기 때문이라고 해석할 수 있다. 고령
자 채용을 위해 마련된 고령자 친화 기업도 지원자의 평균 연령이 68
세에 달한다.

이같이 70세가 넘어서도 계속 일하려는 이유는 무엇일까. 70대가 활
발히 사회활동을 이어가는 것은 신체 능력이 저하되는 속도가 이전 세
대에 비해 현저히 느려진 것과 무관하지 않다. 일본에서는 10년 전과
비교했을 때 고령자의 신체 능력이 5~10세 젊어졌다는 연구 결과도 나

왔다. 70대가 60대 못지않은 체력과 지적 능력을 갖고 있다는 것이다.

재무적 이유도 있다. 먼저, 계속 사회활동을 하다 보니 돈이 필요한 경우다. 통계청이 55~79세를 대상으로 실시한 설문에 따르면 절반이 넘는 사람이 취업을 원하는 이유로 '생활비 보탬'(57%)을 꼽았다. 전문가들은 의식주에 필요한 '필수 생활비'가 아니라 여가 비용이 필요한 현실이 반영됐다고 분석했다. 그러면서 이들을 '앙코르 라이프 세대'라고 표현했다.

노후 준비가 충분하지 않은 것도 일하려는 배경 중 하나다. 한국의 65세 이상 노인빈곤율은 48.6%로 OECD에서 가장 높다. OECD 평균 (12.4%)의 네 배에 달한다. 일본은 19.4%에 그치고 있다. 노인빈곤율은 중위소득(소득순으로 나열했을 때 중간에 있는 값)의 50% 미만인 인구가 전체 대비 차지하는 비율을 의미한다. 밥 굶는 사람은 없는 시대이지만 상대적 빈곤을 겪는 고령자는 많다는 의미다. 해외여행을 가고 골프를 치고 손주들에게 용돈을 주면서 자신이 하고 싶은 작은 사치도 부려가며 노후를 보내는 사람이 있는가 하면 최소한의 생계만 유지하기도 벅찬 '하류인생'도 적지 않다.

70대 중반을 넘어서면 인생은 또 한번 크게 바뀐다. 사회적 인연이 크게 줄어들면서 최소한의 사회생활이 시작된다. 인생은 말년이 편해야 한다고 하는데 70세 이후가 평탄해야 행복한 노후라고 볼 수 있다. 이때 반드시 피해야 하는 것이 건강 악화다.

일본의 의료 쇼핑

일본에서는 65세를 넘기면 슬슬 의료 쇼핑에 나선다. 건강보험 덕분에 부담이 크지 않아 조금만 몸이 안 좋아도 병원을 찾는 것은 기본이고, 별일 없어도 병원을 찾아 건강보험 재정을 악화시키는 원인이 되고 있다. 일본 정부는 고령자의 의료 쇼핑이 과도해지자 74세 이전을 전기 고령자, 75세 이후를 후기 고령자로 구분해 의료보험을 차등화하는 정책을 펴오고 있다. 의료 쇼핑을 억제하기 위한 조치다.

이같이 70대가 되면 건강 악화라는 복병이 도사리기에 정기적인 검진을 잊어선 안 된다. 암의 경우 위암이나 대장암은 완치됐다고 간주하는 5년 생존율이 크게 높아졌다. 그러나 췌장암이나 폐암의 치사율은 여전히 높다. 치매도 암 못지않다. 가족의 삶까지 황폐화하기 때문이다. 70세 이후 건강을 유지하고 병원 출입을 하지 않을수록 재무적 부담도 줄어들게 된다. 80대는 증여와 상속 계획도 본격적으로 세워두는 게 안정적인 노후 관리를 위해 좋다.

3
___

내 돈은
내가 굴린다

노테크노련한 재테크의 정석

'30년 가계부'를 써라

요즘 가계부를 적는 사람이 얼마나 될까. 소비가 많은 시대라 사실 적는 것 자체가 일거리다. 그렇다고 가계부의 가치가 없어진 것은 아니다. 가계부란 말 그대로 한 식구의 수입과 지출을 적는 장부다. 이를 통해 얼마나 돈이 들어오고 나가는지 파악할 수 있다. 즉 현금 흐름을 파악하는 가장 강력한 수단이다.

현금 흐름을 파악하는 것은 부자들의 공통된 특징이다. 아무리 소득이 높아도 늘 돈이 부족한 사람은 자신의 정확한 수입과 지출을 모르는 경우가 많다. 지출 규모를 기록하면 스스로 씀씀이를 되돌아보고 불필요하게 새어나가는 지출을 자제하게 된다. 가계부를 적는 자체가 알게 모르게 경제적인 소비 습관을 만들어낸다는 얘기다.

'일일 가계부'가 아닌 '30년 가계부'

구멍가게를 운영하거나 기업을 경영해도 마찬가지다. 돈이 어디서 들어오고 어디에 쓰이는지 모르면 아무리 부지런히 일을 해도 독에 밑이 빠져 있는 것처럼 재산이 붙지 않는다. 그래서 기업에서는 전사적자원관리(ERP) 같은 전산 시스템을 통해 철저한 재무 관리에 나선다. 언제 어디서 돈이 들어오고, 언제 어디로 나가는지 한눈에 알아야 효율적이고 빈틈없이 회사를 경영할 수 있기 때문이다. 이런 시스템의 가장 큰 장점 두 가지는 계획대로 돈을 쓸 수 있고 낭비를 줄일 수 있다는 점이다.

이런 이치를 알고 매일 가계부를 적으면 그렇지 않은 가계보다 훨씬 계획적이고 효율적으로 자산을 운용해 더 많은 경제적 여유를 누릴 수 있다.

그런데 이같이 매일 쓰는 '일일 가계부'보다 더 중요한 가계부가 '30년 가계부'다. 매일 쓰는 일일 가계부는 지나간 과거의 기록이라 미래의 현금 흐름을 충분히 보여주지 못한다. 기대수명이 짧았던 베이비부머의 앞 세대(1940년대 이전 출생)는 미래의 현금 흐름을 중요시하지 않았다. 환갑을 쇠고 10년만 대비하면 됐다. 쌈짓돈처럼 목돈만 있으면 노후를 보낼 수 있었다.

요즘은 수명이 길어진만큼 노후자금이 필요한 것은 물론이고 길게는 30년 늘려 쓸 수 있도록 준비해놓아야 한다. 이를 위해 필요한 30년 가계부는 아직 경험하지 않은 미래의 가계부다. 30년 가계부를 실제로 작성해보면 의외로 큰 충격을 받게 된다. 막상 퇴직해 60세부터 노후 생활을 한다고 가정했을 때 확실하게 손에 쥐는 현금은 얼마 안 되는 예금과 연금밖에 없는 경우가 많다.

그런데 연금이 생각보다 많다는 데 문제가 있다. 공무원·교사·군인은 각각 공무원연금·사학연금·군인연금 등을 받는다. 이들 공공 부문 종사자의 1인당 평균 수령액은 일반적으로 200만 원이 넘는다. 회사원·자영업자가 가입한 국민연금과는 비교가 안 될 만큼 여유가 있다.

따라서 봉급생활자나 자영업자는 일반적으로 은행·증권·보험사에서 판매하는 개인연금을 따로 가입해놓지 않았다면 노후자금이 부족할 가능성이 크다. 30년 가계부를 만들어 시뮬레이션을 돌려보면 이런 허점은 단번에 드러난다. 기본적으로 써야 하는 생활비 지출은 좀처럼 줄지 않고 월급이 끊기면서 소득 절벽에 직면하기 때문이다.

결국 쥐꼬리만 한 개인연금만으로는 풍족한 생활을 보장할 수 없다는 점을 금세 알게 된다. 그나마 개인연금을 한 개라도 보유하고 있으면 다행이지만, 1차 베이비부머 가운데 개인연금에 가입한 비율은 15% 안팎에 그치는 게 현실이다.

이런 노후 준비 부족이 결국 극심한 '노노(老老) 격차'를 만들고, 선진국의 문턱에 들어서고도 한국을 OECD 회원국 가운데 최고 수준의 노인빈곤율을 기록하게 한 배경으로 꼽힌다.

예컨대 최소한의 생활수준을 목표로 월 생활비 200만 원에 맞춰 살겠다면 문제가 없을 수도 있다. 하지만 60세가 넘어서도 70세까지 한동안 지출은 좀처럼 줄어들지 않는다. 공부를 마치지 못한 자녀가 있기라도 한다면 교육비 지원은 물론이고, 결혼자금 지원으로 목돈이 들어가는 바람에 노후에 거액의 빚을 질 수도 있다.

그렇게 되면 결국 월 200만 원의 연금을 받아도 대출이자를 낸다면 순수한 생활비는 훨씬 줄어들 공산이 크다. 더구나 씀씀이가 크면 노후에도 월 생활비가 은퇴 전 수준과 크게 달라지지 않을 수도 있다. 봄, 가을로 국내여행을 가거나 연 1회 해외여행이라도 떠나려면 적지 않은 지출이 발생한다. 손주에게 과자 값이라도 주려면 주머니 사정은 더 좋아져야 한다.

이같이 은퇴 후에도 돈 쓸 일은 많고 지출은 좀처럼 줄지 않는다. 주택 관리비와 통신비를 비롯해 기본 생활비와 재산세·자동차세 같은 고정경비와 병원비가 심심찮게 나가기 때문이다. 더구나 고정적인 수입 없이 연금만 받아 쓰는 것으로는 풍족하지 못한 생활에 직면할 수 있다. 한국의 노인빈곤율이 선진국 최고 수준인 것도 나중에 어떻게 되겠지 하면서 신경을 쓰지 않은 탓에 노후에 쓸 자금이 많지 않은 결과다.

30년 가계부 작성법

30년 가계부는 하루빨리 작성할수록 좋다. 노후 준비의 허점을 적나라하게 드러낸다. 배우자와 함께 만들어보라. 현실을 직시하게 되면서 노후 준비의 동기 부여가 강화된다.

만드는 법은 간단하다. 우선 A4 용지에 미래의 수입과 지출을 죄다 적어보자. 모든 사항이 나왔다면 컴퓨터에 깔린 엑셀 프로그램을 열고 항목을 입력하자. 왼쪽에는 60세를 기준으로 연령을 쭉 적어 넣는다. 기대수명은 90세로 잡는 게 좋겠다. 둘째 칸에는 수입을 적고, 셋째 칸

노후 한 달 생활비 얼마 필요할까

(단위: 원)

구분	부부 기준	1인 기준
서울	259만8000	155만6800
광역시	245만1400	147만4200
도	225만2200	140만7600

자료: 국민연금연구원, '적정 노후 생활비 기준'
(2016년 만 50세 이상 가구원이 있는 전국 5110가구 대상)

에는 지출을 적는다. 매년 예상 수입과 예상 지출을 60~90세까지 적는 다는 얘기다.

십중팔구 충격을 받게 된다. 수입 절벽 상태에서 지출은 더 낮출 수 없다는 것을 알게 된다. 수입은 현역 시절 가입한 개인연금이 전부인 경 우가 많을 것이다. 개인연금이라고 하면 은행·보험·증권사에 가입한 연금저축을 의미한다. 은행은 연금신탁, 보험은 연금보험, 증권사에서는 연금펀드라는 이름으로 불린다. 그런데 문제는 액수가 얼마 되지 않는 경우가 대다수라는 점이다. 지출에 필요한 돈을 매달 200만 원이라고 했을 때 매달 200만 원을 연금으로 받을 수 있는 가계는 매우 드물다.

평생 집 한 채 마련해놓았다면 주택연금으로 돌려서 노후를 꾸려나 가면 되겠지만 생활이 윤택할 리 없다. 결국 30년 가계부를 하루빨리 작성해보고 부족한 부분은 지금부터라도 대비해나가는 수밖에 없다. 현재의 수입을 더 늘릴 수 있다면 가장 좋다.

부부 가운데 아내가 경단녀라면 적당한 소득원을 개발해야 할 것이 다. 물론 취업난이 극심해 아르바이트 구하기도 쉽지 않다. 하지만 노후 생활자금 부족이 불 보듯 뻔하다면 행동에 나서는 게 좋다.

가계에 낭비 요소를 줄이는 것도 현금 흐름을 플러스로 만드는 방법 가운데 하나다. 지금 당장 30년 가계부를 만드는 것이 이런 노력의 첫 걸음이다.

나 자신을 펀드매니저로 만들어라

고금리 시대가 끝나면서 이자생활자가 사라졌다. 젊은 층 사이에선 이자생활자라는 용어 자체가 생소하다. 전혀 경험해보지 않았고 이미 없어진 현상이라 모르는 게 당연하다. 하지만 예전에는 퇴직하면 은행에 목돈을 넣어두고 이자를 받아 생활하는 퇴직자가 많았다. 1990년대 초만 해도 시중은행의 금리가 연 10%에 달했다. 1억 원을 맡겨놓으면 세전이자 1000만 원이 돌아왔다.

그런데 저금리 상황에선 5억 원을 맡겨둬봐야 손에 쥐는 이자소득이 많지 않다. 2~3%대 저금리에서는 이자소득세를 내고 나면 1000만 원을 크게 넘기기 어렵다. 똑같은 금액의 이자를 받으려면 고금리에 비해 무려 다섯 배 많은 원금이 필요하다는 얘기다. 이같이 저금리 현상이 지속되면서 재산 불리기가 너무 어려워졌다.

반면 급속한 고령화로 소득 없이 지출해야 할 노후는 30년 안팎 늘어났다. 환갑을 쇠고도 오랫동안 인생을 지탱할 경제력이 필요하다는 의미다. 재산을 불릴 환경은 나빠지고 돈 쓸 기간이 늘어났으니 자칫 인생이 고달파질 수 있다는 건데, 섣불리 투자에 나서다간 쪽박을 차기 십상이다. 증시가 달아오르면 주식 투자로 돈을 날리고, 해외 투자가 좋다는 얘기에 솔깃해 '묻지 마 투자'에 나섰다가 낭패를 보기도 한다.

스스로 돈을 관리하는 능력을 키워라

이런 일을 당하지 않으려면 돈을 관리하는 능력을 스스로 갖춰야 한다. 두 가지 포인트를 명심해야 한다. 첫째는 재테크의 기본 상식을 알아둬야 한다는 점이고, 둘째는 나 자신이 펀드매니저가 돼야 한다는 점이다. 상식은 다 아는 것 같지만 그렇지 않은 경우가 많다. 특히 돈의 세계에서는 상식이 부족해 낭패를 보는 경우가 많다. 두 포인트는 동전의 앞뒤와 같다. 재테크 상식이 많아야 '셀프 펀드매니저'가 될 수 있고, 자기 돈을 주도적으로 관리하다 보면 재테크 상식은 늘어날 수밖에 없다.

스스로 펀드매니저가 돼야 하는 이유는 본인이 금융상품을 이해하지 못하면 '깜깜이 투자'가 될 수밖에 없어서다. 기업 경영에서도 사장이나 오너가 사업의 본질을 모르면 오래가지 못하는 것이나 같은 이치다. 식당을 해도 주방장에게만 의존하면 오래갈 수 없다는 걸 안다면 이해가 빠를 것이다.

이미 수많은 한국인이 1997년 외환위기와 2008년 글로벌 금융위기 때 묻지 마 주식 투자나 펀드 투자로 낭패를 겪은 경우가 많았다. 외환위기 때는 금융회사에 돈을 맡겼더니 대형은행이 문을 닫고, 글로벌 금융위기 때는 저축은행이 도산해 돈을 날린 경우도 많다. 남들이 좋다는 얘기에 무조건 투자했다가 쪽박을 차거나 반 토막이 난 해외 주식도 부지기수다. 부자와는 거리가 먼 행동이다.

강남 부자들의 재테크 습관

서울 강남의 큰손들은 어떻게 할까. 이들은 재테크와 관련된 책이나 신문 기사를 평소 꼼꼼히 챙긴다. 정부 정책이나 국제 금융시장 동향에도 훤하다. 이를 토대로 은행의 프라이빗뱅킹(PB)이나 증권사 웰스매니지먼트(WM)팀 담당 직원에게 자신의 포트폴리오 구성을 주문한다.

주식은 무얼 살지, 어떤 펀드에 돈을 넣을지, 채권은 무엇을 살지를 직접 판단한다는 얘기다. 금융회사 전문가의 금융지식을 능가하거나 적어도 금융회사 직원의 말을 알아듣는 수준의 지식을 갖췄기 때문이다. 더구나 투자 고수는 촉이 뛰어나다. 투자지식을 갖춘 데다 실전 경험이 많아 언제 무엇을 투자하고, 언제 치고 빠져야 하는지 남다른 감각을 갖고 있기 때문이다.

이런 내공은 하룻밤 사이에 얻어지는 게 아니고 늘 옳은 판단과 결과로 이어지는 것도 아니다. 그래서 전문가의 상담을 참고로 한다. 최대한 많은 정보를 확보해 최적의 투자 판단을 내리기 위해서다. 수익률을 수시로 확인해 결과가 신통치 않으면 돈을 빼고, 성과가 좋으면 계속 맡기는 식으로 자산을 관리한다.

어느 상품이 뜬다고 해서 그냥 덥석 투자하거나 맡겨놓으면 어떻게 될까. 과거 수차례 발생했던 증시 폭락과 저축은행 사태가 보여준 것처럼 자신이 주식이든 채권이든 펀드든 부동산이든 상품의 특성과 흐름을 이해하지 못하면 묻지 마 투자가 될 수밖에 없다. 최소한의 투자 상식이 필요한 이유다.

최소한 '하이 리스크, 하이 리턴'을 알아두자. 수익이 높으면 위험도 크다는 뜻이다. 주식시장이 가장 대표적이다. 주식 가격 제한폭은 ±30%에 달한다. 1억 원을 투자해 사흘 연속 상한가를 치면 2억 원 가까이 손에 쥐게 된다. 하지만 이런 주식을 찾아내는 것은 불가능에 가깝다.

물론 개인도 시장을 이길 만큼 공부하면 기회는 있다. 거시경제의 흐름과 산업 환경 변화를 수시로 파악하고 있어야 한다. 또 돈이 있어야 한다. 한꺼번에 지름신을 타면 주가가 급락할 때 대피할 방법이 없다. 또 주식은 매도의 기술이 필요하다. 하지만 직장에 다니고 개인 사업에 몰두하는 자영업자가 무슨 시간이 있어 주식을 이렇게 공부할 수 있을까.

대안은 적립식 펀드다. 펀드는 통상 30개 이상의 종목을 쓸어담는다. 기업과 산업 분석 전문가인 애널리스트의 의견을 토대로 펀드매니저들이 유망한 주식만 포함하기 때문에 수익을 올릴 가능성이 상대적으로 커진다.

그러나 적립식 펀드 역시 주의할 부분이 많다. 시간적으로 투자 기간이 분산된다고 해서 완전히 위험이 제거되지 않기 때문이다. 세계경제의 장기 침체가 지속되면 적립식 펀드에 투자해도 수익률이 낮거나 원금 손실이 발생할 수 있다.

따라서 적립식 펀드의 경우도 목표 수익률을 달성하면 현금화하는 게 좋다. 적립식 펀드가 주식보다 안정적이란 말만 믿고 너무 오래 보유하다간 낭패를 보기 쉽다. 실제로 펀드 가운데 상당수는 수익률이 마이너스 상태인 채로 방치돼 있다.

펀드 역시 금액 상한선을 정해놓고 투자하되 6개월에 한 번은 반드시 수익률을 점검해야 한다. 주식형 펀드가 불안하다면 안정성이 높은 채권혼합형 펀드가 대안이다. 돈을 맡길 금융회사도 한 곳만 의존하지 말고 분산할 필요가 있다. 수익률이 다르기 때문이다. 발품을 팔수록 노후가 든든해진다는 점을 잊지 말자.

부자들은 결국 방대한 정보를 토대로 빠르게 돈 냄새를 맡을 줄 안다. 2017년 하반기 코스닥이 달아오를 때도 타이밍을 놓치지 않았을 것이다. 코스닥은 정부의 벤처 창업 활성화 정책에 따라 상승 랠리를 펼쳤다. 항암신약 전문기업인 신라젠은 2016년 12월 6일 공모가 1만 5000원에 상장돼 8배 넘게 상승하기도 했다. 2000년 닷컴 버블 붕괴를 계기로 벤처암흑기가 지속됐지만, 박근혜·문재인 정부가 잇따라 벤처 활성화와 혁신창업 생태계 조성에 박차를 가하면서 투자 기회가 살아나고 있는 것이다.

금융자산의 포트폴리오 짜기

금융자산의 포트폴리오 중요성도 빼놓을 수 없다. 예를 들어 1억 원의 금융자산이 있다고 치자. 투자 성향에 따라 사람마다 다르지만 일반적인 경우는 3등분 정도 하는 게 좋다. 우선 3000만 원은 예금에 넣어둬야 한다. 나머지 7000만 원을 투자상품에 넣었다가 쪽박을 차더라도 최소한의 안전자산은 확보해둬야 하기 때문이다.

이런 원리를 생각하지 않고 1억 원의 여유자금이 있다고 해서 몽땅 주식이나 펀드에 투자하면 어떻게 될까. 증시가 대세 상승을 타고 올라간다면 대박을 치게 된다. 하지만 갑자기 블랙먼데이(1987년)나 외환위기(1997년), 글로벌 금융위기(2008년) 같은 금융시장 시스템 붕괴 사태가 발생하면 속수무책 손실을 보게 된다.

주식은 물론이고 적립식 및 거치형 펀드 상품을 갖고 있을 때 또 한가지 주의해야 할 점은 막연하게 장기 투자가 좋다고 생각하면 안 된다는 점이다. 실제로 시장 트렌드의 변화를 쫓아가지 못하면 수익률이 떨어진다. 따라서 무작정 장기 투자하기보다는 관심을 가지고 포트폴리오를 정기적으로 바꿔줘야 한다.

무엇이든 관심을 갖고 가까이 하게 되면 누구나 전문가가 된다. 돈도 마찬가지다. 이것저것 계속 시도해보라. 다양한 시도가 필요하다. 예컨대 여윳돈이 있어 간접 투자에 나선다면 펀드와 주가연계증권(ELS)에 분산 투자하는 방법도 좋다.

펀드는 상품 선택과 투자와 환매 시점을 내가 정하지만, ELS는 똑같이 증권시장에 투자하지만 나에게는 결정권이 없다는 차이점이 있다. 투자 상품의 특성을 고루 이해해야 전체 자산의 투자수익률을 높일 가능성이 커진다. 계란을 한 바구니에 담지 않는 효과는 덤으로 오게 된다.

주식으로 돈 벌기 위한 7대 조건

서울 강남구 도곡동 타워팰리스에 사는 A씨는 지식이 해박하다. 늘 책을 끼고 산다. 골프를 치러 나가 있는 동안에도 동반자들이 쏟아놓는 세상사에 관심을 기울인다. 이런 습관 덕에 그는 회사를 퇴직한 지 20년이 넘지만 나라 안팎 사정을 훤히 꿰고 있다. 그의 금융자산은 일반인으론 상상하기 어려울 만큼 많다. 자산의 대부분을 주식 투자로 불려왔는데 1년 전부터는 직접 투자에서 손을 뗐다. 대신 그는 성과가 입증된 펀드매니저 여러 명을 통해 돈을 분산 투자한다. 시장을 복잡하게 관찰하는 일에서 벗어나 큰 흐름을 보면서 펀드만 관리하면 된다. 그는 "이제 주식은 개인이 직접 해서는 감당하기 어려운 상황이 됐다. 간접 투자를 비롯해 다양한 대안 투자를 통해 돈을 관리하는 게 훨씬 좋다"고 말했다. A씨가 밝힌 개인투자자의 핵심 투자요령을 7가지로 간추려봤다. 저금리·고령화시대를 살아가는 이들에게 던지는 시사점이 적지 않다.

1. 주식은 과학이다

주식 투자로 재산을 일군 사람들은 해박하다. 귀동냥으로 한마디 듣고 주식을 사는 깜깜이 개미들과는 차원이 다르다. A씨의 경우 일본 엔화 움직임이나 국제유가 동향이 자신의 주식에 어떤 영향을 미칠지 체계적으로 이해한다. 미국 연방준비제도이사회(Fed) 의장의 금리 관련 발언도 줄줄이 꿴다. 세계 증시에서 비중이 2%도 안되는 한국 증시가 대외경제 변수에 얼마나 즉각적으로 반응하는지를 잘 알고 있어서다.

　주식 투자로 많은 돈을 벌고 있는 사람들은 정부의 경제정책과 정치권 움직임까지 주시하고 있다. 통화재정 논란의 방향이 무엇을 의미하는지, 저출산·고령화의 충격이 경제에 어떤 영향을 미치는지 주시하면서 주식 투자에 나선다. 주식은 과학이라는 얘기다. 2015년 9월부터 가격제한폭이 ±15% → ±30%로 확대되면서 변동성은 더욱 커졌다. 더 과학적으로 접근해야 주식시장에서 기회를 찾을 수 있다는 얘기다.

2. 공부에 또 공부다

주식으로 꾸준히 돈을 버는 사람들은 월가의 전설적인 투자자들에 대해서도 꿰고 있다. 이들은 평소 벤저민 그레이엄, 워런 버핏의 투자원칙을 소개하거나 이들의 투자 역정을 자서전 형식으로 써놓은 책을 손 닿는 곳에 두고 틈틈이 본다. 이런 책들은 시중에 널려 있다. 원서까지 찾아보는 경우도 적지 않다. 예컨대《How To Think Like Benjamin Graham And Invest Like Warren Buffett》은 주식시장의 원리를 터득

하는 데 좋은 책이다.

그레이엄은 버핏의 멘토이자 스승이면서 친구 같은 인물이다. 그레이엄은 1930년대 대공황을 거치는 동안 주식시장에서 실전을 통해 터득한 원리를 바탕으로 체계적인 증권분석이론을 수립했다. 그 이론의 핵심은 가치투자였는데 버핏이 지금도 가장 핵심적으로 고수하고 있는 원칙이다. 주당순이익(EPS), 주가수익비율(PER), 경제적부가가치(EVA) 같은 개념도 그가 일찍이 실전에서 본격적으로 활용했던 투자지표였다.

3. 여행하라

비즈니스맨들은 여행을 많이 한다. 지금도 국내 대기업 회장들은 수시로 해외에 나간다. 타국에서 세상의 변화를 직감한다. 과거에도 마찬가지였다. 예컨대 고 이병철 회장은 삼성그룹을 일으킬 때 고비마다 여행을 떠나 새로운 곳에서 얻은 아이디어와 통찰력으로 신사업의 소재를 찾았다. 고 이병철 회장은 해방 전 중국 대륙을 돌면서 강렬한 충격을 받았다. 넓은 곳으로 나가자 상상할 수 없는 규모의 기업이 많고 새로운 형태의 비즈니스가 이뤄지고 있었기 때문이다. 해방 후 고도성장기에는 일본에서 다양한 전문가를 만나 많은 정보와 지식을 흡수했다. 크고 작은 기업의 비즈니스맨들이 수시로 해외를 돌면서 시시각각 변화하는 세계를 보고 있는 이유도 여기에 있다. 이들은 일반인보다 한발 앞서서 세상의 변화를 감지한다. 주식만 쳐다볼 게 아니라 세상을 보면 주식이 보인다는 얘기다.

4. 신문을 읽어라

신문은 세상만사의 일일 동향 보고서다. 요즘은 온라인 뉴스를 주로 보지만, 신문은 보기 좋게 정리한 뉴스의 보고서와도 같기 때문에 신문이 주는 이점을 간과해서는 안된다. 앞으로 저성장·저금리 시대에는 정보의 중요성이 더 커진다. 멀리 아프리카에서 발생한 일이 세계 경제에 영향을 미치기도 한다. 조금씩 일어나는 미세한 변화에 주목해야 큰 흐름을 읽을 수 있는 시대가 됐다는 얘기다. 이런 미세한 변화는 일일 동향 보고 방식으로 알아두는 게 좋다. 한꺼번에 파악하면 중간 과정을 알 수 없어 전체를 파악하기도 어려워진다. 이같이 시시각각 경제의 흐름을 가장 잘 반영해주는 수단이 신문이다. 기업 실적에 영향을 미치는 유가·환율·금리의 변화를 종합적으로 이해할 수 있으면 한발 앞서 주식시장의 흐름을 예측할 수 있게 된다.

5. 시드머니를 확보하라

종잣돈 없이 할 수 있는 건 거의 없다고 해도 과언이 아니다. 저금리가 장기화되자 주택담보대출을 받아 주식 투자에 나서는 경우도 적지 않다고 한다. 이는 매우 위험한 일이다. 주식이 위험자산(risky asset)이라는 점을 한순간도 잊어서는 안 된다. 국내외를 막론하고 미리 예고된 증시 폭락은 없었다는 점만 기억하면 이해하기 쉽다. 빌 게이츠가 금세기 최고의 경영서라고 극찬한 존 브룩스의《Business Adventures》의 제 1장이 Fluctuation(주가 폭락)인 것도 경제의 첫걸음이 리스크 관리라는 점을 일깨워주고 있다.

저금리만 생각하면 2.5%대의 금리로 주택담보대출을 받아 하루에 10%가량의 수익만 내도 남는 장사가 된다. 하지만 외환위기 때 10년마다 발발해 온 주식시장 폭락 장세는 언제 돌발할지 모른다. 자기자본으로 투자한다면 무리하게 투자할 리 없다. 또 증시가 갑자기 폭락해도 상장폐지만 되지 않으면 언젠가 원금 수준을 회복할 수 있다. 자기자본이 아니면 조바심 때문에 심리적으로 감당하기 어렵다. 종잣돈을 만들어서 투자해도 늦지 않다. 더구나 언제나 현금 여유가 있어야 기회를 잡을 수도 있고, 손실을 최소화할 수 있다는 점도 잊어선 안 된다.월가의 투자 구루(guru)들이 몰빵을 피하고 일정 비율의 현금 보유를 강조하는 이유도 여기에 있다.

6. 장기 투자하라

한때 데이트레이딩이 판을 쳤지만 최근에는 잠잠해졌다. 시장의 변동성이 크게 둔화됐다는 의미로 해석할 수 있다. 이는 증시를 크게 변동시킬 재료가 없다는 뜻이기도 하다. 그래서 2008년 글로벌 금융위기 이후 증시의 급변동 장세는 찾아보기 어려워졌다. 코스피지수의 변동폭도 하루에 움직이는 변동성이 1% 안팎에 불과하다. 이런 상황에서는 역시 장기 투자밖에 없다. 장기 투자를 하려면 종잣돈도 마련돼 있어야 하고 경제와 산업을 이해하는 지식도 갖추어야 한다. 물론 장기투자는 어렵다. 우량 종목을 사서 묻어두라는 투자 격언이 있지만 이를 지키기란 쉽지 않다. 그럴 만한 여윳돈이 없는 장삼이사는 조금만 오르면 팔고, 예상이 빗나가서 하락하면 좌불안석이 되기 때문이다. 그래서 쏟아져 나오고 있는 것이 대안투자상품들이다.

7. 큰 흐름과 대세를 읽어라

경제와 산업, 주식원리에 대한 공부가 충분히 되어 있고 종잣돈까지 확보했다면 실전 투자에 나설 자격을 갖췄다고 봐도 좋다. 그런데 어느 종목을 사야 하는지가 고민이 될 것이다. '누가 뭘 사서 얼마를 벌었다더라.' 이런 유의 얘기는 현실성이 없다. 지속가능한 선순환의 주식 투자가 되기 어렵기 때문이다. 개인은 시장을 이기기 어렵다. 정글 같은 주식시장에서, 만인에 대한 만인의 투쟁이 일어나는 증시에서 유망 종목을 실제 가치보다 쉽게 내줄 주식 보유자는 없기 때문이다.

리스크를 줄이고 어느 정도의 수익을 기대할 수 있는 상품은 간접투자상품이다. 상장지수펀드(ETF) 같은 중위험·중수익 상품이 대표적이다. 각 자산운용사들이 Kodex, Tiger 같은 ETF를 쏟아내고 있는 이유도 여기에 있다. 특정 산업이나 특정 테마에 따라 여러 주식을 펀드처럼 모아서 투자하는 '주식'이므로 급락 위험이 상대적으로 작고 수익을 낼 기회도 많아진다. 너무 다양한 산업의 주식을 끌어모은 펀드보다는 시장을 더 빠르게 반영한다는 특성이 있다. 왕도는 없다. 공부하는 사람만이 기회를 가질 수 있다. 저금리 시대에 유일한 투자의 장인 주식시장을 알아야 하는 이유다.

증시서 털리는 개미들의 5대 특징

자본시장연구원은 2015년 "최근 10여 년간 개인투자자의 거래회전율이 5분의 1로 줄었다"고 밝혔다. 거래회전율은 거래량을 상장주식 수로 나눈 건데 2002년 928%에서 2013년 196%로 뚝 떨어졌다. 전체 거래대금 중 개인투자자 비중도 1999년 76%에서 2013년 47%로 크게 감소했다. 반면 외국인과 국내 금융기관 비중은 각각 5% → 29%, 16% → 23%로 늘어났다. 개인투자자의 거래회전율이 높거나 거래 비중이 높은 주식일수록 수익률은 낮았다. 이 같은 투자 손실 경험이 개인투자자의 투자와 거래 빈도를 낮춘 것으로 보인다고 자본시장연구원은 풀이했다. 왜 이런 일이 되풀이될까. 증시에서 개미투자자가 실패에 빠지기 쉬운 다섯 가지 투자 특징을 모아봤다.

1. 작전에 휘말린다

2015년 메르스로 불리는 중동호흡기증후군으로 온 나라가 비상이 걸리자 증시에서는 메르스 작전주가 고개를 들었다. 국내 증시에는 어떤 계기(event)만 있으면 작전주가 설친다. 작전세력이라고 해야 개인 몇명일 텐데 어떻게 주가를 움직일까 싶지만 그리 어려운 일이 아니다. 삼성전자·현대자동차 같은 골리앗은 대상이 아니다. 작전주 대상은 세상을 놀라게 하는 테마주와 연관이 깊다. 이런 주식들은 시가총액이 크지 않다. 주식 매매는 호가 방식으로 이루어진다. 그러니 그다지 많지 않은 돈으로 호가 주변에 있는 주식을 사들이면 상한가를 만드는 것은 누워 떡먹기보다 쉽다. 값이 오르면 꾼들은 일제히 주식을 팔아 차익을 챙기고 튄다. 이렇게 판을 치는 작전세력에 개미들이 휘말려 낭패를 보는 경우가 많다. 한국거래소와 금융감독원의 담당 부서가 주가가 실적과 관계없이 급등하는 종목을 집중적으로 추적하고 있는 이유도 여기에 있다.

2. 공부 안 하고 시험 본다

어떻게 될까. 좋은 점수를 받을 수 없다. 우리 아이는 학원도 안 가고 잠도 많이 자는데 반에서 1등 한다. 이 아이는 분명 지적 능력이 높다. IQ가 높다는 얘기다. 그 덕분에 수업에 열중하고, 교과서 한두 번 훑어보면 머릿속에 지식이 좌악 입력된다. 그러나 이 아이가 수업에 딴전 부리고 교과서를 훑어보지 않으면 어떻게 될까. 그런데도 반에서 1등을 한다면 기적일 수밖에 없다.

주식 투자의 세계도 마찬가지다. 기업과 산업, 경제에 대한 이해 없이는 좋은 성과를 얻기 어렵다. 증시 격언에 소문에 사고, 팩트에 팔라는 얘기가 있다. 이 격언의 전제는 주식시장을 두루 잘 안다는 거다. 아무리 주식시장을 잘 알아도 시시각각 바뀌는 날씨처럼 증시의 주식 가격은 여러 가지 요인에 의해 변화한다. 이게 도무지 이론적으로 정형화하기 어려우니 나온 게 행동경제학 및 행동투자학이다. 심리학을 동원해 주식시장의 투자 행태를 분석하는 지경에 이르렀다는 얘기다. 작고한 아모스 트버스키와 함께 행동심리학을 연구해왔던 대니얼 카너먼이 노벨경제학상을 받은 것도 이런 흐름의 연장선에서 나온 결과다.

반퇴시대에는 주식시장을 알아야 한다. 저성장·저금리 경제 구조에서는 성장성이 있는 주식에 돈을 오래 묻어두면 돈을 벌 가능성이 크다. 그러나 그런 주식을 알아보는 안목이 한두 달 만에 생기는 게 아니다. 증시에 영향을 미치는 변수는 갈수록 많아지고 있다. 잘나가던 기업과 산업도 어느새 갑자기 수요처가 줄어들면서 비실비실하는 경우가 많다. 그러니 증권사 애널리스트의 예측이 번번이 빗나갈 수밖에 없다. 오랫동안 공부해서 주식시장에서 돈을 벌어야 할 반퇴세대는 무모하게 주식 투자에 나서면 쪽박만 차게 된다는 걸 유의해야 한다.

3. 종잣돈 없이 뛰어든다

"Money makes money." 투자의 기본원칙이다. 돈 있어야 돈 번다는 얘기다. 돈이 없으면 어떻게 하냐고? 투자의 귀재, 워런 버핏에게 물어

보라. 그도 처음에는 돈이 없었다. 가장 낮은 단계에서 출발해 세계 최고의 개인투자자가 된 그는 열 살도 안 됐을 때부터 투자에 관심을 가졌다. 학교만 끝나면 동네 골프장으로 달려가 로스트볼을 주어 모았다. 이걸 클럽하우스에 갖다 팔거나 골퍼들에게 돈을 받고 팔았다. 2015년 한국을 찾았던 알리바바의 마윈도 같은 얘기를 했다. 자기자본을 조금이라도 확보해야 창업의 성공 가능성도 커진다고 했다. 주식도 자기 돈이 있어야 한다는 얘기다. 올 상반기 증시가 약간 달아오르자 돈을 빌려서 투자한 개미투자자들이 나타나고 있다는 얘기가 들려왔다. 저금리니까 이자 부담은 어차피 없다고 생각할 수 있다. 결과는 어떻게 되었을까. 본인들이 잘 알 것이다.

4. 성공담에 솔깃한다

주식 투자로 돈을 번 개인투자자가 얼마나 되는지를 통계적으로 확인할 수는 없다. 손해를 본 사람은 말이 없고, 돈을 번 사람도 웬만하면 말을 안 하는 편이기 때문이다. 그런데 시중에는 누구는 무슨 종목을 투자해서 얼마를 벌었더라는 성공담이 나돈다. 솔깃해서 그 종목에 투자했는데 매수하자마자 고꾸라지더니 몇십% 하락한 채 주저앉아 있다더라. 이런 게 일반적인 성공담의 결말이다. 전설의 투자자는 엄친아 같은 존재다. 어디엔가 있지만 가까이에서는 볼 수 없다. 그 성공담의 실제 주인공은 아마도 주식 투자로 한 건 했을 가능성이 있다. 그런데 우연히 돈을 벌지 않았을 거라는 데 주목해야 한다. 그는 주식을 오랫동안 공부했고, 경제 흐름을 꿰고 있고, 실탄(종잣돈)도 넉넉히 갖추고 있는 사람이라고 봐야 한다. 그냥 뜬소문을 듣고 투자해서 돈을 벌 확률은 로또 당첨 확률과 크게 다르지 않다고 봐야 한다.

5. 일확천금을 노린다

저금리가 본격화하면서 은행예금 무용론이 나온다. 은행에 돈을 맡기지 말라는 투자서도 서점에 널려 있다. 그럼 주식시장으로 가란 얘기인가. 준비 안 된 투자를 기다리는 것은 쪽박밖에 없다. 어쩌다 한마디 듣고 투자해서 일시적으로 성과를 거둘 수도 있지만 오래가지 못한다. 가끔 주식 투자에 실패해 극단적인 사건을 벌인 사람들의 소식이 전해오는 것도 무모한 투자의 결과라고 봐야 한다. 주식을 직접 사고파는 시대는 끝나가고 있다. 다양한 간접 투자 시대가 열렸다는 것도 주식시장을 새롭게 바라봐야 하는 이유다.

외국인이 좌우하는 국내 증권시장

코스피지수가 올라도 주식으로 돈 벌었다는 사람은 많지 않다. 경제 전문가들도 마땅한 답을 내놓지 못한다. 뻔한 모범답안은 있다. "한국 경제의 역동성이 떨어진 결과"라고 한다. 실제로 기업 경영이 위축되면서 한국은 저성장 국가로 전락했다.

이보다 한 수 위 의견은 삼성전자의 단독 플레이 효과라는 설명이다. 삼성전자를 비롯한 삼성그룹 시가총액이 증시 시가총액의 30%에 달하고 있다는 점을 감안하라는 것이다. 삼성전자를 빼면 코스피가 오를 이유가 없고 증시가 좋아진 것도 없다는 설명이다.

하지만 이런 해석도 문제의 본질을 설명해 주지는 못한다. 그러니 주가가 조금만 들썩거려도 증시를 기웃거리는 사람들이 나타난다. 증시에서 코스피가 역대 최고치(2011년 4월 25일 2216)에 근접하면 혹시나 해서다. 하지만 꿈을 깨는 것이 좋다. 국내 증시의 본질이 바뀌지 않는

한 다시 쓴맛을 볼 게 뻔하기 때문이다.

글로벌 경기 변동과 북한 리스크 등의 악재로 증시가 수시로 출렁거린다. 펀드라고 해서 다를 게 없다. 국내 기관투자가들 역시 개미들 뺨칠 정도로 샀다 팔았다를 반복하고 있어서다. 그러니 국내 주식 투자는 밑 빠진 독에 물 붓기가 될 수밖에 없다.

관치금융과 정치놀음이 만든 한국 증시의 실태

워런 버핏이니 피터 린치 같은 전설적 투자자들은 가치 투자를 통해 돈을 벌고 있다. 이들은 한국에 와서도 이 원칙을 지켰다. 철저한 산업 분석을 통해 될 만한 기업에 집중한다. 한국거래소 상장 종목 가운데 외국인 지분 10% 초과 종목은 466개, 전체 2249개 종목의 20%에 그친다.

이 중에서도 핵심 타깃은 삼성전자·SK하이닉스·현대차·현대모비스·포스코 등 블루칩 30개 정도다. 외국인들은 이들 종목의 지분율 50~70%를 차지하고 있다.

이들 주식을 놓고 외국인들은 1998년 국내 증시 개방 이후 '코리안 파티'를 벌여 왔다. 재주는 곰이 부리고 돈은 왕 서방이 챙긴다는 말처럼 증시의 알짜 과실은 외국인 몫이다. 한국인은 그저 쭉정이 주식에나 만족하는 신세가 됐다.

삼성전자는 반도체 수퍼사이클을 타면서 메모리반도체의 절대권력이 됐다. 2016년 갤럭시노트7 파동에도 불구하고 2017년 영업이익은 역대급 규모를 기록했다. 주가는 2016년 초 대비 '더블' 가까이 올라

목표주가를 300만 원으로 올리는 증권사도 나왔다. 자사주 49조 원어치를 소각하면서 상승 탄력은 강화될 수밖에 없다.

이렇게 되면 유통 물량은 더욱 외국인에 의해 좌우된다. 어쩌다 매물이 나와도 외국인들의 손 바뀜일 뿐이다. 개인투자자의 삼성전자 보유 비율은 2.1%에 그치고 있으니 증시가 달아올라도 개인투자자가 먹을 몫은 없다.

한국 증시를 이렇게 만든 괴물은 관치금융과 정치놀음이다. 관치금융은 은행·증권사·투신사를 예외 없이 규제의 틀 안에 가둬 놓았다. 그 뿌리는 1960년대 산업화 시대에 있다. 중후장대형 제조업 중심으로 산업을 육성했던 국가 권력은 제한된 자원을 배분할 수밖에 없었고, 은행과 증권 등이 그 통로였다.

문제는 세상이 바뀌었는데도 금융산업은 과거의 관행에 지배당하고 있다는 점이다. 정부 권력이 기업·은행의 팔을 비틀면 먹힌다는 관치의 피가 여전히 흐른다. 이런 문화는 한국 금융산업을 우물 안 개구리로 만들었다. 기업에 돈 배급하던 것처럼 은행은 국민에게도 주택담보대출을 나눠 주고 이자놀이를 해 오는 데 안주하게 됐다. 미국에선 저축은행이나 하는 업무가 주업무가 된 것이다. 그러니 외국의 기관투자가들이 들어와 마음껏 기업 경영의 과실을 따는 파티를 벌이는 나라가 되고 말았다.

주식·펀드로 돈을 벌지 못하는 것은 한국 금융업의 저질 체력을 반영한다. 새 대통령은 금융산업 선진화를 새 정부의 핵심 과제로 추진해 한국이 하루빨리 금융산업의 후진국에서 벗어나게 해야 한다. K뱅크

돌풍은 그 당위성을 보여 준다.

금융산업이 선진화해야 프로젝트 파이낸싱이나 글로벌 증권 인수 같은 투자은행 업무를 본격화하고, 이를 토대로 블루칩의 저수지 역할도 할 수 있게 된다. 그래야 우리도 증시에서 곁불 쬐는 신세에서 벗어나 한국 증시의 진짜 주인이 될 수 있다.

주택, 반드시 보유해야 할까?

내 집 마련이 전 국민의 로망이었던 시절이 있다. 지금은 아니라는 얘기가 아니다. 하지만 과거에는 절실함이 달랐다. 도시로 사람이 몰리면서 서울은 만성적인 주택 부족을 겪었다. 주택보급률이 100%를 넘긴 것도 그리 오래되지 않은 일이다. 지금도 주택은 한국인의 자산 가운데 70% 이상을 차지한다.

결국 쓸 수 있는 금융자산은 30%를 밑돈다. 현역 시절 성실하게 일하고 근검절약했는데도 노후에 여유가 없는 것은 이같이 부동산에 재산이 묶여 있기 때문이라고 생각해온 것이 과거 세대의 일반적 인식이었다.

그래서 한동안 노후 설계 전문가들은 주택 비중을 줄이고 현금 비중을 늘리라는 조언을 했다. 지금도 이런 조언이 원론적으로 틀린 얘기는 아니다. 아무리 좋은 집이 있어도 노후에 현금화하지 못하면 그림의 떡이라는 이유에서다.

하지만 이제는 상황이 다시 바뀌었다. 오히려 내 집은 필수품이 됐다. 이런 변화는 앞 세대와 달리 베이비부머 이후 세대의 수명이 급격히 길어진 데서 비롯되고 있다. 오래 살게 됐으니 오히려 내 집은 노후를 책임질 최후의 안전자산이 된다는 얘기다.

긴 노후를 위한 주거 공간

일단 내 집이 있어야 기나긴 노후를 보낼 수 있다. 이제 현실화된 백세시대에는 환갑에 퇴직해도 최소 30년, 길게는 40년 가깝게 살아야 한다. 이미 100세 이상 인구가 2015년 3000명을 돌파했다. 이는 인구 추계에 따른 예상보다 훨씬 빠른 속도로 인구 고령화가 진행되고 있다는 의미다.

이런 상황에서 내 집이 없으면 어떻게 될까. 일단 어디선가는 살아야 하므로 전·월세를 전전하게 된다. 문제는 전·월세가 내 집보다 훨씬 많은 비용을 치르게 할 수 있다는 점이다. 사상 초유의 저금리 기조에 따라 세입자에게서 받은 전세금은 은행에 넣어봐야 수익률이 연 2%를 크게 넘어서지 못한다.

반면 월세는 수익률이 5% 안팎에 달한다. 집주인이 전세를 기피하고 월세를 선호할 수밖에 없는 이유도 여기에 있다. 재무적 이유에 그치지 않는다. 환갑이 넘어도 10~15년 사회 활동을 이어가야 한다면 무엇보다 안정된 보금자리가 필요하다. 빈번한 이사는 정서에도 좋지 않다. 과거에는 주거 안정이 물리적 공간의 마련이었다면 이제 주거 공간은 90년에 걸친 인생을 보낼 생활의 공간이다.

부동산 시장, 실수요 관점에서 접근

문제는 주택시장 전망이다. 내 집을 마다할 사람은 없지만 부동산 시장 전망이 엇갈리면서 내 집 마련을 주저하는 경우가 많다. 하지만 은퇴 후를 생각하면 반드시 집을 소유하는 게 좋다. 보유한 금융자산을 모두 털어넣고 대출까지 끌어당겨 무리하게 인기 지역·인기 주택을 소유하라는 얘기가 아니다. 과도한 차입은 허리띠를 졸라매게 만들어 삶의 질을 오히려 떨어뜨리는 요인이 된다.

집을 소유해 큰돈을 벌자는 얘기도 아니다. 저성장 시대가 되면서 부동산 투자로 재산을 불리는 건 거의 불가능해졌다. 그럼 어떻게 집을 마련해야 할까. 단계별로 주택을 마련하면 된다. 첫술에 배부를 생각은 하지 말라는 얘기다.

생애 첫 주택을 마련하는 젊은 세대라면 처음에는 $59m^2$(25평형) 규모 이하의 소형 주택부터 시작하자. 최근에는 젊은 부부만 겨냥만 초소형 아파트도 나오고 있고, 원룸 형태의 도시생활형 주택도 얼마든지 있다.

이렇게 작은 곳에서 출발해 40~50대가 돼 경제력이 더 확장되면 평수를 넓혀 가면 된다. 지역 역시 처음부터 인기 지역·인기 주택에 무리하게 진입할 필요가 없다. 꼭 서울 인기 지역이 아니더라도 도시 정비가 잘 된 곳이 많기 때문이다. 여기서 주택 가격은 입지에 따라 차별화

된다는 점도 알아둘 필요가 있다.

일본을 비롯해 선진국의 사례를 보면 주택은 국민소득이 증가할수록 양극화되는 경향이 있다. 역세권이고 신규 주택이면서 도시 인프라가 잘 돼 있는 곳은 인기가 올라간다. 결국 처음에는 작은 평수에서, 비인기 지역에서 시작해 점차 인기 지역으로 옮겨가는 것이 가장 합리적인 내 집 마련 전략이라고 할 수 있다.

실효성 없는 수요 억제 정책

문재인 정부는 2017년 5월 새 정부 출범 이후 서울시와 세종시를 중심으로 집값이 급등하자 주택담보인정비율(LTV)과 총부채상환비율(DTI)을 2014년 7월 이전으로 강화하는 내용을 골자로 분양조정지역을 대거 확대하는 6·19 대책을 내놓았다. 이후에도 집값이 더욱 달아오르자 정부는 8·2 대책을 추가했다. 그래도 신규 분양주택을 중심으로 주택시장의 열기가 식지 않자 정부는 9·5 대책을 덧붙였다. 나아가 10·24 가계부채 종합대책을 통해 대출 문턱을 한층 높여나갔다. 더 나아가 보유세를 강화할 가능성도 커졌다.

보유세는 미국 경제학자 헨리 조지의 토지공개념에 뿌리를 두고 있다. 그는 토지에 세금을 매겨 과도한 규모의 토지 보유를 억제해야 한다고 주장했다. 토지가 빈곤의 원천이며 지대 추구를 막기 위해선 보유세 강화가 필요하다는 논리였다. 우리나라의 보유세는 선진국에 비해 낮은 것은 사실이므로 어느 정도 손질할 필요가 있다. 하지만 토지도 재건축이나 재개발을 통해 얼마든지 부가가치를 만들어 낼 수 있는 생산요소라는 사실을 직시해야 한다. 공급 대책을 강구하지 않고 수요만 억제해서는 소비자 욕구를 해소하기 어렵다는 얘기다. 하지만 문재인 정부도 노무현 정부의 전철을 밟고 있는 것으로 보인다. 6·19부터 10·24까지 네 차례에 걸친 부동산 대책이 모두 수요 억제 수단을 강화한 조치들이기 때문이다. 수요 억제 수단을 강화한 것인데 역대 정부가 증시든 주택이든 가격과의 전쟁을 벌여 성공한 적이 단 한 번도 없다는 점에서 귀추가 주목된다.

투기과열지구·투기지역을 지정해 LTV·DTI를 최저 30%로 낮추고 조합아파트의 분양권 전매를 입주할 때까지 금지시키고 2주택자 이상의 양도소득세를 최고 60%까지 강화했다. 정부는 또 5년 임기 중 85만 가구의 공공임대주택을 공급해 무주택자와 서민의 주거 빈곤을 해소하고 주택시장 과열을 해소하는 완화장치로 활용하기로 했다.

이런 대책의 효과는 시차를 두고 더 지켜봐야겠지만 서울 강남 지역을 비롯해 재건축 수요가 끊임없는 대도시 도심 지역의 주택 공급 부족을 해소하지 못할 것이다. 국민소득이 높아지면 누구나 질 좋은 주택을 원한다. 일본이 장기불황을 겪으면서도 계속 빈집이 늘어 1000만 채에 육박하는 것도 오래되고 낡은 주택은 외면받기 때문이다. 이들 주택은 주로 지방이나 대도시권의 구도심이나 변두리에서 발생한다.

한국도 아파트 문화가 50년을 넘어서면서 낡은 아파트는 끊임없이 교체될 수밖에 없다. 지방과 도시의 변두리 지역에 몰렸지만 한국에서도 빈집이 이미 100만 채를 넘어서고 있다. 이 같은 노후 아파트 교체

주기가 본격화하면서 강남 같은 인기 지역은 만성적인 주택 공급 부족 현상이 심화될 가능성이 크다.

일본 부동산을 그대로 따라가는 한국

한국보다 한 발 앞서 선행하는 일본의 경우가 그렇다. 일본은 1990년 대 이후 거품경제가 붕괴하면서 주택을 비롯해 부동산 가격이 줄곧 하락했다. 하지만 모든 지역이 그렇게 된 건 아니다. 인기 지역과 새로 개발된 도시 정비 지역은 신규 수요가 끊이지 않는다. 신축 주택은 생활 편의성이 높고 주변 여건도 좋기 때문이다. 오랜 불황 속에서도 신규 분양 주택이 언제나 인기를 끄는 이유다.

커뮤니티 프리미엄도 무시할 수 없다. 일본에선 전국 평균으로는 주택 가격이 침체를 이어가고 있지만 도쿄 중심부의 인기 지역은 늘 수요가 공급을 초과한다. 이는 다른 나라도 마찬가지다. 교육 여건과 교통 환경이 좋은 곳으로 진입하려는 기본 주거 욕구는 보편적인 현상이기 때문이다.

이런 맥락에서 부동산 지표를 해석할 필요가 있다. 2014년 하반기부터 주택 규제를 상당히 완화하면서 일부 지역에서는 부동산 시장이 과열 양상을 보이기도 했다. 지방에서는 과도한 쏠림 현상이 공급 과잉에 따른 한계 상황에 도달하면서 급격히 조정을 받는 곳도 나왔고, 수도권에서도 공급 과잉에 따른 부작용이 나오고 있다. 앞으로 주택 매입 전략도 이런 동향에 잘 대응해야 한다. 간단하게 요약하자면 이럴 때는 주택시장에 무리하게 투자하면 상투를 잡기 십상이라는 얘기다.

다만 투기는 금물이다. 장기적으로는 주택시장은 우상향할 수밖에 없지만 정부 규제와 경기변동에 따라서는 5~10년 주기로 깊은 침체에 빠지기도 하기 때문이다. 다시 강조하지만 주택은 실수요 차원에서 접근해야 생활은 물론 자산 형성에 도움이 된다. 주택시장에 무리하게 투자하면 침체기에 빠지기 십상이라는 얘기다.

이 같은 주택시장 과열이 근본적으로 해소되기 위해서는 보유세를 현실화하는 수밖에 없다. 재산세의 과표를 시가에 가깝게 높이거나 2005년 도입된 종합부동산세를 강화하면 시세차익은 상당 부분 회수할 수 있다. 보유세가 낮은 부동산 과세체계에서는 일단 집을 사놓고 보게 된다. 오르면 시세차익을 올려서 좋고 안 올라도 밑져야 본전이기 때문에 투기수요가 끊임없이 주택시장에 몰려들고 있는 것이다.

그럼에도 정부가 온탕, 냉탕 식으로 규제하는 것은 바람직하지 않다. 간신히 살려낸 부동산 시장의 불씨를 꺼뜨리지 않기 위해서다. 하지만 실업률이 10%에서 5% 아래까지 내려온 미국이 2017년부터 금리 인상을 본격화하면서 한국은 심각한 가계부채발 금융위기에 직면할 가능성이 커지고 있다. 이럴 경우 과도하게 대출을 얻어 집을 매입한 경우라면 깡통주택으로 쪽박을 차게 될 가능성을 배제할 수 없다. 반퇴시대에 내 집이 필요하지만 무리한 투자를 해선 안 되는 이유가 여기에 있다.

앞으로는 주택이 상속 대상이 아니라 자신의 노후를 보낼 최후의 보루라는 점도 과거와 달라진 점이다. 과거에는 환갑을 쇤 어른은 10년 안팎이면 돌아가셨다. 1970년 기대수명은 61.9세였다. 그러니 내 집을 마련했다면 자식에게 물려줄 수밖에 없었다. 하지만 이제는 환갑을 쇠고도 30년은 거뜬히 사는 세상이다. 이에 대비하려면 주택은 노후에 자신의 생활을 보장하는 연금 재원으로 써야 한다.

주택연금으로 마무리

주택담보대출로 내 집을 마련했다면 퇴직할 때쯤엔 모두 상환하는 게 좋다. 그런 다음 온전한 주택 한 채가 있다면 시가의 30%는 자녀에게 떼어줄 몫이라고 봐도 좋다. 주택연금 계약을 맺으면 자녀 혼례 등으로 목돈이 필요할 경우 별도 계약을 통해 일정 부분을 현금으로 받을 수 있다. 그러나 이 몫은 최소화하자. 주택연금은 오로지 노후에 최후의 보루로 사용해야 한다.

2016년부터는 소유자가 아니라 배우자가 60세가 되면 주택연금 자격이 제공되고 있다. 퇴직 후 귀농·귀촌·귀어를 생각할 경우에도 마찬가지다. 지방으로 옮길 때쯤 도시에 있는 주택을 처분하고 전원주택을 마련해 거주하면서 주택연금을 받는 재원으로 활용하면 된다. 보유 주택 합산 가격이 9억 원 이하라면 다주택자도 신청할 수 있다.

주택연금 현황

서울 강남에 살고 있는 박모(61)씨는 주택연금 가입 자격이 없다는 사실을 알고 크게 낙담했다. 시가 9억5000만 원짜리 주택을 보유하고 있는 그는 퇴직 후 근로소득 없이 노후를 보내고 있다. 자녀가 모두 학교를 마쳐서 교육비 부담이 없고 더 일할 곳도 없어 사실상 은퇴하면서다.

주택연금을 알아보고 나선 것은 바로 이 때문이었다. 더 이상 고정수입이 없어지면서 생활비 마련을 위해 주택연금을 활용하려고 했는데 시가 9억 원 제한에 발목이 잡혔다. 박씨는 "주택연금이 9억 원을 초과해서는 안 된다는 건 이해할 수 없다"며 "주택 규모를 줄여 이사 가도 되지만 나는 그대로 거주하고 싶다"고 말했다.

급격한 고령화와 저성장으로 노후 준비가 어려워지고 있는 가운데 주택연금이 현실을 중산층도 마땅한 재테크 수단이 없어 고심하고 있다. 설상가상으로 정부가 내놓고 있는 재산 형성·노후 지원 대책에는 너무 과도한 기준이 설정돼 있어 부유층도 아니고 서민도 아닌 '서울 강남'으로 상징되는 중산층의 노후 준비를 어렵게 하고 있는 것으로 나타났다.

중산층에 대한 명확한 정의는 없다. 기획재정부가 2013년 세법 개정 파동을 계기로 중산층 정의에 나섰으나 마땅한 기준을 내놓지 못했다. 그러나 서울 강남에 집 한 채 있다고 해서 부유층이라고 할 수도 없다.

이같이 부유층도 아니고 서민도 아닌데, 9억 원이 넘는 아파트 한 채 있는 이들에게 가장 큰 걸림돌은 주택연금 가입 대상에 제외되고 있다는 점이다. 서울 강남에서 이 정도 집을 가진 사람은 대체로 50대 중반을 넘긴 경우가 많아 노후 생활에 들어가는 단계에 있다. 그런데 9억 원 규정에 막혀 주택연금을 받을 수 없다. 이런 규정은 세법에서 9억 원 이상부터 고가 주택으로 분류하고 있어서다.

하지만 이는 현실과 맞지 않다는 지적을 받고 있다. 강남에선 웬만한 아파트는 9억 원이 넘어가는데 이들 가운데 상당수는 집 한 채만 달랑 보유하고 있는 경우가 많고 대출을 끼고 있는 '하우스 푸어'인 경우도 많기 때문이다. 주택금융공사에서도 이 같은 사정을 알고 있는 것으로 나타났다. 주택금융공사 관계자는 "내부적으로는 기준 완화의 필요성을 알고 있지만 고가 주택 규정에 막혀 있다"고 말했다.

2007년 7월부터 시행된 주택연금은 갈수록 수요가 늘어나면서 해마다 이용자가 증가하고 이용자의 연령도 낮아지고 있다. 더구나 주택연금 이용자는 일반인보다 소비 성향이 높다. 주택연금 수요실태 조사(2012~2014년)에 따르면 주택연금에 가입한 고령층은 소득이 100만

주택연금 전국 평균	가입 요건
연령: 72세 월 지급금: 98만 원 주택 가격: 2억8300만 원	본인 또는 배우자 만 60세 이상 부부 기준 1주택 원칙 9억 원 이하 주택

원 증가할수록 소비가 80만 원 늘어난 반면, 근로소득이 있는 고령층은 소득이 100만 원 많아지면 소비는 68만 원 증가에 그쳤다.

이는 주택연금 가입자의 경우 매달 받는 주택연금 월 지급액이 안정적인 소득으로 인식되면서 소비 성향이 높은 것으로 나타나고 있음을 의미한다. 고령층 소비를 진작시키는 주요 대안으로 주택연금을 활용할 필요가 있다는 방증이다.

주택연금은 실질적으로 소득이 안정적이다. 70세 소유자가 시가 3억 원짜리 주택을 종신 지급 방식으로 택하면 매달 98만6000원을 사망할 때까지 꼬박꼬박 받을 수 있다. 시가 9억 원이면 매달 295만8000원이다. 연간으로는 3549만6000원이고 90세까지 생존한다고 가정하면 7억 992만 원을 받을 수 있다.

노후 월급은 현역 시절 만들어라

인구 고령화가 시작되기 전에는 노후가 두렵지 않았다. 현역 시절 성실하게 살았다면 노후에 퇴직금을 받아 생활자금으로 활용하는 데 별 문제가 없었다. 하지만 이제는 상황이 바뀌었다. 저금리 시대가 열리면서다. 저금리는 오랫동안 상식처럼 간주됐던 돈의 상식을 뒤집고 있다. 돈에는 이자가 붙는다는 상식 말이다.

지금도 이자가 없어진 것은 아니다. 하지만 쥐꼬리만큼도 안 된다. 세계적으로 고금리 시대였던 1990년대 중반에는 1억 원을 맡기면 이자가 연 1000만 원에 달했다. 금리가 10%를 넘나들었기 때문이다. 이자가 불어나는 재미가 쏠쏠해서라도 은행에 저축하는 사람이 많았다. 노후는 여유를 의미했고 노후 빈곤이라는 단어는 없었다. 노후는 퇴직금을 받아 은행에 넣어두고 이자를 받아 생활하는 풍족의 시기였다. 이런 배경에서 '이자생활자'가 나올 수 있었고, 노후는 여유와 풍요를 의미했다.

조금 적극적인 투자 성향을 가졌다면 주식 투자에도 나섰다. 종합주가지수(코스피)가 1000을 넘지 못하던 시절이라 증시는 잠재적인 성장주로 가득 차 있었다. 며칠 만에 수십%의 수익을 올리는 경우도 적지 않았다. 증시의 변동성을 이용해 작전이 횡행했던 것도 뒤집어 얘기하면 증시에서 투자 기회가 많았다는 의미다. 지금처럼 성장성이 약화된 증시에선 작전세력도 일을 벌이기 어려워졌다.

90세 생존이 수두룩한 고령화·저금리 시대

그런 고성장·고금리 시대에 연금이 눈에 들어올 리 없다. 은행에만 넣어둬도 이자가 주렁주렁 달리고, 조금 더 적극적으로 증시에 투자하면 수익률이 쑥쑥 늘어나는데 나중에 쓰려고 돈을 묶어두는 것은 비효율적이었기 때문이다. 더구나 오래 살지 않았으니 20~30년 후 쓸 돈은 따로 필요하지 않았다. 하지만 이제는 90세 정도는 너끈히 사는 시대가 됐다. 2015년 기대수명은 82.3세에 달한다. 1970년 61.9세보다 20년 이상 수명이 길어졌다. 평균이 이 정도면 90세는 수두룩하다.

환갑 이후 30년을 버티려면 돈 관리하는 방법이 달라져야 한다. 퇴직금은 초저금리 때문에 맥을 추지 못한다. 퇴직금 3억 원을 받아도 매달 300만 원씩 쓰면 9년을 넘기지 못한다. 2014년 7월 미래에셋 은퇴연구소가 발간한 은퇴 리포트에 따르면, 50대와 60대 부부의 적정 은퇴 생활비는 각각 약 300만 원과 260만 원으로 조사됐다. 1년에 한 번 해외여행이라도 가려면 300만 원도 부족할 수 있다. 기나긴 노후에 걸어 다닐 수 있는 체력이 되는 75세 이전에는 해외여행 같은 여유도 있어야 한다.

이같이 고령화·저금리 시대에는 목돈은 위력을 발휘하지 못한다. 그래서 노후 생활자금의 연금화가 필요하다. 목돈이 있어도 곶감 빼먹듯 하면 오래가지 못하기 때문이다. 연금을 노후의 월급처럼 받으라는 얘기다. 어떻게 하면 노후에 연금을 받을 수 있을까. 연금의 출발은 조기저축에서 시작된다. 종잣돈을 모아야 한다는 건 과거와 달라진 게 없다.

하지만 같은 금액의 노후자금이라도 오랫동안 나눠 쓰는 기술이 필요하다. 마치 다람쥐가 가을에 도토리를 저장해 겨울을 버틸 식량을 마련하는 것이나 다름없다. 대비하지 못하면 어떻게 될까. 노후에도 노쇠한 몸을 이끌고 계속 일을 찾아다녀야 할지 모른다.

현업에서 오랜 세월 연금을 쌓아라

연금은 현업에 있을 때 오랜 시간에 걸쳐 만들어둬야 한다. 당장 생활비가 빠듯한데 언제 연금까지 신경 쓸까 싶지만 하기 나름이다. 다행히 회사원과 자영업자는 국민연금이 있다. 공무원·교직원·군인이 받는 특수직역 연금보다는 수령액이 적지만 노후 연금 자산의 중요한 주춧돌이 된다.

그런데 국민연금만으로는 풍족한 노후를 장담할 수 없다. 2016년 기준으로 국민연금 수급자의 월평균 수령액은 최저생계비의 절반 수준

국민연금 수령 개시 시기

출생연도	개시 시기
1969년생 이후	65세
1965~68년생	64세
1961~64년생	63세
1957~60년생	62세
1953~56년생	61세
1952년생 이전	60세

인 36만8000원인 것으로 집계됐다. 10~19년에선 39만7490원 20년 이상에선 평균 88만4210원을 받았다.

국민연금은 가입자가 신청하면 연금 수령 개시 시기를 최대 5년 늦출 수 있다. 더 나이가 들었을 때 연금의 유용성을 높이려는 가입자가 연기한다. 이 제도를 이용해 2016년 경북의 65세 가입자는 월 193만7220원을 받아 최고액 수령자가 됐다. 그는 연기하지 않았으면 2011년 10월부터 128만 원을 받을 예정이었다. 5년을 늦춘 덕에 수령액이 35.1% 늘었다. 연기를 하지 않은 가입자 중 최고액 수령자는 서울에 사는 61세 남성으로 월 163만8000원을 받았다.

월평균 36만8000원의 국민연금으로는 풍요로운 노후를 기약하기 어렵다. 현역 시절 일만 하느라 고생했다면 노후에는 여행을 다니고 취미생활도 하는 여유를 가져야 한다. 이를 위해 연금은 많을수록 좋다. 국민연금은 소득에 비례해 납입하므로 수령액도 기존 틀을 벗어나기 어렵다.

결국 조금이라도 젊었을 때 개인연금을 따로 쌓아 나가는 수밖에 없다. 연금은 스노볼 효과를 대표적으로 실감할 수 있는 저축 수단이다. 겨울에 눈사람을 만들 때 처음에는 좀처럼 뭉쳐지지 않는다. 하지만 허리가 아프다 싶을 때쯤 되면 상당히 커지고, 서서히 형체가 커지면서 말 그대로 눈덩이처럼 불어난다. 처음에 출발이 어려워서 그렇지 한번 굴러가기 시작하면 좁쌀이 눈덩이만큼 커지는 것은 시간문제다.

연금 만들기의 방법

그렇다면 연금은 어떻게 만들어야 할까. 가장 중요한 포인트는 젊어서 빨리 연금 쌓기를 시작하라는 점이다. 처음에는 단돈 10만 원이라도 연금저축통장을 만드는 게 중요하다. 투자 수단은 크게 세 가지다. 은행에 넣으면 알아서 투자해주는 연금신탁, 주로 주식이나 채권에 투자하는 연금펀드, 보장 기능을 갖춘 연금보험이다. 좋은 투자 수단을 고르려면 기존 투자 성과를 확인할 필요가 있다. 투자 성과가 확인된 금융회사에 계좌를 트고 매달 적립식으로 연금을 불입하자.

더구나 연금저축은 연말정산에서 최대 700만 원 한도의 공제를 받을 수 있다. 총 급여 5500만 원 이하는 15% 세액공제를 받고, 5500만 원 초과는 12% 세액공제 혜택이 제공된다. 여기에 주민세 10%를 가산하면 실질 세액공제는 각각 16.5%와 13.2%로 늘어난다.

700만 원 가운데 400만 원은 기존 연금저축이고, 나머지 300만 원은 개인연금저축계좌(IRP)를 통해 추가 가입할 수 있다. 퇴직금을 운영하는 기업에 다니는 회사원이 재직 중 퇴직금과 별로도 추가 불입하고 퇴직 후에는 퇴직금을 옮겨놓고 연금을 받을 수 있는 계좌다. 해마다 최대 115만5000원(700만 원×16.5%)에 달하는 세액공제를 정년 때까지 받는다면 절세를 통한 소득 확대에도 적지 않은 도움이 된다.

여기서 한 가지 주의할 부분은 연금저축을 할 때 연말정산 한도에 맞추지 말고 여유가 있으면 연금저축 한도까지 최대한 채우라는 점이다. 연금저축은 연간 1800만 원까지 불입할 수 있다. 세액공제를 받는 700만 원을 넘어서는 1100만 원은 13.2~16.5%(투자 수익에 대한 세금)의 기타소득세를 물고 중도에 찾을 수 있다.

연금저축은 55세부터 수령이 가능하다는 점에서 퇴직 후 소득은 물론 국민연금도 나오지 않는 은퇴 크레바스를 건널 수 있는 핵심 수단이기도 하다. 국민연금은 1953년생부터 1년씩 늦어져 69년생부터는 65세가 되어야 수령할 수 있다. 주택연금까지 고려해 주택을 마련하는 것도 노후 자산의 연금화를 위해 필요한 선택이다.

억대 연봉은 누가 받나

국내 억대 연봉자는 해마다 수만 명 늘어나고 있다. '2016년 국세통계연보'에 따르면 2015년 귀속 근로소득 연말정산자 중 총 급여액 1억 원 초과자는 59만6000여 명으로 전년 52만6000여 명 대비 13.3%(7만 명) 증가했다. 전체 연말정산 근로자(1733만3000명) 중 상위 3.4%가 억대 연봉자들이었다.

여기에 포함될 확률은 입사할 때 어느 정도 이미 결정된다. 억대 연봉을 받을 수 있는 고소득 자영업자와 전문직, 국장급 이상 공무원을 제외하면 실질적으로 억대 연봉을 받는 직장은 금융회사와 공기업, 대기업으로 좁아진다. 이들 업계는 최고의 인재를 선발해 업계 최고의 대우를 해준다는 방침을 갖고 있다. 연봉을 많이 주는 곳에 우수한 인재가 몰릴 수밖에 없기 때문이다. 그러나 앞으로는 억대 연봉의 공식이 차츰 달라질 수 있다. 뿌리 깊은 호봉제 체제가 완화될 수밖에 없고, 그렇게 되면 연공서열보다는 성과에 따른 보상이 강화되면서 직급이 높지 않아도 억대 연봉을 받을 수 있는 길이 열릴 수 있다. 호봉제는 비정규직 해소 차원에서도 설 자리를 잃을 수밖에 없다.

호봉제의 한계는 노동시장에서 이미 충분히 드러났다. 호봉제는 국내 임금체계의 기본 틀이었지만 갈수록 노동시장에 심대한 왜곡 현상을 초래해왔다. 단기성과가 중요한 시대가 되면서 기업은 정규직 채용을 최소화하는 대신 비정규직 고용을 확대해왔다. 임금근로자 1900여만 명 가운데 630만 명이 비정규직으로 채워지게 된 이유다. 이는 기업의 경쟁력을 급속도로 약화시킨다. 최근 국내 기업이 주요 분야에서 급격히 경쟁 우위를 잃고 있는 것도 이같이 정규직 중심의 호봉제가 가져온 폐단과 무관치 않다. 호봉제는 과거 고도성장할 때는 제값을 했다. 누구나 열심히 일했고 사내 구성원 간에 경쟁할 필요도 없었다. 파이가 커질 때마다 나누어 먹으면 그만이었다. 하지만 민주화 바람이 불면서 시작된 1987년 노동자 대투쟁 이후 호봉제가 강화되면서 부작용이 쌓여 나가기 시작했다.

노동조합의 보호가 필요한 중소기업은 오히려 노조의 도움을 못 받고, 대기업은 빠른 속도로 노조를 결성해 나갔다. 노조의 관심은 생산성보다는 직원의 임금과 복지 향상에 맞춰져 왔다. 이로써 호봉제는 오히려 연공성이 강화됐다. 그러다 1997년 외환위기는 새로운 계기를 만들어줬다. 기업은 외부 경영 환경 변화에 신속하게 대응하기 위해 호봉제를 완화하고 연봉제와 성과배분제 도입을 확대하기 시작했다. 직무와 성과에 따라 연봉을 많이 받는 시대가 열릴 수밖에 없는 것이다.

연도별 총 급여 1억 초과자 (단위: 명)

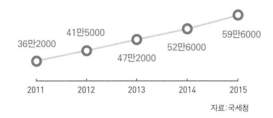

36만2000
41만5000
47만2000
52만6000
59만6000

2011 2012 2013 2014 2015

자료:국세청

한국 월급쟁이 얼마나 버나 (단위: 원, %)

※2015년 건강보험, 국민연금에 가입한 임금근로자의 월평균 세전소득

전체 월평균	남자 평균	여자 평균
329만	390만	236만

직장인 소득구간별 비율

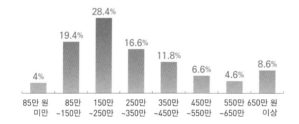

85만 원 미만	85만 ~150만	150만 ~250만	250만 ~350만	350만 ~450만	450만 ~550만	550만 ~650만	650만 원 이상
4%	19.4%	28.4%	16.6%	11.8%	6.6%	4.6%	8.6%

산업별소득

금융 및 보험업	578만
전기, 가스, 수도사업	546만
공공행정, 국방 및 사회보장행정	427만
광업	411만
협회 및 단체, 수리 및 개인서비스업	238만
보건업 및 사회복지서비스업	228만
사업시설관리 및 사업지원서비스업	199만
숙박 및 음식점업	73만

자료:통계청

민간 기업을 뛰어넘는 공무원 급여

공무원은 불황을 모르는 '삼종신기(神器)'를 제공받는다. 첫째는 연봉이다. 낮은 연봉에서 시작하지만 박봉은 옛말이다. 한국납세자연맹에 따르면 공무원 평균 연봉은 2016년 5990만 원으로 나타났다. 이는 2014년 연말정산을 한 근로자 1668만 명 중 226만8595등에 해당하며 상위 14%의 연봉 수준이다.

또 공무원 평균 연봉 5990만 원은 근로소득자 1668만 명의 중간 연봉 2225만 원의 2.7배에 해당하고, 평균 연봉 3172만 원의 1.9배에 해당하는 것으로 조사됐다. 공무원 평균 연봉은 2016년 공무원 전체의 기준소득 월액 평균액 491만 원에 12개월을 곱하고, 공무원 1인당 복지포인트 평균액 98만 원을 더해 계산됐다. 같은 기준으로 2017년 공무원 평균 월급은 510만 원이고 연봉으로는 6120만 원이다.

둘째는 연금이다. 납세자연맹이 공무원연금공단에서 받은 자료를 토대로 평균 연금을 계산한 결과, 사립학교 퇴직 교사는 2015년 3725만 원을 받았다. 군인연금은 3575만 원, 공무원 연금은 3225만 원이었다. 월평균으로는 사립학교 310만 원, 군인 298만 원, 공무원 269만 원이다(2014년 국민연금은 평균 36만 원이었다).

근로소득으로 환산하지 않은 실제 평균 수령 금액은 교사 3354만 원, 군인 3106만 원, 공무원 2904만 원이었다. 이 중 월평균 300만 원 이상 받은 퇴직자들은 공무원 9만5889명(수급자의 26%), 군인 1만 9301명(29%), 교사 2만5662명(48%)이다.

공무원은 종신고용, 민간은 53세 실질 퇴직

셋째는 종신고용이다. 민간 기업은 1차 퇴직 연령이 53세로 조사되고 있지만 공무원은 60세를 채운다. 공무원은 불황에도 불구하고 2015년 부터 2017년까지 3년 연속 3%대 임금 인상률이 적용됐다. 공무원연금, 군인연금은 이미 적자 상태다. 적자보전액이 연간 4조 원이 넘는다. 사학연금도 2042년에는 기금이 바닥날 전망이다.

공무원 못지않게 인기 있는 직장은 공공기관이다. 공공기관은 공기업·준정부기관·기타공공기관을 포함해 모두 332개에 달하는데 이들 직장은 공무원·대기업처럼 자주 회자되지는 않지만 급여가 많고 복리후생이 좋아 '신의 직장'이라고 불린다. 이들 공공기관의 연봉을 보면 왜 신의 직장이라고 불리는지 금세 알 수 있다.

공공기관과 대기업 평균 보수 비교

(단위: 원)

공기업(35개)	7905만
준정부기관(89개)	6533만
기타공공기관(208개)	6436만
대기업(334개)	7400만

공기업 평균 보수 순위

(단위: 원, 임원 제외)

순위	기관	1인당 평균 연봉
1	한국마사회	9503만
2	방송광고진흥공사	9268만
3	서부발전	9085만
4	한국전력기술	9069만
5	중부발전	8978만
6	한국수력원자력	8969만
7	한국감정원	8911만
8	동서발전	8887만
9	남부발전	8872만
10	조폐공사	8859만
11	인천국제공항공사	8853만
12	한국전력공사	8496만
13	남동발전	8481만
14	가스공사	8480만
15	한전KPS	8182만
16	도로공사	8009만
17	주택도시보증공사	7696만
18	여수광양항만공사	7661만
19	한전KDN	7630만
20	LH공사	7628만

자료: 기획재정부, CEO스코어(2016)

이벤트별로 자금 계획을 세워라

노후를 순탄하게 보내려면 나이대별 이벤트를 잘 치러야 한다. 이를 위해선 인생 전반에 걸친 재무 목표 수립이 필요하다. 재무적 뒷받침이 있어야 결혼을 시작으로 내 집 마련과 자녀 교육을 거쳐 풍요로운 노후 준비까지 가능하기 때문이다. 그런데 만혼 현상이 보편화하면서 체계적인 재무 계획 수립은 말처럼 쉽지 않다. 당장 눈앞에 닥친 일 처리에 급급하다 보면 늘 경제적 여유가 없는 일생을 보내게 된다.

이렇게 인생 전환점마다 주머니를 열어야 하는 이벤트로는 무엇이 있을까. 20대에는 직장 취직을 계기로 종잣돈 마련이 시작된다. 30대 초반에는 결혼, 30대 중반에는 자녀 출산이 일반적이다. 30대 후반에는 내 집 마련을 시작하고, 40대 초반에는 자녀 교육이 본격화한다. 40대 후반에는 큰 평수로의 확장 이전이 추진되고, 50대 초·중반에는 자녀의 대학 교육에 이어 50대 후반에는 자녀 결혼을 예상해야 한다. 60대 중·후반에는 은퇴 생활이 본격화한다.

첫 단추는 종잣돈

이같이 인생은 이벤트의 연속이다. 시기별로 의미와 무게가 다르지만 공통점 하나는 돈이 든다는 사실이다. 여기에 대비하려면 장기적인 관점에서 계획을 세워야 한다. 어느 시점에 어느 정도의 자금이 필요한지 미리 계산하고 있으면 재무 목표가 분명해지면서 달성 가능성도 커진다. 갑자기 일이 닥쳐 허둥거리는 일도 없어진다. 나이대별 이벤트만 잘 헤쳐 나가도 인생은 훨씬 순탄해진다.

첫 단추는 종잣돈이다. 종잣돈 없이는 한 발짝도 나갈 수 없다. 종잣돈을 마련하는 데 2017년 3월 도입된 개인종합자산관리계좌(ISA)를 활용할 필요가 있다. ISA는 그 자체가 금융상품은 아니다. 이 계좌 안에 다양한 금융상품을 담아 포트폴리오를 구성할 수 있는 그릇이라고 보면 된다.

연간 2000만 원 납입 한도로 5년간 모두 1억 원을 투자할 수 있다. 손익을 통산할 수 있고 순이익에 대해 세제 혜택이 부여된다. 200만 원(총 연봉 5000만 원 이하는 250만 원)까지 비과세가 적용되며 초과 이익에 대해서도 9.9%로 분리과세 된다. 총 연봉 5000만 원 초과 근로자는 5년 보유해야 혜택을 받을 수 있고 5000만 원 미만 근로자는 3년만 보유하면 세제 혜택을 고스란히 챙길 수 있다.

종잣돈 마련 후의 포트폴리오

관건은 계좌 내 포트폴리오를 어떻게 구성하느냐다. 결국 적절한 자산 배분이 필요한데 예·적금 같은 안전자산과 중위험·중수익 투자상품을 골고루 섞는 게 좋겠다. 중위험·중수익 상품으로는 5~6% 수익률이 기대되는 주가연계증권(ELS)이 대표적이다. 국내 주식형 펀드와 과세특례 해외펀드는 투자 손실 위험이 있다는 점에 유의하면서 투자해야 한다. 과세특례 해외펀드는 해외 주식에 60% 이상 투자하는 펀드로 주식 매매 차익과 그에 따른 환차익에 대해 비과세가 적용된다. 1인당 3000만 원이 납입 한도이며 의무 유지 기간은 없다.

이런 식으로 3~5년간 돈을 굴려 종잣돈이 마련되면 30대 후반에는 주택 청약을 시도하자. 부동산 불패 신화는 없어졌지만 신규 주택이나 역세권 주택은 여전히 안정적인 자산 증식 수단이다. 내 집이라는 목표를 달성해 나가다 보면 어느새 재산이 불어나게 된다. 연금은 소액을 불입하더라고 가입 시기가 빠를수록 좋다. 이렇게 틀을 갖춘 뒤 40대 후반에는 퇴직할 때까지 거주할 넉넉한 평수의 집을 확보하는 데 주력하면 된다.

자녀 교육 및 결혼 자금 대비

이 무렵에는 자녀의 대학 교육 자금과 결혼 자금에 대해서도 대비해야 한다. 남자는 1억5000만 원, 여자는 6000만~7000만 원이 든다는 게 일반적인 추산이다. 취업이 어렵고 저금리 때문에 돈을 모으기 어려운 환경에서는 부모가 자녀 결혼을 도울 수밖에 없는 게 현실이다. 이에 대비하려면 모아둔 재산의 일부는 아예 자녀 몫이라고 염두에 두는 게 좋다. 자녀의 경제적 자립심이 강하다면 좋겠지만 그럴 능력이 안 되는 데도 돕지 않는다면 힘들게 가계를 꾸려나갈 수밖에 없다.

비상자금 활용과 즉시 현금화가 가능한 일정 금액의 정기예금도 보유할 것을 권한다. 재산 증식에 왕도는 없다. 1%의 금수저, 3%의 은수저를 제외하면 스스로 노력해서 한 푼, 두 푼 모아나가는 수밖에 없다.

버핏 "1달러는 100만 달러의 출발"

어린 시절 동네 골프장에서 로스트 볼(골퍼가 잃어버린 공)을 주워 판 돈으로 용돈을 벌었던 세계적 부자 워런 버핏 버크셔 해서웨이 회장도 1달러부터 시작해 천문학적인 재산을 모았다.

어느 날 바닥에 1달러 지폐가 떨어져 있었는데 점잖은 체면에 아무도 주워들지 않자 버핏이 그걸 집어 들었다. 그러면서 "1달러는 나의 또 다른 100만 달러의 시작"이라고 말했다는 일화가 유명한 이유다. 이런 자세가 있었기에 버핏은 돈에 대한 안목을 키웠고 세계적인 부자가 될 수 있었다.

이벤트에 쓰일 돈은 인생 단계별로, 용도별로 빨리 준비하는 게 좋다. 빨리 할수록 복리의 마법을 경험하기 때문이다. 이미 저축된 돈은 불어난 이자에도 이자가 붙기 때문에 빨리 시작할수록 재산이 많이 불어난다. 나중에 쓸 돈이니 나중에 생각해도 늦지 않다는 생각은 오산이다. 은퇴 자산 준비가 빠르면 빠를수록 유리한 이유는 복리의 마법과 '화폐의 시간 가치' 때문이다. 지금 같은 초저금리 시대에도 복리의 마법은 여전히 살아 있다. 원금에 대해 해마다 이자가 지급되고 다음 해에는 불어난 이자에 대해서도 이자를 지급하는 복리는 저축 기간이 길수록 눈덩이처럼 돈을 불어나게 만든다. 천재 아인슈타인이 복리의 마법에 대해 경이로움을 표시한 이유다.

복리의 마법 보여주는 '72의 법칙'

72의 법칙은 복리의 힘을 보여주는 유명한 법칙이다. 예를 들어 연복리 2%일 경우 원금이 배로 불어나는 데 필요한 저축 기간은 72÷2로 계산한 36년이다. 만일 연 수익률 3%라면 72÷3으로 계산해 원금이 배로 불어나는 저축 기간은 24년으로 더욱 빨라진다. 수익률이 4%라면 72÷4로 계산해 원금이 배로 불어나는 시간은 18년으로 단축된다.

72÷2 → 금리 또는 수익률이 2%라면 원금이 배가 되는 데 36년 소요
72÷3 → 금리 또는 수익률이 3%라면 원금이 배가 되는 데 24년 소요
72÷4 → 금리 또는 수익률이 4%라면 원금이 배가 되는 데 18년 소요

화폐의 시간 가치는 어떨까. 연 수익률 3%일 경우 35세인 사람은 매년 1000만 원씩 31년을 저축해야 66세에 5억 원을 모을 수 있다. 만일 46세에 시작한다면 66세에 동일한 5억 원을 만들기 위해 매년 1860만

원을 저축해야 한다.

적은 금액이라도 은퇴 준비를 서둘러야 하는 이유가 여기에 있다. 물론 말처럼 쉽지 않다. 인간은 누구나 미래보다 현재의 현금 흐름을 더 선호하는 경향(유동성 선호 가설)을 보이기 때문이다. 오늘 당장도 먹고 살기 빠듯한데 환갑 이후 걱정은 사치라고 생각하기 십상이다.

하지만 저축은 하루라도 빨리 시작해야 한다는 복리의 마법과 시간의 가치 법칙이 전해주는 교훈을 잊어선 안 된다. 적은 돈이라도 장기간 저축하면 환갑 이후 30년에 이르는 노후 생활에 든든한 버팀목이 되기 때문이다. 미래를 위해 현재를 희생할 순 없더라도 안정적이고 여유로운 노후를 위해선 하루빨리 계획하고 계획한 대로 실행하는 자세가 필요하다.

재산이 불어나는 절세의 방법

영화 '쇼생크 탈출'의 줄거리는 지금도 선명하다. 억울하게 누명을 쓰고 감옥에 들어온 주인공은 조폭 출신의 수감자들 사이에서 온갖 수모를 겪는다. 하지만 우연한 기회에 세금 계산을 해주면서 조폭들의 사랑을 한 몸에 받게 된다. 이때 주인공이 조폭들에게 해준 서비스는 세금 환급이었다. 일종의 연말정산이라고 보면 된다.

이 영화가 시사하듯 소득이 올라가면 누구나 세금에 민감해진다. 과세표준을 조금이라도 끌어내려야 세금을 줄일 수 있어서다. 경제가 저성장 국면에 들어서면 소득증가율도 낮아지면서 세금이 소득에 미치는 영향은 체감적으로 커진다. 2014년부터 소득세 세액공제 방식이 도입되면서 이런 현상은 더욱 강해졌다.

이에 따라 연말정산 대응도 바뀌어야 한다. 연말정산을 연말에 기계적으로 처리할 게 아니라 평소 자산 관리를 효율적으로 돕는 수단으로 활용해야 한다는 의미다. 연말에 번갯불 콩 튀겨먹듯 갑자기 하면 연말정산을 통해 챙길 수 있는 실리를 극대화하기 어렵다.

더구나 연말정산은 1년으로 끝나지 않는다. 퇴직할 때까지 자산을 효율적으로 관리하는 수단이 되는 것은 물론이고, 퇴직 이후 노후자금에도 영향을 미친다. 이런 중요성을 감안해 연말정산 효과를 극대화하려면 평소 필요한 내용을 챙겨야 한다.

공제 혜택이 많은 결제 수단

첫째, 어차피 쓸 돈이라면 공제 혜택이 많은 결제 수단을 이용하라. 교육비·의료비·연금저축이 모두 세액공제로 바뀌었지만, 각종 결제 수단 사용액은 여전히 소득공제 대상이다. 대표적인 결제 수단은 신용카드·체크카드·현금영수증으로 볼 수 있다. 어차피 지출할 돈이라면 이세 가지 수단을 활용해야 한다. 그러면 '13월의 월급'으로 불리는 2월 급여가 두둑해질 수 있다. 연말정산 결과는 2월 급여에 반영된다.

각종 결제 수단에 대한 소득공제 한도는 300만 원이다. 그런데 총 연봉의 25%(최저 사용 금액)까지는 뭘 써도 좋다. 예컨대 A씨의 총 연봉이 5000만 원이고 결제 수단 사용액이 2000만 원이라면, 25%에 해당하는 1250만 원까지는 소득공제를 받기 위한 밑받침에 불과하다. 그런데 이 부분을 초과하는 지출은 신용카드보다는 현금카드(체크카드)와 현금영수증이 훨씬 유리하다.

결국 세금 환급이 가능한 금액은 750만 원이지만 신용카드만 썼다면 이 금액의 15%, 현금카드와 현금영수증을 사용했다면 이 금액의 30%를 소득공제 금액으로 인정받을 수 있다. 이런 식으로 A씨는 최대 300만 원까지 소득공제를 받을 수 있다. 여기에 전통시장 사용분과 대중교통 이용분은 각각 100만 원까지 추가 한도를 받는다. 결국 잘 활용하면 최대 500만 원의 소득공제가 가능하다.

맞벌이 부부라면 연말정산에 대해 더욱 세심한 전략이 필요하다. 개인적으로 지출하는 것은 어쩔 수 없다. 하지만 가계 차원에서 쓸 돈은 과표가 높은 쪽으로 몰아주면 가계 전체의 연말정산 효과가 극대화된다. 이런 습관은 가계 지출 습관에도 긍정적인 영향을 미친다.

연금저축 세액공제의 극대화

둘째는 연금저축 세액공제를 극대화해야 한다는 점이다. 2015년 소득분부터 연금저축에 대한 세액공제 한도는 종전 400만 원에서 300만 원이 추가돼 최대 700만 원으로 확대됐다. 연금은 이에 맞춰 한도껏 불입하자. 추가 300만 원은 개인형퇴직연금계좌(IRP) 불입액에 한해서만 가능하다.

공무원연금·사학연금·군인연금 같은 특수직역 연금에 대해서도 IRP 가입을 허용해야 한다는 주장이 나오고 있어 언젠가 반영될 가능성이 있다. 100세 가깝게 사는 장수시대에 공적연금 하나만으로는 기나긴 노후 생활을 보장하기 어렵다는 점에서 연금의 중요성은 아무리 강조해도 지나치지 않다.

연금저축에 대한 세액공제는 총 급여에 따라 세율이 다르게 적용된다. 총 급여 5500만 원 이하는 15%가 적용되고, 5500만 원 초과는 12%가 적용된다. 또 하나의 포인트는 연말정산 한도에 맞춰 연금저축을 불입해선 노후 보장이 부실할 수 있다는 점이다. 여유가 있다면 연말정산 한도에만 머물지 말고 연금저축의 연간 불입 한도(1800만 원)를 최대한 채워 미래의 먹거리를 저축해두는 게 좋다.

700만 원 한도 세액공제가 되는 연금저축+IRP

이같이 신용카드를 비롯한 각종 결제 수단과 연금저축, 이 두 가지만 잘 챙겨도 연말정산 대비는 절반의 성공이라고 해도 좋다. 연말정산이 복잡하다고 생각하면 두 가지만 기억하자. 연금저축 700만 원 한도를 채우고, 결제 수단으로는 신용카드보다는 현금카드·현금영수증을 이용하는 것이 유리하다는 점이다. 물론 신용카드는 포인트와 할인권이 있으므로 이 부분을 감안해 사용하면 된다.

그런데 신용카드 소득공제는 머지않아 종료될 예정이다. 세수 확보를 위해 각종 비과세·감면을 단계적으로 줄여나가는 차원에서다. 하지만 반대 의견이 만만치 않다. 신용카드 소득공제를 폐지하면 세수가 2조 6000억 원 늘어나는 것으로 추정된다.

이는 거꾸로 계산하면 그만큼 국민 부담이 늘어나게 된다는 의미다. 저성장과 불황의 여파로 가뜩이나 주머니가 얇아져 있는 국민에겐 좋은 소식이 아니다. 그럼에도 현재 반발이 심해 일몰이 연장될 가능성이 크다. 이렇게 된 건 세제를 누더기로 만든 정부의 자업자득이 크다.

2014년 소득공제 방식 가운데 상당 부분을 세액공제로 바꾸면서 봉급생활자는 실질적으로 증세를 겪고 있다. 총 급여 9000만~1억 원 소득자의 부담이 100만 원가량 늘어나기 시작해 총 급여가 2억 원을 넘어서는 수준에 이르면 늘어나는 세금 부담액이 1000만 원 안팎으로 급격히 불어난다.

여기에 더해 비과세·감면 혜택을 마감하기로 한 일몰이 돌아왔다는 이유로 신용카드 소득공제까지 없애면 봉급생활자는 심각한 타격을 입을 수밖에 없다. 연말정산 소득공제가 '13월의 월급'이 아니라 '13월의 세금 폭탄'으로 얼굴을 바꿀 가능성이 크다는 얘기다. 기획재정부는 매년 8월 세법 개정안을 내놓는다. 해마다 신용카드 소득공제 일몰 여부가 초미의 관심사가 되는 이유다.

세액공제 & 소득공제

연말정산을 이해하려면 세액공제와 소득공제의 차이에 대해서도 알아두는 게 좋겠다. 소득공제는 총 급여에서 비용으로 간주하는 지출 항목은 소득에서 빼주자는 개념이다. 그만큼 과표가 줄어들어 세금을 적게 내는 효과가 있다. 세액공제는 소득에 대한 세금이 계산된 뒤 세금 자체를 깎아주는 방식이다. 세액공제율이 12~15%여서 고소득자는 절세 규모가 제한되는 효과가 있다.

소득세율은 6~42%로 주민세를 포함하면 6.6~44.2%가 실질적인 세율이 된다. 세액공제의 경우 세율이 최대 15%이므로 고소득자의 절세 효과는 크게 제한될 수밖에 없다. 요컨대 연말정산은 소득에 대한 건강 검진이라고 보면 좋다. 평소에 땀 흘리고 관리해야 건강한 체질이 되듯 연말정산도 평소에 조금씩 챙겨둬야 자산관리의 효율을 극대화할 수 있다. 소득세율은 고소득자에 대한 세금 부담 확대 정책에 따라 최고세

소득세 과세 구간

과세표준	세율
1200만 원 이하	6%
1200만~4600만 원 이하	15%
4600만~8800만 원 이하	24%
8800만~1억5000만 원 이하	35%
1억5000만~3억 원 이하	38%
3억~5억 원 이하	40%
5억 원 이상	42%

율이 계속 높아졌다. 2017년 문재인 정부에서는 세법 개정을 통해 과표 5억 원 이상 소득에 대해 최고세율 42%를 신설했다.

반면 임금을 받고 소득세를 한 푼도 안 내는 소득세 면세자는 근로소득세 납세 대상자 1733만 명(2015년 기준)의 절반에 이르는 810만 명(46.8%)에 달해 '낮은 세율, 넓은 세원'을 기반으로 하는 과세원칙에서 갈수록 벗어나고 있어 조세체계의 불균형이 발생하고 장기적으로는 재정기반의 약화가 우려되고 있다.

증여&상속의 방법

곧 여든을 바라보는 A씨는 서울 강남에서 재력가로 유명했다. 그런데 자녀들이 재산을 모두 빼돌리면서 이제는 이렇다 할 재산이 없다. 자녀들이 A씨를 속여 명의를 이전한 뒤 재산을 모두 처분하면서 빈손이 됐다. 자녀들은 연락을 끊은 채 외국에서 살고 있는 것으로 알려지고 있다.

안정적 노후 준비의 필수는 '절세'

홀어머니를 여읜 B씨네 형제는 서로 얼굴을 안 보고 지낸다. 부모님이 분재(分財)를 하지 않은 채 세상을 떠났기 때문이다. 생전에 부모 사후 어떻게 재산을 나눌지 정해놓았으면 형제간 불화는 없었을지도 모른다. 재산을 놓고 다투는 일은 재벌가에서만 있는 일이 아니다.

이들 두 사례는 상속·증여 계획의 중요성을 시사한다. 인생이 현실적으로 90세에 이르게 되면서 상속·증여도 행복한 노후의 핵심 점검 대상으로 떠올랐다. 재산을 효율적으로 쓰고, 자녀들이 다툴 가능성도 차단해야 하기 때문이다. 자녀에게 물려줄 재산이 없다면 이런 고민이 필요 없다.

증여세 신고 현황

하지만 1차 베이비부머 가운데 상당수는 이런 걱정에서 벗어날 수 없다. 1차 베이비부머는 고성장 시대에 경제활동을 했기 때문에 최소한 집 한 채라도 보유한 사람이 적지 않다. 서울 강남에 아파트 한 채만 있어도 웬만하면 10억 원이 넘는다. 부모에게 물려받지 못했어도 현업에 있는 동안 벌어들인 소득으로 아파트 한 채는 갖고 있을 가능성이 크다.

상속 시점에서 배우자가 없으면 5억 원부터는 과세 대상이다. 5억 원은 서울 아파트의 평균 가격이다. 상속세·증여세가 남의 일이라고 안심(?)만 해선 곤란하다는 얘기다. 실제로 최근 들어 상속·증여 건수가 급증하고 있다. 이 중에서도 증여는 증가 속도가 가파르다. 주택연금에 가입해 노후자금으로 활용한다면 걱정하지 않아도 된다. 그러나 그대로 유산으로 남길 때는 상속세를 피할 수 없다.

상속세 납부자는 해마다 늘고 있다. 2014년에는 4796명이었다. 이 안에 이름을 올렸다면 물려받은 재산이 꽤 된다는 의미다. 증여세 납세자는 이보다 훨씬 많다. 2014년 8만8972명으로 전년에 비해 8000명가량 증가(9.9%)했다. 2013년 이후 2년 연속 신고 인원이 늘어났다. 왜 그럴까. 가장 큰 이유는 국민소득 증가라고 할 수 있다. 국민소득이 3만 달러에 육박하면서 자녀에게 물려줄 재산을 가진 가계가 과거에 비해 많이 늘어났다. 재산이 많은 편이라면 평소 증여를 통해 물려주는 게 세금 부담을 줄이는 효과도 있다. 어떤 경우가 있을 수 있을까. 최근 증여·상속을 고민하는 베이비부머가 속출하고 있다.

베이비부머의 최대 고민

부(富)의 대물림이 확산되고 저출산 여파로 한두 명에 불과한 자녀에게 물려줄 집을 별도로 마련한 사람도 적지 않다. 이런 경우 증여가 생각만큼 쉽지 않다. 세금이 만만치 않아서다. 서울에서 살고 있는 김모 (56)씨는 아파트 두 채를 보유하고 있다. 한 채는 거주하고, 다른 한 채는 전세를 주고 있다.

김씨는 5~6년 후 자신이 퇴직하고 현재 대학생인 외아들이 결혼하면 전세를 주고 있는 아파트를 증여할 계획이다. 하지만 세무사에게 의뢰해 세금을 알아본 뒤 포기하기로 했다. 시세가 7억 원인 아파트는 증여세가 1억 원이 넘는다. 여기에 취득세까지 내야 한다. 증여할 경우 취득세율은 증여가액에 대해 4%가 부과된다. 세율이 매매할 때의 두 배에 이른다. 더구나 지금 증여하면 증여세와 취득세를 낼 현금을 다시 아들에게 증여해야 한다.

이럴 바에는 증여를 무리하게 서두르지 말고 나중에 아들이 취직해 스스로 어느 정도 돈을 모았을 때 집을 팔아 현금으로 증여하는 게 훨씬 낫다는 것이 세무사의 조언이다. 일반의 상식을 깨는 조언이다. 이같이 예전에는 생각할 필요도 없었던 것이 증여와 상속에 따른 세금 부담이다. 그럴 만한 자산을 가진 사람이 드물었지만 국민소득 증가와 부동산 가격 상승으로 상황이 크게 바뀌면서다.

세금 폭탄 피해를 줄이는 세법 파악하기

이같이 한꺼번에 증여에 나섰다가 세금 부담에 크게 당혹해하는 일을 피하려면 평소 절세 전략을 고민해둬야 한다. 비과세 현금 증여를 알아두는 것은 기본이다.

10년에 걸쳐 자녀에게는 5000만 원(미성년자 2000만 원)까지다. 2016년부터 사위와 며느리에 대한 비과세 증여 한도 역시 500만 원에서 1000만 원으로 늘어났다. 자녀 부부에게 6000만 원의 비과세 증여가 가능하게 됐다. 비과세 증여 한도가 늘어나는 것은 그만큼 국민소득이 늘어나고 증여하는 사람이 늘어나고 있음을 반영한다.

배우자 증여공제는 10년에 6억 원이다. 재산이 많다면 평소 배우자에게 증여해 세금 부담을 미리 줄이는 게 증여·상속세 폭탄을 피하는 길이다. 상속세를 내려면 최소 5억 원 이상(부모 한 분이 생존해 있으면 10억 원)의 상속이 있어야 한다. 기본공제와 인적공제 등을 합쳐 5억 원 미만이면 5억 원 한도로 일괄공제를 해주기 때문이다. 또 배우자 공제 5억 원이 추가로 적용된다.

예컨대 홀로 남은 부모가 사망했을 때 자녀들이 상속세를 내려면 5억 원을 초과해야 과세 대상자가 된다. 상속세 납세 인원이 5000명 수준에 불과한 점으로 미루어보면 이 정도의 재산을 남기는 경우가 아직은 많지 않은 것으로 미루어 짐작할 수 있다.

하지만 국민소득이 증가한 상태에서 부의 대물림이 가속화하는 현실을 고려하면 상속세 납세자는 계속 늘어날 수밖에 없다. 평소 조금이라도 증여하면 자녀 간 분쟁도 예방하고 자녀의 경제적 안정도 빨라질 수 있다. 부유층 사이에서 '쪼개기 증여'와 '격세 증여(조부모가 성인 자녀를 건너뛰고 손주에게 직접 증여)'가 늘어나는 것도 이같은 추세를 반영하고 있다.

상속액이 10억 원이 넘는 경우에는 각별히 실수를 줄여야 한다. 일반적으로 아버지가 먼저 세상을 떠날 경우 어머니에게 일단 모든 명의를 이전하는 경우가 많다. 그런데 어머니에게 유고 상태가 발생하면 5억 원 초과~10억 원 이하 부분에 대해서는 상속세를 내야 한다.

상속세를 피하기 위해 성급하게 손자에게 상속할 때도 세금 부담에 유의해야 한다. 상속자는 아들과 딸이기 때문에 손자에게 넘어갈 때는 상속공제를 전혀 받지 못한다. 10억 원을 손자에게 상속한다면 상속공제를 전혀 받지 못하고 상속세를 내야 한다는 얘기다. 증여·상속세율은 과세 대상 금액 1억 원 이하에 대해 10%에서 시작해 누진체계에 따라 최고 50%까지 올라간다.

상속세 및 증여세 세율

(단위: 원, %)

과세표준	세율	누진공제
30억 초과	50	4억6000만
10억 초과 30억 이하	40	1억6000만
5억 초과 10억 이하	30	6000만
1억 초과 5억 이하	20	1000만
1억 이하	10	-

증여세 면제 한도

(단위: 원, 10년 이내 기준)

배우자로부터 증여받는 경우	6억
직계존속으로부터 증여받는 경우	5000만(미성년자 2000만)
직계비속으로부터 증여받는 경우	3000만
배우자 및 직계비속이 아닌	6000만
친족으로부터 증여받는 경우	1000만
자녀에게 준 창업자금	5억까지 비과세

부모 모시면 상속세 깎아주는 '효도상속'

최근 세제 역시 증여·상속 환경 변화에 맞춰 개정돼왔다. 2016년 1월 시행된 동거주택 상속공제가 대표적이다. '효도상속' 공제로도 불리는 이 제도는 함께 산 자녀에게 주택을 상속하면 공제율을 40%에서 80%로 높여주기로 한 제도다.

예컨대 8억 원짜리 아파트의 80%를 공제하면 6억4000만 원인데 공제한도 5억 원까지는 세금을 내지 않아도 된다. 개정 전이라면 3억 2000만 원까지만 공제가 가능했으니 1억8000만 원을 추가로 공제받게 됐다는 얘기다.

이를 위해선 10년 이상 부모와 자식이 한집에서 살아야 하고, 상속 시점에 자식은 무주택자여야 한다. 앞으로 고령화가 진전될수록 대상자가 늘어날 가능성이 크다. 자식은 부모를 모시고 부모는 자식에게 경제적 원조를 할 수 있어 일석이조라고 할 수 있다.

연금&보험이라는 안전판

100세 장수는 더 이상 남의 일이 아니다. 여성은 물론이고 남성도 90세 장수가 드물지 않다. 사고와 중대한 질병을 만나지 않으면 누구나 80세는 물론 90세를 넘길 수 있다. 이렇게 장수하는 것은 축복이다. 가족과 더 많은 시간을 보내고 좋아하는 일을 하면서 인생을 즐길 수 있기 때문이다.

그런데 여기엔 복병이 숨어 있다. 노후 생활자금이 부족하거나 사고와 질병을 만날 수도 있다. 장수시대가 도래하기 전에는 이런 걱정이 필요 없었다. 1970년 한국인의 기대여명이 61.9세였으니 환갑을 쇠는 것만으로도 장수한다는 소릴 들을 수 있었다. 하지만 2013년에는 기대여명이 81.9세로, 2015년엔 다시 82.3세로 더 늘어났다. 노후가 빠른 속도로 길어지면서 환갑 후에도 30년을 살게 됐다.

이에 대비하려면 안전판이 필요하다. 노후 먹거리로 미리 연금을 쌓

노후 대비 가능한 주요 연금

연금	주요 내용
국민연금	가입 기간이 10년 이상이고 수급 연령에 달하면 평생 연금을 받아
연금저축	5년 이상 납입하고 만 55세 이후에 10년 이상 연금 형태로 수령할 경우 연간 납입액의 400만 원 한도로 세액공제(13.2%) 혜택 받아(연소득 5,500만 원 이하 근로자는 16.5% 적용)
퇴직연금	가입 후 10년 이상 유지하면 만 55세부터 받을 수 있어. 2012년 개인형퇴직연금(IRP) 도입으로 연간 1200만 원까지 추가 납입 가능
주택연금	60세 이상인 주택 보유자가 집을 담보로 맡기고 그 집에서 살면서 일정 기간 또는 평생 매월 국가가 보증하는 연금을 받는 상품
노란우산공제	개인사업자(자영업자)가 매월 일정액(5만~100만 원)의 부금을 납부하면 매년 300만 원 한도로 소득공제 혜택 제공

아두는 것은 기본이다. 하지만 준비가 부족하다. 넉넉하지 않은 국민연금을 보완하기 위해 가입하는 개인연금 가입자는 2015년 말 기준으로 905만 명으로 총인구 대비 가입률이 17.6%에 그치고 있다. 연령별로는 40대 가입률이 30.6%로 가장 높다.

여기에 더해 노후 질병이나 간병에 대비한 보험이 필요하다는 점을 간과해선 안 된다. 하지만 보험의 특성을 잘 모르면 낭패를 보기 쉽다. 최소한의 기본원리를 알아둬야 하는 이유다.

노후 대비 용도의 저축성 보험

일단 보험은 저축성 보험과 보장성 보험으로 나누어진다. 저축성 보험은 쉽게 말하면 저축이다. 만기 때 목돈을 한꺼번에 받거나 연금처럼 나눠서 받을 수도 있다. 고령화의 영향으로 연금의 중요성이 부각되면서 최근 저축성 보험은 대부분 개인연금을 의미한다고 보면 된다. 그런데 당장 써야 할 생활비 충당도 어려운 현실에서 연금에 신경을 쓸 여유가 없다. 그래서 한국의 개인연금 가입률은 17.6%로 캐나다(35.1%), 독일(29.9%), 미국(24.7%), 영국(18.1%) 등 선진국과 비교해 낮다.

이같이 회사원과 자영업자가 노후 생활자금과 관련해 실수하기 쉬운 부분이 바로 개인연금이다. 회사원과 자영업자는 공적연금으로 국민연금에 가입할 수 있지만 나중에 받는 금액이 용돈에 불과하다. 2016년 기준으로 국민연금 수급자의 월평균 수령액은 최저생계비의 절반 수준인 36만8000원인 것으로 집계됐다. 공무원·교사·군인이 공적연금을 통해 최소 200만 원 이상 받는 것과는 비교가 되지 않는다.

연금 포함 평생 소득은 공무원>회사원

연금을 포함하면 공무원은 회사원보다 평생 소득이 더 많다는 것도 실증됐다. 한국경제연구원이 '대졸자 직업 이동 경로 조사'(한국고용정보원)를 통해 분석한 결과 7·9급 공무원에 합격해 정년까지 30년 근무한 사람의 평생 소득은 최대 14억5800만 원에 이른다. 직원 500명 규모의 대기업에서 30년 근무한 사람의 평생 소득 15억9700만 원보다 낮지만 25년 근무한 사람의 평생 소득 12억6500만 원보다는 많다.

회사원의 실질 퇴직 연령이 53세에 그치므로 공무원의 평생 소득이 더 많을 수밖에 없다. 더구나 중소기업은 30년 근무해도 12억2300만 원에 그친다. 회사원 가운데 88%가 중소기업에 다닌다. 민간부문과 비교하면 공무원 임금이 6.3~6.7% 높다는 실증분석 결과도 나왔다. 한국직업능력개발원이 2017년 10월 발표한 '민관임금격차의 실태와 과제' 보고서에 따르면 연간 근로시간은 민간보다 공무원이 100시간 이상 적었다. 높은 고용 안정성으로 평균 나이나 50세 이상 재직자 비율마저 공무원이 더 높았다. 그러나 연봉은 민간부문이 5,124만 원, 공무원은 6,257만 원으로 공무원이 1,000만 원 이상 많았다. 연간 근로시간은 민간이 2,293시간, 공무원은 2,178시간이었다. 이에 따라 시간당 임금은 민간이 2만2,921원, 공무원이 2만9,090원으로 차이를 보였다. 2014년 기준 나이는 민간부문이 45.5세인 반면 공무원은 46.5세로 한 살 많았다.

연금의 위력

이런 차이를 만드는 것은 연금이다. 공무원은 연금 소득이 3억 원대에 달하지만, 회사원은 대기업에 다녀도 국민연금으로 들어오는 소득이 1억 원대에서 벗어나지 못한다. 물론 한국경제연구원의 분석에는 허점이 있다. 회사원의 평생 소득에 퇴직연금을 더하지 않았다. 이를 감안하면 대기업에서 장기 근속한 경우 공무원보다 평생 소득이 더 많아진다. 그럼에도 실질 퇴직이 짧다는 점은 고려해야 한다. 서울에서 법대를 나온 사법고시 출신이 9급 공무원 시험을 치른 데에는 다 그만한 이유가 있다는 얘기다.

어떤 경우든 연금의 위력은 막강하다. 연금은 보험사만 판매하는 건 아니다. 보험사에선 연금저축보험, 증권사에선 연금저축펀드, 은행에선 연금저축신탁이란 이름으로 연금상품을 판매한다. 회사원과 자영업자라면 개인연금을 준비해 노후에 빈곤층으로 떨어지는 일이 없도록 해야겠다. 정부는 민간의 노후 보장이 취약한데도 2014년부터 공제율이 낮은 세액공제를 도입해 개인연금 가입 유인을 떨어뜨렸다. 이런 문제를 보완하기 위해 정부는 사적연금인 퇴직연금의 활성화를 추진하고 있다. 2016년 7월부터 55세 이상 가입자의 연금저축↔개인형퇴직연금(IRP) 상호 이전 허용을 통해서다. 다양한 투자를 원한다면 연금저축보험을 IRP로 이전해 합산 관리하는 것도 고려해볼 만하다.

투자 성향에 따라 달라지는 보험의 특징

무엇보다 저축성 보험은 종류별 특성을 알아둘 필요가 있다. 변액유니버설보험·변액연금보험·양로보험·연금보험·저축보험 등은 모두 저축성 보험상품인데 상품의 특성을 제대로 모르고 가입하면 실탄만 낭비할 뿐이다. 예컨대 변액보험의 경우 투자 실적에 따라 나중에 받게되는 연금 액수가 달라지게 되는데 증시가 침체 상태를 이어가면 단기적으로는 수익을 내기 어렵다.

변액유니버설보험은 투자 펀드를 더 적극적으로 바꾸는 등 변액보험보다 훨씬 능동적으로 운영할 수 있다. 변액보험은 이같이 투자 실적에 따라 보험금이 달라지므로 주식시장 상황이 좋지 않으면 수익률이 크게 떨어지기도 한다는 점에서 고도의 투자 지식이 필요하다.

수익률 기준으로는 공적연금인 국민연금을 능가할 상품이 없다. 전업주부나 경단녀의 경우 지역가입을 통해 우선 국민연금부터 가입하는 것이 훨씬 유리하다는 얘기다. 사적연금 및 보험은 개인의 투자 성향에 따라 가입하는 것이 바람직하다. 반대의 경우라면 연금·저축보험이 적당하다.

다만 저축성 보험은 대표적인 절세상품이라는 점에 유의할 필요가 있다. 10년 이상 유지하면 이자소득세 15.4%가 면제된다. 저축성 보험이 부유층에게는 세테크 수단으로 각광받는 이유다. 다만 세법 개정으로 2017년 4월부터 장기 저축성 보험의 비과세 한도가 축소됐다는 점도 기억해둬야 한다.

일시금의 비과세 한도는 2억 원에서 1억 원으로 낮춰졌고, 월납은 한도가 없었으나 150만 원까지로 비과세가 축소됐다. 단, 월 적립식의 경우 연간 납입금 합계가 1800만 원을 넘지 않으면 비과세 혜택을 받을 수 있다. 이같이 보험은 상품에 대한 충분한 지식과 이해가 없는 상황에서 주변의 권유에 따라 무턱대고 가입해선 안 된다.

저축성 보험으로 노후 생활자금을 쌓아 나가고 있다면 보장성 보험에도 관심을 가져야 한다. 그런데 보장성 보험에 가입할 때는 주의가 필요하다. 보장의 목적이 질병이나 간병 대비라고 할 수 있는데 저축성과 보장성이 뒤섞여 효과가 반감되는 시중 보험사 상품에 가입하는 경우가 많기 때문이다. 이는 한정된 노후 재원의 운영 효율성을 떨어뜨려 노후 준비에 허점을 만드는 결과를 초래할 수 있다.

보장성 보험은 분명한 목표를 갖고 가입해야지, 그렇지 않으면 애물단지가 되기 십상이다. 종신보험의 경우 가장의 갑작스러운 유고 상황이 발생했을 때 유가족의 안정된 생활을 지켜주는 보장성 보험이다. 종신보험의 보장 자산은 가장의 연소득의 3~5배 수준으로 준비하는 것이 적절하다는 것이 전문가들의 조언이다.

백세시대 필수 간병보험·실손보험

과거에 비해 신체가 건강하지만 수명이 늘어나는 만큼 병원 신세를 많이 져야 한다. 건강보험만으로는 충분히 대비하지 못할 수 있다는 점에 유의한다면 암 같은 중대 질병에 대한 대비가 필요하다. 암은 60세 이후 발병이 급증한다.

장수하는 것이 남의 일 같지만 요즘엔 70~80세를 넘긴 고령자의 경우 쉽게 90세를 바라볼 수 있다는 점에서 현재 건강한 40~50대라면 100세 수명을 누리는 경우가 적지 않을 것이라는 점에서 대비가 필요하다.

환갑을 거쳐 70세를 넘기면서 급증하는 의료비에도 대비할 필요가 있다. 이에 필요한 실손보험은 50세 전에 들어야 보험료 부담을 줄일 수 있다. 이렇게 오래 살게 되면 간병보험 역시 필수라고 봐야 한다. 아무리 건강 관리를 잘해도 치매나 중풍에 걸릴 가능성을 배제할 수 없다.

자식에게 부담을 주지 않고 안락한 노후를 보내기 위해서라도 간병보험의 중요성을 간과할 수 없다. 아무리 건강해도 나이가 들면 녹슬고

연금 유형별 세금 종류 및 세율

(단위: %)

유형		세금	세율
	국민연금	종합소득세	6.6~44.0
퇴직연금	퇴직금	퇴직소득세	6.6~44.0
	개인형퇴직연금(IRP)*	연금소득세	3.3~5.5
개인연금	연금저축(2001년 1월~)*	연금소득세	3.3~5.5
	옛 개인연금(~2000년 12월)	-	-
	연금보험	-	-

*표시는 연간 수령액 1200만 원 초과 시 연금소득세 대신 종합소득세 부과

고장 나는 것은 누구도 피해갈 수 없는 현실이라는 점을 잊지 말자.

연금저축 상품을 갖고 있을 때 또 한 가지 주의해야 할 점은 막연하게 장기 투자가 좋다고 생각하면 안 된다는 점이다. 실제로 시장 트렌드의 변화를 쫓아가지 못하면 수익률이 떨어진다. 따라서 포트폴리오를 정기적으로 바꿔줘야 한다.

연금소득세는 연령별로 세율이 달라진다. 55~69세는 종신형 4.4%(확정기간형 5.5%)가 적용된다. 70~79세는 4.4%가 적용되며, 80세 이상은 3.3%가 적용된다는 점에 유의하자.

금융소비자 정보포털 '파인'

노후 준비를 잘하고 있는 이모(41)씨 부부는 늘 궁금한 점이 있다. 적립식 펀드로 돈을 불리고 미래 대비를 위해 연금저축도 들고 있지만 효율적으로 하고 있는지, 이 정도면 미래 대비가 가능한지 알 수 없어서다. 이런 사람들을 위한 길라잡이가 금융소비자 포털인 '파인(fine. fss.or.kr)'이다.

나의 자산 현황을 파악하려면 모든 계좌 정보를 모아놓은 '파인'에서 원스톱 조회를 할 수 있다. 여기에 들어가면 각 금융회사에 흩어진 은행·보험·연금계좌를 한꺼번에 파악할 수 있다. 또 증권·저축은행·신협 계좌까지 일괄 조회가 가능해진다. 계좌가 여기저기 흩어져 있으면 일일이 확인하기 어려웠으나 금융 소비자 편의를 위해 금융감독원이 2016년 9월부터 운영을 시작했다.

금융 소비자 정보 포털답게 파인에 들어가면 개인의 모든 금융 거래

계좌를 한 번에 조회할 수 있다. 카드사별로 흩어진 카드 사용 내역도 일괄 조회할 수 있고 카드 포인트 통합 조회도 가능하다. 파인은 금융 자산 파악뿐 아니라 부채 관리에도 활용할 수 있다. 원금뿐 아니라 이자 상환 부담까지 고려한 총부채원리금상환비율(DSR) 조회도 가능하도록 기능을 확충하고 있어서다.

노후 준비 과정에서 가장 활용도가 높은 것은 통합연금 포털이라고 할 수 있다. 이 포털에 들어가면 국민연금·퇴직연금·개인연금까지 모든 연금의 적립액과 향후 수령 예상 금액이 산출된다. 그동안 노후 대비가 막연했지만 이 포털 서비스가 제공되면서 자신의 연금이 얼마나 준비됐는지 파악할 수 있다.

이렇게 한꺼번에 모아놓지 않으면 가입 기관별로 일일이 확인하기가 쉽지 않다. 자신의 연금 정보를 확인하려면 로그인을 위한 회원 가입만 하면 된다. 이 과정이 번거롭다고 생각할 수 있지만, 개인의 정보를 각 금융사에서 가져와도 좋다고 동의하는 절차여서 반드시 거쳐야 한다. 절차가 복잡하지 않고, 공인인증서가 없는 경우에도 휴대전화 인증을 통해 간편하게 본인 확인을 할 수 있다.

재무 진단이 가능한 파인

파인에서는 재무 진단도 가능하다. 재무 목표와 지출 상태, 저축·비상금, 연금까지 연령에 맞춰 얼마나 준비돼 있는지 진단할 수 있다. 클릭 몇 번이면 불과 1~2분 만에 자신의 노후 준비 상태가 파악되므로 정기

금융 소비자 포털사이트 파인(fine.fss.or.kr) 서비스

♦ 금융상품

연결 사이트	서비스 내용
금융상품 한눈에	예·적금, 대출, 연금저축 등 금융상품 비교
연금저축 통합 공시	연금저축 신탁·보험·펀드의 장단점과 특징, 수익률 및 수수료
퇴직연금 종합안내	퇴직연금 취급 회사별·상품별 수익률·수수료율
보험다모아	자동차보험, 실손의료보험, 여행자보험 등 보험료와 보장 내용
ISA다모아	비과세 혜택을 받는 ISA 상품의 수익률 및 수수료
펀드다모아	주식형, 채권형 등 6가지 유형별 1년 수익률 톱50 펀드

♦ 금융 거래

연결 사이트	서비스 내용
잠자는 내 돈 찾기	은행, 보험사, 증권사 등에 잠자고 있는 내 돈 찾기
통합연금 포털	개인연금, 퇴직연금, 국민연금, 사학연금 정보 한 번에 조회
은행계좌 통합관리 서비스	은행계좌 한눈에 조회하고, 불필요한 계좌 잔액 이전·해지
신용정보 조회	본인 신용정보를 신용정보원에서 조회
자동이체 통합관리	여러 금융회사에 등록돼 있는 자동이체 정보 조회·변경·해지
내보험 다보여	가입한 보험상품의 세부 보장 내역, 실손보험 등의 중복 가입 여부 확인
보험가입 조회	본인이 보험계약자 또는 피보험자인 보험계약 조회
카드포인트 통합조회	각 카드사에 남아 있는 포인트, 소멸 시기 조회

적으로 진단을 받아보는 것이 좋다. 자신뿐만 아니라 은퇴한 부모의 노후 준비 상태를 진단하는데도 유용한 수단이다. 투자에 필요한 예금·펀드·보험 등 금융정보 역시 한눈에 파악할 수 있다. 1000만 원을 예금

당신의 재무 상태는?

☐ **재무 목표** 귀하는 적어도 하나 이상의 재무 목표가 있고 그것을 달성하기 위해 노력 중입니다.

☐ **지출 상태** 귀하는 자신의 재무 상황을 잘 파악하고 있고, 돈이 어디에 얼마나 지출되고 있는지 알고 있습니다.

☐ **저축** 귀하는 매번 들어오는 소득에서 일정 금액을 저축하고 있습니다.

☐ **비상금** 귀하는 예측하지 못한 비상 상황이 발생한다면 대출을 받거나 가족 또는 친구에게 도움을 요청해야 할 것입니다.

☐ **상해·질병** 귀하는 본인 및 가족들이 다치거나 병에 걸릴 경우에 대한 대비가 충분한 수준인지 확실치 않습니다.

☐ **재산 손해** 귀하는 자동차, 주택 등 보유하고 있는 재산에 손해가 발생할 경우에 대한 대비가 충분합니다.

☐ **연금** 귀하는 국민연금과 퇴직연금(또는 공적연금)에 가입되어 있으며 개인연금을 따로 들고 있습니다.

*6개 이상: 양호 3개 이하: 주의 1개 이하: 위험

한다면 어디에 맡기면 가장 높은 이자를 받을 수 있는지를 클릭 한 번으로 보여준다. 예금금리뿐만 아니라 세후 이자 금액까지 보여준다. 돈을 맡겼을 때 1년 후 또는 3년 후 이자가 어떻게 달라지는지, 저금리 기조에서는 1000만 원 맡겨도 세후 이자로 20만 원도 벌기 어렵다는 점이 생생히 나타나므로 자녀의 경제 교육에도 유용하다.

실손보험 정보를 한눈에 파악할 수 있는 것도 편리하다. 파인에 들어가면 클릭 몇 번으로 전체 보험사의 실손보험료를 한꺼번에 비교할 수 있다. 돌아가신 부모님의 금융 거래를 조회할 때도 파인에 들어가면 원스톱 서비스가 가능하다.

미래의 월급 IRP

회사원 박모(51)씨는 2015년부터 연금저축 공제 한도가 기존 400만 원에서 700만 원으로 확대되자 개인퇴직연금(IRP)에 가입했다. 새로 늘어나는 한도 300만 원은 전액 IRP에 한해 허용된다. 그의 IRP 계좌에는 벌써 500만 원이 넘는 잔액이 쌓여 있다. 금융회사가 보내주는 문자 메시지를 통해 내용을 알고 있다.

　IRP 공제 한도가 추가되면서 연금계좌를 통한 연말정산 세액공제 한도는 2015년부터 최대 700만 원이 됐다. 세액공제 환급액은 최대 52만 8000원에서 39만6000원이 추가되면서 연간 92만4000원으로 늘어났다(연봉 5500만 원 이하 근로자는 공제 세율 16.5%가 적용돼 115만5000원까지 세액 환급을 받을 수 있다). 박씨는 "자동이체 해놓고 잊고 있었는데 2년 사이 공돈이 생긴 것 같다"고 말했다.

퇴직금은 IRP 계좌로 통합 관리

IRP는 퇴직할 때 받는 퇴직금을 통합 관리하는 계좌다. 퇴직금을 일시불로 받아두면 창업이나 사업에 섣불리 나서 금세 바닥이 드러날 수 있다. 이런 가능성을 차단하기 위해서라도 퇴직금은 IRP 계좌에 입금해 관리하여야 한다. 퇴직자에게 IRP는 노후의 필수품이라는 얘기다.

이를 위해서는 우선 IRP 계좌부터 개설해야 한다. IRP는 퇴직연금 사업을 하는 은행·보험사·증권사에서 가입할 수 있다. 가입 경로는 오프라인·온라인 두 가지다.

우선 금융회사 직접 방문부터 보자. 구체적 절차는 일반 예금 계좌를 개설할 때와 다를 바 없다. 본인 확인 절차를 거쳐 불입금을 정하고 가입 서류에 사인만 하면 된다. 자동이체까지 신청해놓으면 매달 저절로 연금이 쌓인다.

또 다른 경로는 인터넷을 통한 가입이다. 이른바 'IRP 전자청약'인데 전혀 어렵지 않다. 공인인증서와 신분증만 준비하면 된다. IRP는 가입자 자신이 상품을 운용하도록 설계돼 있어 전자청약이 갖는 장점이 많다. 어차피 IRP 계좌를 가진 뒤에는 언제든 홈페이지에 들어가 운용 상황을 점검하고 투자 펀드를 바꿀 수도 있어서다. 전자청약을 통한 계좌 개설은 10~20분이면 절차를 마칠 수 있다.

인터넷 전자청약으로 자동이체하면 끝

IRP가 회사에서 단체로 가입한 퇴직연금과 다른 것은 개인이 적극적으로 운용할 수 있다는 점이다. 퇴직연금은 확정급여형(DB)과 확정기여형(DC)으로 나뉜다. DB는 기존 퇴직금을 금융회사에 맡겨놓는 상품이고, DC는 개인 운용이 가능하지만 실제로 운용에 나서는 사람은 많지 않다.

그래서 나온 게 IRP인데 '운용의 묘'를 살리는 게 관건이다. 운용 방식은 본인의 선택에 따라 안정형부터 공격형까지 크게 달라진다. 연금 관련 세액공제 전체 한도 700만 원을 어떻게 활용할지도 본인 선택에 달려 있다. 경우의 수는 세 가지다. 연금저축+IRP를 합해 전체 한도 700만 원의 불입 비율을 정하거나, 700만 원을 모두 IRP에 몰아서 넣거나, IRP 계좌에 300만 원만 넣을 수도 있다.

실적 배당형은 2~3% 수익 기대

IRP의 운용 방식은 크게 두 가지다. 사실상 예금이나 다름없는 원리금 보장형과 펀드처럼 투자 성과에 따라 결과가 달라지는 실적 배당형이다. 원리금 보장형은 안정성에선 장점이 있지만 저금리 기조와 0.3~0.5% 수준의 운용수수료까지 감안하면 수익률이 1%대에 그칠 가능성이 크다.

반면 실적 배당형은 수익률을 높일 여지가 크다. 물론 위험이 따른다. 위험은 채권→채권혼합→주식형 쪽으로 갈수록 커진다. 위험이 크다는 것은 기회도 많다는 뜻이다. 이 같은 실적 배당형 IRP는 금융회사마다 수익률이 다르긴 하지만 실적이 좋은 곳은 연 2~3%대 수익을 내기도 한다.

55세 이후 언제든지 연금 수령, 세율 3.3~5.5%에 불과

IRP는 만 5년 이상 가입하면 만 55세 이후 언제든지 연금 형태로 수령할 수 있다. 1969년생부터는 국민연금이 65세부터 나오므로 큰 도움이 될 수 있다. 퇴직 후 국민연금을 받을 때까지 '은퇴 크레바스'(빙하지대의 거대한 틈새)를 건너는 징검다리가 된다는 얘기다. 공무원·자영업자도 IRP에 가입할 수 있다.

다만 IRP는 부분 인출은 불가능하다. 모두 연금으로 받든지, 아니면 언제라도 중도 해지해 일시금으로 수령해야 한다. 이 경우 소득공제 받은 개인부담금 원금과 총 운용 수익은 16.5%의 세율로 세금이 부과된다. 연금으로 받을 때는 연 1200만 원 이하까지는 3.3~5.5%의 연금소득세로 분리과세 된다. 연금저축을 월급처럼 장기간에 걸쳐 나누어 받으라는 취지에서 저율의 연금소득세가 적용되는 것이다.

따라서 연금저축과 IRP의 연간 수령액이 1200만 원을 초과할 경우 주의해야 한다. 세금이 크게 올라가기 때문이다. 결국 연금저축과 IRP는 월평균 100만 원으로 연간 1200만 원이 초과하지 않도록 유의해야 한다. 월 100만 원이라고 해도 국민연금을 함께 받는다면 월 생활비로 200만 원 이상 조달하는 데는 어려움이 없을 것이다. 물론 연금저축과 IRP 적립액이 많다면 연간 1200만 원을 초과할 수밖에 없다. 저율의 연금소득세에서 고율의 종합소득세로 바뀐다는 점만 고려하면 된다.

퇴직 무렵 부채는 족쇄다

빚은 두 얼굴을 갖고 있다. 잘 쓰면 약이지만 과하면 독이 된다. 좋은 약도 사람의 체질이나 건강 상태에 따라 부작용이 나타날 수 있다. 2017년 9월 1400조 원을 돌파한 데 이어 2018년에는 1500조 원으로 더욱 늘어날 것으로 보이는 가계부채가 딱 이런 경우다. 이렇게 천문학적인 대출 잔치가 벌어지는 동안 누군가에겐 약이 되기도 하고 다른 이에게는 독이 되기도 했을 터다.

특히 인생 전반을 돌아선 50대 직장인의 과도한 부채는 언제 터질지 모를 시한폭탄이나 다름없다. 30~40대 때는 자산 형성을 위해 쓴 빚이 약이 될 수 있다. 하지만 퇴직을 앞두게 되면 빚은 줄이고 자기자본의 비중을 높여야 한다. 기나긴 노후에 비해 소득 기간은 상대적으로 짧아졌다. 50세만 넘기면 눈 깜짝할 사이에 퇴직이 다가온다. 따라서 인생 중반을 돌아선 시점에선 철저한 부채 관리가 필요하다.

몰려오는 금리 인상 쓰나미

앞으로도 저성장·저금리 기조의 틀이 유지되겠지만 2015년 12월 시작된 미국 연방준비제도(Fed)의 제로금리 탈출은 피할 수 없는 상황이다. 2016년 들어 Fed의 금리 인상 시그널은 더욱 분명해졌다. 재닛 옐런 Fed 의장은 Fed의 금리정책 방향을 제시하는 잭슨홀 미팅에서 "금리를 인상할 여건이 강해졌다"고 말했다. 금리는 2017년부터 2019년에 걸쳐 해마다 두세 차례 인상될 것이라는 예고였다.

은행에 빚이 있다면 최소 규모로 축소해 갑작스러운 금리 인상 충격에 대비해야 한다. 가장 핵심적인 관리 대상은 주택담보대출이다. 한국에서는 재산 형성의 중심이 주택이다. 그 결과 주택시장은 언제나 수요가 공급을 초과한다. 더 큰 집, 더 환경이 좋은 집으로 끊임없이 옮기려는 수요가 있기 때문이다. 그러다 보니 내 집을 마련하기 위해 수억 원의 대출을 받은 경우가 적지 않다.

은행과 보험사가 앞다퉈 빚을 권한다. 이들 금융회사는 주택담보대출을 통해 집값의 85%까지 대출해주겠다고 앞다퉈 경쟁한다. 집값에 따라 경우가 다르겠지만 2억~3억 원만 있으면 6억~7억 원을 대출받아 10억 원짜리 아파트 한 채 사는 건 누워서 떡 먹기나 다름없다. 이런 '극단'은 드물다고 치자. 퇴직을 앞둔 50대 후반 A모씨는 요즘 잠을 뒤척이는 경우가 많다. 주택담보대출이 상당히 많이 남아 있어 퇴직 전까지 상환할 길이 막막하기 때문이다. 아내 몰래 진 빚도 적지 않다.

그래도 주택 구입을 위해 2억~3억 원을 대출하는 경우는 드물지 않다. 이만큼 대출하면 자기자본 4억~5억 원을 토대로 7억~8억 원에 이르는 주택을 구입할 수 있다. 요즘처럼 금리가 낮으면 큰 문제가 없다. 매달 조금씩 갚아나가면 되고 30년 만기로 넉넉히 상환하면 이자 부담은 못 느낄 정도가 된다.

안정적인 부채 비율

하지만 노후가 길어지면서 이런 방식의 대출은 안정적인 노후 생활의 걸림돌이 될 수 있다는 점에 주목해야 한다. 만약 퇴직할 때 대출 잔금이 1억 원 정도 남아 있다고 가정해보자. 퇴직 이후 근로소득이 없어 월급이 없는 상황에서 대출 잔금에 대해 매달 이자와 원금을 갚는다면 노후 생활에 상당한 부담이 될 수 있다. 연금을 받아도 그중 일부를 빚 갚는 데 쓴다면 생활에는 주름이 질 수밖에 없다.

따라서 노후가 긴 장수시대에는 각별한 부채 관리가 필요하다. 현업에 있을 때 소득이 있어 대출을 했다면 치밀한 계획을 세워 퇴직 전까지 상환하는 게 좋다는 의미다. 그러나 말처럼 쉽지 않다. 자녀가 성장하고 사회적 활동이 왕성한 인생 중기에는 의욕이 앞서 과감하게 대출을 받아 주택 구입에 나서는 경우가 많다. 이렇게 '저질러야' 내 집 마련이 가능한 것이 현실이고, 그러다 보면 집값이 조금이라도 상승해 재산이 불어나는 게 중산층의 전형적인 자산 증식 패턴이기 때문이다.

그렇다면 부채 비율은 얼마까지가 안정적일까. 일반적으로 부채 상환액은 가계 가처분소득의 20% 이내여야 한다는 게 금융 전문가들의 권고다. 주택대출을 포함한 부채 상환액이 가계 가처분소득의 40%를 넘으면 위험하다고 한다. 또한 부채가 자산의 50% 이상이면 위험 수준이라고 판단한다.

예컨대 세금과 사회보장비를 제외하고 손에 쥔 월수입이 100만 원이라면 원리금을 포함해 일반적으로 20만 원, 많아도 40만 원 이내라야 과도한 부채로 인한 가계 부도 위험에서 피할 수 있다는 얘기다. 일시적으로 부채 상환액이 많은 것은 불가피할 수 있지만 무리하게 대출을 얻어 지속적으로 부채 상환에 수입의 40% 이상을 써야 한다면 금리 인상 충격을 피할 수 없게 된다.

빚을 레버리지로 활용하되 퇴직 땐 제로화

결국 젊어선 빚을 레버리지(지렛대)로 활용하되, 퇴직 시점을 목표로 제로(0)로 만드는 재무 계획을 세울 필요가 있다. 퇴직 무렵 빚이 없어졌다면 연금을 비롯한 노후 소득은 온전히 노후 생활자금으로 쓸 수 있게 된다. Fed의 금리 인상 충격파가 본격화하면 현재 2~3%대 주택담보대출 금리가 다시 4~5%대로 올라가게 된다.

그간 가계의 현금 흐름이 좋고 자산 대비 부채 비중이 감당할 수준이었다면 적절한 빚은 자산 증식의 지렛대가 되었을 것이다. 반면 퇴직을 앞뒀음에도 저금리에 힘입어 활용한 빚이 과도했다면 '부채 다이어트'를 서둘러야 한다. 이는 비만 판정을 받아 체중 관리가 필요한 사람이 식사를 조절하고 운동으로 체질을 강화해 성인병을 예방하는 이치와 다름없다.

부채 관리 5계명

더 실질적으로 빚을 관리하려면 빚테크(빚+재테크) 5계명만 기억해둬도 좋다. *우선 재무제표를 주기적으로 점검하자. 자산과 부채를 정확하게 파악해야 내게 빚이 얼마나 있는지 알 수 있기 때문이다. 사실 자신의 빚이 얼마인지 정확하게 아는 사람은 생각보다 많지 않다. 그래서 빚 관리의 첫걸음은 빚 규모 파악이라는 얘기다.

둘째는 *양성 빚과 악성 빚의 구분이다. 생애에 걸친 재무적 과정에서 주택을 마련할 때는 어느 정도 빚을 짊어질 수 있다. 규모가 과도하지 않고 현금 흐름이 좋다면 일시적으로 쓰는 빚은 재산을 불리는 데 필요한 필수적인 지렛대가 될 수 있다. 자산을 형성하는 데 도움이 된다면 적정한 규모의 부채를 마다할 이유가 없다. 하지만 주식 투자를 위해 빚을 내는 것은 십중팔구 쪽박을 찰 가능성이 있으니 주의해야 한다. 신용대출처럼 대출 문턱이 낮은 빚은 이런 경우 더욱 위험할 수 있다.

셋째로 *부채 조정이 불가피한 경우라면 우선순위에 따라 상환하자. 순서가 딱히 정해져 있는 것은 아니지만, 고금리→소액→만기가 임박한 빚부터 갚아나가자. 넷째로 주의해야 할 포인트는 *신용 관리다. 연체가 발생한 대출은 개인 신용등급을 떨어뜨리는 결정적인 요인이 된다. 신용등급이 낮아지면 주택 마련 등을 위해 대출을 받을 때 금리가 불리하게 적용되고 신용카드 발급이 제한되는 것을 비롯해 경제활동에 부정적인 결과를 초래할 수 있다.

간혹 배우자나 가족 모르게 빚을 지고 있는 경우도 있는데 위험천만한 일이다. 마지막으로 *배우자 몰래 빚이 있다면 솔직하게 털어놓고 가계 차원에서 상환 계획을 세울 필요가 있다. 혼자 빚을 갚겠다는 마음으로 빚을 숨기고 있으면 오히려 부채 상환이 지연되거나 빚이 더 늘어날 수도 있다. 한마디로 부채는 양날의 칼이다. 잘 쓰면 약이 되지만 과용하면 독이 된다는 점만 기억하면 된다.

금리가 오르면 가능한 이자생활

금리가 오르면 2008년 이후 자취를 감췄던 '이자생활자'가 돌아온다. 노후 준비에는 실낱같은 희망의 빛이다. 이자생활자는 과거 은퇴자의 전형이었다. 퇴직금을 받아 은행에 쟁여놓고 이자만 받아도 쏠쏠하게 노후자금을 쓸 수 있었다. 지금은 이게 안 되니 노후에도 완퇴하지 못하고 구직활동을 하는 반퇴시대가 됐다.

지금은 상상도 하기 어렵지만 외환위기 직전에는 예금 이자가 두 자릿수(연 12~13%)였다. 1억 원을 은행에 맡겨놓으면 세후 연 1200만 원의 이자를 받을 수 있었다. 3억 원만 맡겨놓으면 월 300만 원의 이자생활이 가능했다. 2008년까지만 해도 예금 이자는 5% 선을 유지했다. 이때까지만 해도 원금만 많다면 어느 정도 이자생활을 누릴 수 있었던 황금시대였다고 할 수 있다.

미국 3년 내 기준금리 3%까지 올려

그러나 2008년 미국발 금융위기 이후 초저금리 시대가 열리면서 이자생활자는 역사 속으로 사라졌다. 아무리 현금을 많이 갖고 있어도 노후를 보장하지 못했다. 3억 원을 맡겨놓아도 손에 쥐는 세후 예금 이자는 연 500만 원을 크게 넘기 어렵다. 3억 원의 가치(연간 이자)가 중산층의 한 달 치 생활비도 되기 어렵다는 얘기다.

이 같은 초저금리 기조는 미국 연방준비제도이사회(Fed) 벤 버냉키 의장이 2013년 5월 '테이퍼링(양적완화의 출구전략)'을 처음 언급한 것을 신호탄으로 막을 내리기 시작했다. 2014년 2월 Fed 의장 바통을 이어받은 재닛 옐런 의장은 2015년 12월 기준금리 인상에 나서면서 지난 2008년부터 시작된 양적 완화와 제로금리 탈출에 시동을 걸었다. Fed는 2016년 12월에 이어 2017년에도 3월과 6월에도 추가 인상에 나서면서 0.00~0.25%까지 떨어졌던 연방기준금리(FF)를 1.00~1.25%로 상향 조정했다. 이런 식으로 금리를 올리면 미국의 기준금리는 2019년 3%에 달할 전망이다.

이러한 상황에서 은퇴자는 현금과 부채에 대해 초저금리 때와는 다른 입장을 가져야 한다. 한마디로 이자생활이 가능해질 수 있으니 현금을 많이 보유할수록 좋다는 얘기다. 반면 빚은 금물이다. 대출금리가 6~7%에 달하면 이를 보전할 만한 재테크 수단을 찾기가 어려워지기 때문이다.

경제의 불확실성도 다시 높아진다. 주식과 부동산이 어느 방향으로 갈지 쉽게 알 수 없다. 확실한 것은 퍼펙트 스톰(perfect storm)이 우리

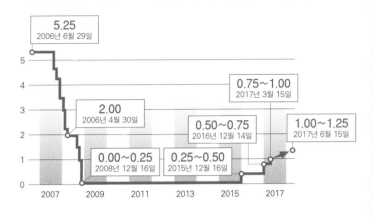

미국 기준금리 추이

나라를 본격적으로 덮쳐온다는 점이다. 퍼펙트 스톰은 여러 개의 태풍이 다른 자연현상과 동시에 발생하면서 엄청난 폭발력을 갖게 되는 현상을 말한다. 이를 경제 분야에서 차용하면서 악재가 한꺼번에 터져나와 경제가 동시에 위기에 빠지는 상황을 뜻하게 됐다.

저금리 파티는 끝났다

가장 먼저 충격을 받게 될 부분은 부동산 시장이다. 1300조 원을 돌파한 가계부채는 금리가 1%포인트만 오르면 이자 부담이 9조 원이나 늘어난다. 그 충격은 바로 부동산에 충격을 줄 수 있다.

2017년 입주 물량이 23만 가구에 달했고 2018년과 2019년에 73만 가구가 집들이를 한다. 3년간 100만 가구에 달한다. 2014년 7월부터 재당첨 제한과 전매 제한, 주택담보대출 규제를 한껏 풀어놓은 결과다. 문제는 집값의 30~40%씩 융자를 받아 분양받은 가계가 많다는 점이다.

빚 얻어 아파트를 샀다면 이런 가계는 가계 운영의 초점을 빚 슬림화에 맞춰야 한다. 이미 대출금리가 뛰면서 3억 원을 빌렸을 경우 월 이자 부담이 100만 원에 달하고 있다. 한국은행이 기준금리를 올리지 않았지만 시중은행이 대출 부실화에 대비해 선제적으로 대출금리를 올리고 있는 여파다.

문제는 딱히 수입이 늘지 않는다면 돌파구가 보이지 않는다는 점이다. 이럴 경우 응급 대처는 금리 인상 쓰나미를 피하기 위해 고정금리로 갈아타는 것이다. 주로 10년 이상 최장 30년에 달하는 장기금리라면 당장 고정금리로 갈아타는 것이 좋다. 오피스텔이나 도시생활형 주택 같은 수익형 부동산 역시 금리 쓰나미가 덮치고 있다. 시중금리가 오름에 따라 임대수익률과 은행 이율의 격차가 좁혀지면서 수익형 부동산의 투자 매력이 떨어질 것이기 때문이다. 은행 예금금리가 오르려면 한국은행이 금리 인상 방아쇠를 당긴 이후가 되겠지만 그전이라도 대출금리가 오르면 예금금리도 조금씩 상승할 가능성이 있다. 더구나 이들 수익형 부동산은 공급 과잉까지 겹쳐 있다는 것도 문제다.

주택시장은 수요 공급에 따라 양극화 진행

무엇보다 금리가 오르면 현금이 넉넉한 이자생활자의 노후는 든든해지지만, 빚이 많은 가계에는 위기가 된다는 점을 유념해야 한다. 은퇴 무렵에는 채무를 모두 상환해야 평균 30년에 걸친 노후를 여유 있게 지낼 수 있다. 빚을 떠안고 있으면 고달파진다. 더구나 은퇴를 하기 전에도 빚 부담에 시달릴 수 있다.

과도하게 빚을 얻어 자산의 대부분이 주택 구입에 투입된 하우스푸어가 특히 위험하다. 이들은 수입의 상당 부분을 빚 상환에 쓰고 자녀 교육비에 쏟아붓고 있어 가정 경제가 늘 빠듯하다.

그래서 인생 전체의 균형이 중요한 반퇴시대에는 가계의 재정 규모에 맞는 합리적 자산 배분이 필요하다. 앞으로 금리 인상이 본격화할수록 '친구 따라 강남 간다'는 식으로 덩달아 빚을 얻어 주택 매입에 나서는 것은 금물이다. 무리한 투자는 결국 가계 살림 압박과 삶의 질 훼손이라는 부작용을 초래하고 만다.

주택시장을 바라보는 합리적인 시각도 필요하다. 금리가 올라도 인기 지역은 수요가 끊이지 않아 가격이 강보합세를 보이고, 교통을 비롯한 생활 여건이 떨어지는 곳은 수요가 계속 줄어들 것이라는 점이다. 따라서 이제 주택은 주거 목적에서 접근해야 한다. 보유 자산 전체를 올인하는 것도 모자라 대출까지 활용해 투자하는 것은 무모하다고 볼 수밖에 없다.

미국 기준금리의 파급 경로

기준금리는 은행 간 주고받는 자금의 금리를 의미한다. 기준금리가 오르면 시중금리가 연쇄적으로 오르게 된다. 미국이 기준금리를 올리면 세계 전체가 반응하게 돼 있다. 국제자금은 주가가 오르거나 금리가 높은 곳으로 이동하게 되는데 신흥국에 있던 자금은 블랙홀처럼 미국으로 빨려들어갈 가능성이 크다. 미국의 금리가 오르면 달러 값이 상승하고 기타 통화는 가치가 하락하게 된다. 더구나 기축통화와의 금리 격차가 줄어든다면 당연히 기축통화인 미 달러화를 사려는 움직임이 활발해진다.

이런 국제 금융시장의 구조에 따라 한국은행도 금리 인상을 피할 수 없다. 한은의 기준금리는 2017년 6월 1.25%로 미국 연방기준금리(1.00~1.25%)와 상한선이 같아졌다. 미국의 중앙은행인 연방준비제도이사회(Fed)가 2019년까지 3%까지 기준금리를 올리기로 한 만큼 한·

미 기준금리 역전은 시간문제가 됐다. 더구나 Fed는 양적완화를 위해 사들인 4조5000억 달러 규모의 보유자산을 순차적으로 되팔아 시중 유동성을 줄여나가기로 했다. 이래저래 금리는 오를 수밖에 없게 된 것이다. 한국에서 대규모 유전이나 금광이 발견돼 경제성장률이 갑자기 급상승하지 않는 한 한국 주식이나 채권에 투자했던 국제자금은 썰물처럼 빠져나갈 수밖에 없다는 얘기다.

한국은행의 고민은 깊다. 완진 고용에 가까운 경기 부양에 성공한 미국과 달리 한국은 3%대 성장도 기약하기 어려운 불황의 늪에 빠져 있어 금리 인하 압박이 심하기 때문이다. 그럼에도 미국의 금리 인상이 거듭되면 한·미 금리 역전 현상을 피하기 위해서라도 기준금리 인상에 나설 수밖에 없다.

한은이 기준금리를 올리면 그 여파는 시중금리에 바로 반영된다. 점차적으로 오르겠지만 기준금리가 차츰 미국의 기준금리(2019년 3% 예상) 이상으로 상승하면서 한국 금리도 상당히 뛰어오르게 된다. 이미 국내 시중은행은 대출금리를 3%대 중반까지 올렸고 5%대 금리도 나오고 있다. 예금금리는 최저 2% 안팎에서 앞으로 4~5%까지 상승할 가능성도 배제할 수 없게 된다.

입사 2년 차 20대 여성의 목돈 마련

2년 차 새내기 직장 여성 구모(28)씨는 중소기업에 취직해 열심히 일을 배우고 있다. 목돈 마련에도 관심이 있는데 소득이 낮고 금융지식이 없다.

적금 올인 말고 ISA · 펀드 · CMA 등 다양한 투자하기

젊어서는 종잣돈 마련이 중요하다. 처음에는 잘 불어나지 않아도 힘들다 싶은 생각이 들면 이미 어느 정도 불어나 있는 게 재산이다. 체계적인 자산 마련을 위해서는 우선 본인의 투자 성향과 향후 계획에 적합한 상품을 선택하는 것이 중요하다. 먼저 저축하고 나중에 소비하는 습관도 종잣돈 만들기의 관건이다.

자산 · 부채 현황 (단위:원)

자산		부채	
적금	760만		
주택청약	250만		
합계	1310만	합계	0
순자산			1310만

변경 전 현금 흐름

수입		지출	
		적금	120만
		주택청약	3만
월급여	170만	통신비	6만
		생활비	40만
		기타	1만
합계	170만	합계	170만

변경 후 현금 흐름

수입		지출	
		주택청약	3만
		ISA	30만
		해외주식형펀드	30만
월급여	170만	적립식펀드	30만
		적금	30만
		통신비	6만
		생활비	40만
		기타	1만
		합계	170만

직장인 절세상품부터 가입

새내기 직장인을 위한 상품은 많다. 세액공제 혜택이 따라오는 연금저축, 개인퇴직계좌(IRP), 2016년 절세를 위해서 새로 나온 개인종합자산관리계좌(ISA)와 해외 비과세 펀드 가입도 적극 추천한다.

직장인에게 연금저축계좌는 유용한 절세상품이다. 소득 규모에 따라 13.2~16.5%의 세액공제를 받고 55세 이후 연금을 수령할 때 내는 세율도 3.3~5.5%에 그친다. 구씨는 총 급여가 5500만 원 이하이어서 16.5%의 세액공제를 받을 수 있다.

하지만 급여가 적어 세액공제가 많지 않다. 따라서 당장 절세 효과는 크지 않지만 은퇴 후 노후 대비 목적으로 적은 금액이라도 꾸준히 불입을 시작할 필요가 있다. 나중에 소득이 높아지면 연간 400만 원까지 불입해 절세와 투자, 노후 대비 목적을 동시에 충족할 수 있어서다.

구씨의 소득으로 보면 ISA는 연간 2000만 원까지 불입해 3년간 발생한 총이익의 250만 원까지 비과세로 운용할 수 있다. 3~5년 후 결혼 등에 필요한 자금으로 주가연계펀드(ELF)나 혼합형 펀드, 주가연계증권(ELS) 등 다양한 구성으로 가입이 가능하다. 여기에 필요한 투자 자금은 단기자금 예치계좌(MMF와 CMA)의 목돈을 활용하면 되겠다.

해외 투자에 대한 안목 필요

해외 비과세 펀드의 경우 한시적으로 1인당 3000만 원까지 가입할 수 있다. 가입 대상 상품은 해외 상장 주식에 60% 이상 투자하는 펀드로, 가입일로부터 10년까지 비과세 혜택을 받을 수 있다. 자금이 필요할 때 목표 수익에 도달했다면 언제든지 해지해도 된다. 금융회사에 문의해 가입 시한을 확인하자.

가입 시한이 끝난 뒤에도 해외 펀드에 관심을 가져보자. 해외 펀드는 신흥시장의 경제성장과 함께 소비 증가가 이루어지는 부분에 초점이 맞춰져 있다. 아시아컨슈머, 글로벌컨슈머 펀드 등이 유망하다. 구씨는 20대이므로 더 적극적인 투자에 관심을 갖고 가까운 금융기관을 방문해 국내 주식형 펀드의 경우 배당주·헬스케어·공모주 펀드 등에 대한 자세한 상품 상담을 받고 가입하길 바란다.

내 집 마련은 청약통장

사회 초년생은 청약통장부터 준비하기 바란다. 주택청약종합저축은 서울과 부산 및 기타 광역시 지역을 제외한 기타 지역의 경우에는 200만 원이 예치되어 있으면 전용면적 $85m^2$ 이하에 청약할 수 있고, 300만 원은 전용면적 $100m^2$ 이하 청약이 가능하다. 구씨는 현재 250만 원을 적립해 놓았고 매월 3만 원씩 불입하고 있다. 따라서 거주지(경기도)에서는 $85m^2$ 이하에 청약할 수 있고, 예치 금액이 300만 원이 되면 $102m^2$ 이하로 청약 규모를 키울 수 있다.

아파트 청약은 청약 가점에 의한 가점제와 청약 신청자를 대상으로 추첨해 당첨자를 선정하는 추첨제가 있다. 가점제는 무주택 기간, 부양 가족 수, 청약통장 가입 기간 등을 점수로 환산해 청약 신청자 중에서 높은 점수를 보유한 청약자를 당첨자로 선정하는 방식이다. 따라서 점수의 구성상 사회 초년생에게는 불리하지만 꾸준하게 청약통장을 유지하고 있으면 가점이 높아지므로 조기에 통장에 가입하는 게 유리하다.

출산을 앞둔 30대 맞벌이 부부

두 살 연상 남편과 맞벌이하는 고모(32)씨는 출산을 앞두고 있다. 목돈이 없어 100% 대출로 전세자금을 마련해 현재 저축 없이 3년간 1억 7000만 원을 상환했고 대출 잔금 8500만 원이 남아 있다. 올해 말 1억원을 추가 대출해야 전세 연장이 가능하다. 저축은 못 하고 대출만 갚아야 할 처지다.

꾸준한 대출금 상환과 적립식 랩어카운트 활용

고씨네는 전셋값 상승으로 저축은커녕 대출이 늘어나고 있다. 신혼 및 맞벌이 부부는 세 가지 재테크 목표를 유념해야 한다. 첫째 내 집 마련, 둘째 자녀 학자금, 셋째 은퇴자금이다. 이런 의미에서 고씨네는 꾸준한 대출금 상환과 적립식 랩어카운트를 활용한 안정적인 목돈 마련을 권한다.

자산·부채 현황 (단위:원)

자산		부채	
전세 보증금	2억5000만	전세자금 대출	8500만
합계	2억5000만	**합계**	8500만
순자산			1억6500만

변경 전 현금 흐름(지출 항목 변동)

수입		지출	
		생활비	162만
		자녀양육비	150만
		보장성보험	55만
근로소득 600만		변액유니버셜	20만
상여금 150만		연금보험저축	30만
		펀드 기타 저축	33만
		여유자금	280만
		대출금이자	20만
합계	750만	합계	750만

변경 후 현금 흐름

수입		지출	
		생활비	162만
		자녀양육비	150만
		보장성보험	55만
		변액유니버셜·변액연금	
근로소득 600만			40만
상여금 150만		연금보험저축	30만
		펀드·기타 저축	33만
		적립식 랩어카운트	160만
		대출원금	
		(이자 20만 원 포함)	120만
		합계	750만

내 집 마련 위해 목돈 준비

매월 여유자금 중 100만 원은 대출 원금 상환에 쓰고 나머지 160만 원은 내 집 마련을 위한 목돈으로 적립하는 게 좋겠다. 자녀 학자금은 이미 가입한 변액유니버설보험을 활용하자.

안정적인 목돈 마련 방안으로는 꾸준히 인기를 끌고 있는 '적립식 랩어카운트'를 제안한다. 적립식 투자는 소액으로 투자가 가능한데 매입시점 분산을 통해 일시적으로 목돈에 투자하는 것보다 상대적으로 안정성과 수익성이 높다.

적립식 랩어카운트는 금융회사가 자산 배분부터 상품 선정, 시장 상황에 따른 사후 관리까지 자산 운용의 전 과정을 지원하면서 적립식의 장점을 살리고 관리의 어려움을 보완해준다.

랩어카운트는 '싸다(wrap)'와 '계좌(account)'의 합성어다. 고객이 맡긴 자산을 전문가들이 주식·채권·펀드·파생상품 등 다양한 투자 수단을 통해 수익을 올린다. 가입 금액이 최소 1000만 원이었는데 적립식이 나오면서 월 10만~20만 원 투자도 가능해졌다. 고객 성향에 따라 고수익형·중수익형·안정형을 선택할 수 있다.

전세 만료 후 인근 지역으로 이전

향후 전세 만료 시점에 고씨네가 선택할 수 있는 방안은 세 가지다. 첫째는 1억 원을 추가 대출해 현재의 전세를 연장하는 방법이다. 둘째는 현재 거주지보다 편의 여건이 다소 떨어지는 인근 지역으로 이사하는 방안이다.

출산 후 친정어머니의 도움을 받으려면 전세 재계약이 바람직해 보이나 향후 3년 후 내 집 마련을 위해선 지금부터 현금 자산 확보가 필요해서다. 인근 지역의 다소 저렴한 전세로 옮기면 지금과 같은 규모의 아파트를 구하는 데 1000만~5000만 원을 추가하면 된다.

셋째는 행복주택을 적극 공략하는 방법이다. 최근 정부는 주거 안정을 위해 신혼부부에 특화된 행복주택을 올해부터 단계적으로 공급할 예정이다. 단지에는 국공립 어린이집, 어린이 도서관, 놀이방, 단시간

돌보미 위탁시설 등 아동 육아시설을 확충할 예정이므로 미리 입주 요건을 파악해둘 필요가 있다. 어머니께 드릴 육아비를 포함해 양육비도 150만 원가량 생각해둬야 할 것 같다.

노후 준비는 변액연금으로

고씨네는 각각 국민연금과 퇴직연금에 가입돼 있고 65세부터 받을 수 있는 부부 합산 연금이 국민연금 170만 원, 퇴직연금 80만 원으로 모두 250만 원을 수령할 수 있다. 월 300만 원 정도의 연금을 기대하므로 50만 원이 부족하다. 이를 보충하기 위해서는 1억1000만 원을 적립해야 하는데 장기적으로 투자해야 하는 상품이므로 공시이율 연금보다는 펀드에 투자하는 변액연금보험이 효과적으로 보인다.

월 20만 원씩 10년간 납입할 경우 원금 2400만 원에 연 4%의 수익률을 감안할 경우 33년 후 약 6200만 원의 적립금이 생긴다. 여기에 추가 납입이 4800만 원까지 가능하다. 추가 납입 시기를 연금 수령 직전으로 잡으면 연금 재원이 1억1000만 원이 되면서 월 50만 원의 연금이 생긴다.

변액연금은 처음엔 펀드를 통해 국내외 주식시장에 투자하다가 어느 정도 목돈이 마련되면 안전한 채권형 펀드나 혼합형 펀드로 투자상품을 변경할 수 있어 효율적으로 수익률을 관리할 수 있다. 1년에 12회 펀드 변경이 가능하지만 최소 1~2회만 신경 써서 바꿔줘도 수익률이 좋아질 수 있다.

40대의 재산 리모델링
초등생 자녀 셋 둔 40대 부부

초등생 자녀 셋을 둔 전업주부 허모(45)씨는 항상 가계 살림이 마이너스다. 세 자녀를 교육하려면 아직 멀었고 개인연금도 없다. 어떻게 노후를 대비해야 할지 재산리모델링센터에 자문을 구해왔다.

금융자산의 실질 수익성 제고 필요

우선 효율적인 지출과 금융자산의 실질 수익성 제고가 필요하다. 이를 위해 우선 생활비를 조정하길 바란다. 노후에 월세를 놓을 소형 아파트는 현재 분양 아파트를 어떻게 활용할지 판단한 뒤 결정해야 한다.

자산 · 부채 현황 (단위:원)

자산		부채	
전세 보증금	6000만		
분양아파트 계약금	3200만		
보통예금	1억1000만	예금대출	8200만
정기예금	1억		
주택청약저축	1000만		
은행 적금	500만		
합계	3억1700만	합계	8200만
순자산			2억3500만

변경 전 현금 흐름(지출 항목 변동)

수입		지출	
급여(남편) 510만		생활비	281만
		교육비	75만
		적금	75만
		보험	101만
		시어머니 용돈	15만
		예금 대출이자	20만
		기부금	10만
합계	510만	합계	577만

변경 후 현금 흐름

수입		지출	
급여(남편) 510만		생활비	234만
		교육비	75만
		적금	75만
		보험	101만
		시어머니 용돈	15만
		기부금	10만
합계	510만	합계	510만

생활비 과감하게 줄이기

허씨네는 수입에서 지출을 빼면 67만 원의 월간 순손실이 발생한다. 연간으로는 마이너스 804만 원이다. 최우선적으로 순손실을 없애야 한다. 우선 예금담보대출 이자부터 줄여보자. 정기예금 1억 원이 있지만 예금담보대출이 8200만 원 있다. 예금으로 대출금만 갚아도 월간 대출이자 20만 원을 줄일 수 있다.

상환하고 남은 돈 1800만 원에 보통예금 1억1000만 원과 은행적금

500만 원을 합치면 결과적으로 1억3300만 원을 금융자산으로 운영할 수 있게 된다. 허씨 남편이 40대 후반이지만 정년만 채운다면 노후 준비는 아직 가능해 보인다. 따라서 허씨 명의의 개인연금 가입은 필요 없을 것 같다. 추가 불입할 자금이 부족해 다소 무리가 따르기 때문이다.

그 대신 수익률 제고에 초점을 맞추자. 나이와 성향을 고려할 때 중위험·중수익 상품과 절세상품을 선택하는 것이 좋다. 중위험·중수익의 대표적인 상품으로는 연 5~6% 수익률을 기대할 수 있는 주가연계증권(ELS)이 있다. 마침 개인종합자산관리계좌(ISA)를 통해 ELS를 운영하면 절세 효과까지 누릴 수 있다. 다만 ISA가 만능은 아니다. 상품 절반이 수익률 1%에도 못 미친다. 결국 꾸준한 금융지식을 쌓고 능동적으로 대응해야 자산을 지키고 수익률을 올릴 수 있다는 데 유의해야 한다.

적립 보험료 줄이기

현금 흐름이 나쁜 것은 수입 대비 보험료 지출이 과도한 탓도 있다. 먼저 보장성 보험을 보자. 남편은 직장에 다니는 동안에는 직장인 단체보험으로 보장을 받을 수 있다. 퇴직 후 실비보험(실손보험)이 문제인데 비용을 최소화할 수 있는 단독 실비상품으로 준비하자. 허씨도 마찬가지로 단독 실비보험을 준비해 실효성을 높이는 게 좋겠다. 초등학교 6학년 아들은 태아보험이나 유아 때 가입한 보험이라 갱신이 필요할 텐데 당장 보험료가 부담된다면 적립 보험료를 줄여서 월 납입 부담을 덜자.

저축성 보험의 경우 가입한 지 얼마 되지 않은 연금저축이나 변액연금은 다소 손해를 보더라도 불입액을 줄여 최소 10만 원가량 현금 흐름을 개선하는 게 좋겠다.

아파트 추가 매수는 신중하게

허씨는 현재 빌라에서 전세를 살고 있다. 최근 보유 중인 아파트를 매도하고 경기도 남양주시에서 전용 $85m^2$의 아파트를 분양받은 상태다. 향후 남편의 퇴직금과 최근 아파트를 매도하고 남은 돈으로 소형 아파트를 매입해 노후를 준비하고 싶어 한다.

허씨는 2014년 경매로 낙찰 받은 경기도 김포시 소재 $158m^2$ 아파트를 2016년 3억1000만 원에 매도했다. 낙찰 받은 후 보증금 2000만 원, 월세 90만 원에 임대를 놓아 월세 수익도 챙겼고, 낙찰 받은 금액보다 8000만 원의 시세 차익을 보았으니 성공적인 투자였다. 부동산 시황을 볼 때 매도 타이밍도 좋았다.

새로 매입하고자 하는 아파트는 서울 영등포구에 위치한 전용 $59m^2$ 아파트로 매매가는 3억4000만 원이다. 보증금 1억 원에 월세 60만 원을 받을 수 있다. 하지만 지금 당장 아파트를 매수하는 것은 신중해야 한다. 현재 동원할 수 있는 현금은 1억3000만 원이다. 허씨의 생각처럼 월세를 받으려고 한다면 일부는 대출을 받아야 한다. 더구나 남양주 아파트의 분양가는 3억5000만 원으로 계약금 3200만 원만 납입한 상태다. 2018년 입주 때 중도금과 잔금을 해결하는 것도 버겁다.

파트타임으로 일하고 있는 50대 김모 씨

파트타임으로 일하고 있는 김모(53) 씨는 세 살 연상의 자영업자 남편이 앞으로 15년가량 더 일할 것으로 예상한다. 대학생 자녀 둘을 뒷바라지하고 노후자금도 마련해야 하기 때문이다. 그러나 자영업도 환경변화에 따라 언젠가 은퇴할 수밖에 없다는 걸 생각하면 계획대로 될지 고민이 많다.

노후자금 마련이 우선

김씨네는 앞으로 수입이 차츰 줄어들 때를 대비해 노후자금을 마련해야 한다. 더구나 자녀의 교육자금에 이어 결혼자금을 조금이라도 지원하고 노후자금까지 마련하려면 은퇴를 최대한 미루고 계속 일하는 반퇴 생활이 불가피하다. 합리성이 부족한 금융 포트폴리오도 새로 짜야 한다.

자산 · 부채 현황 (단위:원)

자산		부채	
아파트(거주)	7억		
보험자산	6500만		
청약예금	400만	아파트 담보대출	8000만
청약저축(자녀)	1000만		
보통예금	2000만		
합계	7억9900만	합계	8000만
순자산			7억1900만

변경 전 현금 흐름(지출 항목 변동)

수입		지출	
		생활비	398만
		정기적금	100만
		변액유니버셜	20만
남편수입 600만		종신보험	14만
부인수입 80만		실손보험	24만
		암보험	4만
		개인연금	20만
		대출원리금상환	100만
합계	680만	합계	680만

변경 후 현금 흐름

수입		지출	
		생활비	398만
		저축은행적금	100만
		안정형 펀드	100만
남편수입 600만		변액유니버셜	20만
부인수입 80만		종신보험	14만
		실손보섬	24만
		암보험	4만
		개인연금	20만
합계	680만	합계	680만

수익형 부동산서 월 80만 원 현금 확보

은퇴 후 노후 준비 수단으로 부동산 투자를 생각하는 사람이 많다. 하지만 막상 노후 생활이 시작되면 부동산은 별 도움이 안 된다. 급한 상황에서 부동산이 바로 팔리지 않고 은퇴 후에는 이자 부담 때문에 주택담보대출을 활용하기도 어렵다.

김씨네는 2011년 구입한 아파트를 5년간 보유해 이제는 팔아도 매매 차익이 예상되는 것은 물론 양도소득세가 면제되므로 갈아타기를 권한다. 아파트는 38평형 6억 원대가 좋겠다. 양도 차액으로 대출금을 상환하고 목표 기간을 5년으로 잡아 수익형 부동산을 구입하길 권한다. 10년 이상 근로 기간이 남아 있으니 앞으로 5년간 1억~1억5000만 원의 목표 자금을 만들 수 있다. 이 자금으로 2억 원 정도의 오피스텔을 구입해 월 80만 원가량의 임대수익을 확보하자.

여기에 주택연금을 활용하면 웬만큼 노후자금이 마련된다. 주택연금은 60세 이상 소유주가 주택을 담보로 평생 혹은 일정 기간 매월 연금을 지급받는 국가 보증 금융상품이다. 이 상품은 담보 주택에 거주하면서 주택연금을 받을 수 있어 주거 불안정성을 제거할 수 있다. 또 연금 수령 이후 집값이 남으면 상속인에게 돌아갈 수 있다. 현재 6억 원의 아파트를 가지고 종신형 주택연금을 수령한다고 가정할 경우 매월 131만 원을 받을 수 있다. 또 급한 자금이 필요하면 최대 인출 한도 1억 2000만 원을 사용할 수 있다.

저축은행에 월 100만 원 적금 가입

가계 자산의 전체적인 불균형도 바로잡아야 한다. 부동산을 뺀 금융 자산은 대출금을 제외하면 사실상 전무하다. 현재 월 소득 680만 원이 있지만 자녀 교육비로 향후 3년간 매년 수천만 원이 들어가야 한다. 돈을 모을 틈이 없다. 이젠 원금 보장 상품에 의존하지 말고 정기예금+a 전략이 필요하다.

현재 은행금리로 5년간 1억5000만 원의 목돈을 모으려면 매월 250만 원을 저축해야 하는데 생활비를 아무리 줄여도 불가능하다. 따라서 우선 거주 주택의 규모를 줄여 부채를 상환한 뒤 월 200만 원씩 적립해 가자. 100만 원을 연리 2% 수준의 저축은행 월적금에 가입하길 권한다. 나머지 100만 원은 연 4% 수익이 기대되는 인컴형 펀드나 글로벌 채권형 펀드, 국내나 중국 공모주 펀드 중 선택해 불입하자. 5년 후 목돈 1억3000만 원이 예상된다. 중국 공모주 시장은 환차손 위험을 고려해도 비교적 안정적인 수익 확보가 예상된다.

저축성 보험은 연금으로 전환

김씨네 보험은 보장 측면에서 보면 잘 준비돼 있다. 부부가 함께 종신보험과 실손보험에 가입하고 있는데 65세 이후 의료비 비중이 커질 때 요긴하게 쓸 수 있다. 자녀는 실손보험을 들어두었는데 사회 진출 후 생명보험 상품을 추가하면 보장성이 한층 완벽해질 것으로 보인다.

그런데 노후연금은 불완전하다. 이제부터 적립식으로 연금을 마련하려 해도 이미 연령이 높은 편이다. 따라서 목돈을 모아 즉시연금으로 노후연금을 준비하는 편이 낫다. 또 현재 가입하고 있는 저축성 보험을 잘 유지해 은퇴 후 연금으로 전환하길 권한다.

아파트 2채가 있지만 생활비가 부족한 60대 부부

자녀를 모두 출가시키고 올해 69세가 된 김모씨는 65세 아내와 노후 생활을 하고 있다. 아파트 두 채 가운데 한 채에선 월세가 나온다. 하지만 연금을 충분히 준비하지 못해 보유 현금을 까먹고 있다. 부동산을 팔아 현금 자산을 늘리고 싶은데 양도소득세가 걱정이다.

노후자금 극복이 우선

아파트 두 채와 토지를 보유하고 있지만 현금성 노후자금이 너무 부족하다. 그렇다면 거주 아파트는 즉각 주택연금을 신청하고 월세 아파트는 보증금을 줄여 월세를 높여라. 보유 토지는 가격이 올랐으니 양도보다는 가족에게 증여해 절세 효과를 극대화하자.

자산·부채 현황 (단위:원)

자산		부채	
아파트(자택)	5억		
아파트(반월세)	3억	대출금	1억
토지	1억5000만	반월세보증금	1억
정기예금 1	억8000만		
MMF	1000만		
합계	11억4000만	합계	2억
순자산			9억4000만

변경 전 현금 흐름(지출 항목 변동)

수입		지출	
아파트 월세	50만	생활비	200만
아들 용돈	30만	대출이자	30만
MMF 인출	150만		
합계	230만	합계	230만

변경 후 현금 흐름

수입		지출	
아파트 월세	80만	생활비	200만
주택연금	135만	MMF 예치	15만
합계	215만	합계	215만

다주택자도 주택연금 신청 가능

주택연금 가입은 부부 합산 1주택 소유가 원칙이다. 하지만 예외가 있다. 다주택을 소유했더라도 합산 가격이 9억 원 이하라면 가능하다. 김씨네는 2주택 합산 총액이 8억 원 수준이다. 따라서 거주 아파트로 주택연금을 신청해도 된다. 부인의 연령을 기준으로 매월 135만 원을 평생 수령할 수 있다.

정부는 노후에도 자금이 필요한 반퇴시대에 맞춰 주택연금 활성화에 나서고 있다. 우선 주택 소유자가 만 60세 이상이어야 했는데, 2016년부터는 부부 중 누가 소유했는지 관계없이 한 명만 만 60세가 넘으면 신청할 수 있도록 주택금융공사법을 개정했다. 주택금융공사는 9억 원을 초과한 주택과 주거용 오피스텔 소유자도 주택연금에 가입하도록 하는 방안을 추진 중이다. 2017년 3월 말 기준 주택연금 가입자 수는 4만3356명으로 나타났다.

반월세 아파트 월세 늘리기

현재 보증금 1억 원에 월세 50만 원을 받고 있는 부인 소유 아파트를 올 6월 계약 만기 시 보증금 5000만 원에 월세 80만 원 형태로 전환해 월수입을 늘리자. 그러면 주택연금 매월 수령액 135만 원에 80만 원의 월세 수입을 더해 200만 원 상당의 월 생활비를 충당하고도 매월 15만 원 정도 자금 잉여가 확보된다. 매월 아들에게 생활비를 받는 부모가 아니라 손주에게 용돈을 줄 수 있는 할아버지·할머니가 될 수 있다.

연 3.5% 상당의 이자를 내고 있는 아파트 대출금은 정기예금 만기 시 지체 없이 상환하자. 그간 대출을 상환하게 되면 보유 현금이 줄어들게 된다는 심리적 압박감으로 주저했지만 세후 연 2%도 안 되는 정기예금 이자를 받으며 곱절의 대출금 이자를 납부할 이유가 없다. 은퇴 이후 노년의 삶에서 부채 보유는 기본적으로 바람직하지 않으며, 주택연금과 월세 상향 조정으로 대출금 상환 후에도 향후 보유 현금을 조금씩 늘려 나가면 된다.

배우자 증여 통해 절세

김씨가 10년 전 4000만 원에 매수한 토지는 이제 1억5000만 원을 호가한다. 김씨는 이를 매각해 현금화를 고려하고 있다. 하지만 당장 매각하는 것보다 증여를 거쳐 매각하는 게 훨씬 이득이다. 이 토지는 비사업용 토지여서 양도할 경우 3700만 원의 양도세가 나온다. 향후 10년 더 보유함으로써 장기보유특별공제가 적용되더라도 세 부담은 2200만 원에 달한다. 이럴 바에는 증여를 통한 절세 방안을 생각해보자.

우선 자녀에게 증여하는 방법이 있다. 자녀에게 증여 시 5000만 원까지 세금 없이 증여할 수 있기 때문에 현 공시지가 7000만 원을 고려하면 증여받은 아들은 5000만 원 초과 2000만 원에 대해 증여세 190만 원과 취득세 280만 원을 합쳐 총 세금 470만 원을 납부하게 된다. 아들이 여기에 집을 지어 팔아도 1세대 1주택 비과세가 적용돼 세 부담이 없어진다.

또는 김씨의 아내에게 증여하는 방안이다. 배우자에게는 6억 원을 세금 없이 증여할 수 있기 때문에 증여세가 전혀 없다. 그런 다음 아내가 증여 받은 땅을 5년 이상 보유한 뒤 양도하게 되면 세금을 내지 않아도 된다.

START
FINISH

4

경력을
리모델링하라

재취업의 정석

퇴직 후 5년이 고비

거대한 덩치의 북극곰도 빙하에서는 한낱 연약한 동물에 불과하다. 먹이를 찾아 헤매지만 거대한 빙하 조각에 고립되면 영락없이 아사할 수밖에 없다. 빙하는 꿈쩍하지 않고 있는 것 같지만 조금씩 움직이면서 갈라지고 깨지면서 크레바스가 생긴다.

퇴직자도 마찬가지다. 충실하게 현업에 몰두하면 정년퇴직할 수 있다고 생각하기 쉽지만 꼭 그렇지는 않다. 건강상의 문제를 비롯해 여러 가지 이유로 정년 이전에 현업에서 물러날 수 있다. 회사원은 법정 정년이 2017년부터 전면적으로 60세로 연장됐다. 하지만 그림의 떡이 현실이다. 저성장 시대에 접어들면서 상시 구조조정의 여파로 실질 퇴직 연령은 평균 53세를 갓 넘기고 있다.

정년이 보장된 공무원이라고 해서 누구나 정년을 채우는 것은 아니다. 일반직 공무원의 경우 대다수가 60세고, 교사는 62세다. 하지만 공무원도 정년을 완전히 채우지 않는 경우가 적지 않다. 일반직 공무원의 경우 국장으로 진급할 경우가 문제다. 장관이 되지 않는 이상 60세를 채우는 것은 불가능하기 때문이다. 가장 안정적이라고 하는 교사의 경우도 명예퇴직 신청이 적지 않다. 20년간 재직하면 명퇴를 신청해 연금을 받아 노후를 보낼 수 있으니 명퇴가 매력적일 수도 있다.

연금이 나오지 않는 시기, 은퇴 크레바스

문제는 정년을 채우지 않고 퇴직하면 월급이 끊긴 상황에서 연금이 바로 나오지 않을 수 있다는 점이다. 국민연금의 경우 연금재원 고갈 우려에 따라 당초 60세에 지급되는 연금 지급 개시 연령이 최장 65세로 늦춰져 있다. 1952년생까지는 60세에 받았지만, 그 이후 출생자는 그룹으로 묶어 1년씩 늦어진다.

53~56년생은 61세에 지급이 개시되고, 57~60년생은 62세, 61~64년생은 63세, 65~68년생은 64세부터 연금 지급이 시작된다. 69년생 이후 출생자는 65세가 돼야 연금을 받는다. 현실적으로 봉급생활자의 경우 평균 53세에 퇴직하면 거의 10년간 국민연금 없이 지내야 한다는 얘기다.

누구나 퇴직하면 어떻게 되겠지 하고 생각할 수 있지만 백세시대에는 매우 위험하고 안이한 생각이 될 수 있다. 북극곰이 빙하 조각에 고립돼 며칠 만에 아사할 수 있는 것처럼 퇴직자 역시 불과 1년 만에 심각한 경제적 궁핍에 직면할 수 있다. 특히 회사원은 은퇴 크레바스의 위험이 심각하다. 평균 53세에 퇴직해 국민연금이 나올 때까지 너무 긴 시간 동안 국민연금을 받을 수 없어서다.

1~2년 사이에 악화되는 현금 흐름

연금이 나오더라도 목표로 했던 노후 생활자금보다 적어서 문제다. 1~2년 허리띠를 졸라매고 살면 되겠지 하는 생각은 위험천만하다. 회사원이었다면 베이비부머의 맏형인 1955년생은 2016년 처음으로 국민연금을 받기 시작했다. 이들의 월평균 국민연금은 51만9500원으로 나타났다.

다른 수입이 없다면 노후 궁핍을 피할 수 없다. 2014년 노인 실태조사에 따른 노부부의 적정 생활비(225만 원)나 최소생활비(160만 원)에 훨씬 못 미치기 때문이다. 실질 퇴직 연령이 53세를 갓 넘긴다면 이들 중 상당수는 재취업을 통해 일자리를 다시 얻었을 가능성이 크다. 하지만 재취업 후 소득은 그리 많지 않다. 평균적으로는 월 100만~200만 원 사이의 급여를 받을 공산이 크다.

결국 노후 준비는 50세 중반까지 완료돼 있어야 한다는 계산이 나온다. 50세 중반이 되면 벌써 퇴직을 하거나 퇴직에 가까워지고, 회사를 다니고 있어도 임금피크제를 적용받게 돼 수입이 상당히 줄어들기 시작한다. 저축할 여력이 없다는 얘기다.

반면 지출은 50대 중반~60대 중반 사이에 가장 크게 늘어날 가능성을 배제할 수 없다. 자녀 교육비를 지원하고 여력이 된다면 결혼까지 지원하는 것이 한국인의 평균적인 통과의례이기 때문이다.

노후자금 준비는 55세 이전까지

이런 점을 감안하면 백세시대가 된 이후로는 현업에 있을 때가 노후 생활자금을 마련하기 위한 시기라고 보면 된다. 불과 30년 벌어 퇴직 후 30년을 살아가는 자금을 마련해야 한다는 얘기다. 재무설계는 이같 이 노후 30년간 지출할 생활비까지 포함해서 짜야 한다. 여기에 맞춰 연금을 쌓아가야 노후가 안락해진다.

그렇지 않으면 젊은 시절 최선을 다했는데도 노후에 상대적 빈곤은 물론 절대빈곤까지 겪을 수 있다. 한국의 노인빈곤율은 경제협력개발 기구(OECD) 회원국 가운데 최하위로 49.6%에 달한다. 이는 물론 절대 빈곤을 의미하는 것은 아니다. 중위소득의 50%에 미달하면 빈곤 상태 로 보는 것인데 소득이 많은 노인에 비해 소득이 상대적으로 적은 노 인이 한국에는 많다는 의미다.

불우한 여생을 보내고 싶지 않다면 인생 이모작이 불가피하다. 1차 퇴직 직후 바로 은퇴하는 것은 백세시대에는 거의 상상할 수 없는 선 택이 됐다. 국민연금이 나올 때까지는 근로소득이 있어야 경제생활이 가능하고 노후 준비도 온전해진다.

국민연금은 기본적으로 60세까지 불입하도록 설계돼 있다. 오래 불 입할수록 수령액도 많아진다. 그런데 60세 전에 조기퇴직이라도 하게 된다면 정년을 채운 사람보다 국민연금이 적어질 수밖에 없다. 이를 위해서는 재취업이 불가피하다.

재취업을 하지 못하면 당장 써야 할 돈을 벌지 못할 뿐 아니라 노후 30년간 생활을 뒷받침해줄 국민연금도 제대로 쌓지 못하게 된다. 재취업이 말처럼 쉬운 건 아니다. 모든 기계와 장비가 로봇화하고 일상생활에서 쓰는 전기전자 제품도 최대한 인공지능과 결합되는 4차 산업혁명 이후에는 일자리가 급격히 줄어든다. 컴퓨터에 익숙하지 않은 직종에 종사했다면 새로운 일자리를 얻기 어렵다는 얘기다.

2016년 스위스 다보스에서 열린 세계경제포럼에서는 앞으로 5년 내 700만 개의 일자리가 사라지고 200만 개가 새로 생겨 결국 500만 개의 일자리가 없어진다고 전망했다. 앞으로는 재취업을 하고 싶어도 취업문은 더욱 좁아진다는 의미다. 은퇴 크레바스에 대한 대비는 이런 비관적 전망을 전제로 이뤄져야 한다. 재무적 대비와 재취업을 놓고 최적의 준비를 해나갈 때 은퇴 크레바스를 피해갈 수 있을 것이다.

재취업을 준비하는 법

───────── ⚜ ─────────

서울 유명대를 졸업해 대기업에 들어간 A(51)씨는 2017년 3월 퇴직했다. 인력 슬림화에 나선 회사에서 임원을 비롯해 부장급 자리를 크게 줄이면서다. 그는 6개월째 새 일자리를 알아보고 있지만 오라는 곳이 없어 무직자로 지낸다. 지인을 만나 소문도 내보고 이력서를 넣어도 봤지만 아무 반응이 없다.

2016년 다보스 포럼에서 향후 5년 내 일자리가 700만 개 줄어들고 4차 산업혁명 과정에서 200만 개가 새로 등장해 결과적으로 500만 개의 일자리가 없어진다고 예견한 것이 현실화하고 있다. 컴퓨터가 인간의 일을 계속 대체하고 공장에서는 산업용 로봇이 확대되면서 화이트칼라·블루칼라 할 것 없이 일자리가 계속 줄어들고 있다. 하지만 사실상 노후가 길어지면서 퇴직한 뒤에도 일자리를 찾아야 하는 반퇴시대에선 재취업은 필수가 되고 있다.

재취업의 방법에 왕도는 없다. 미리 준비하면 더 많은 기회를 잡을 수 있다는 사실 이외에 아무것도 정형화된 정답은 없다. 가장 큰 원칙은 퇴직 전부터 준비해서 바로 재취업해야 한다는 점이다. 일단 생각해보자면서 오래 쉬면 쉴수록 새 일자리를 찾기 어려울 가능성이 크다. 퇴직을 앞두고 있다면 미리 준비하는 것이 연착륙의 지름길이란 얘기다.

핵심 스펙에 집중하라

구인구직 시장은 갈수록 커지고 있다. 정년을 마치고 나온 퇴직자는 물론이고 일자리를 구하려는 청년까지 구직시장에 몰리면서다. 이때 가장 중요한 것은 내가 잘할 수 있는 일을 찾으면 가장 좋지만 현실적으로는 그런 기회가 많지 않다.

더구나 내가 무엇을 잘하는지는 나의 주관이 아니라 고용시장에서 객관적으로 정해진다는 점에 주목해야 한다. 그렇다면 자신의 이력서를 한번 점검해봐야 한다. 자신이 할 수 있는 일을 확실히 알아야 찾고 있는 재취업 대상이 좁혀진다.

이력서는 직무를 수행하는 데 필요한 지식(knowledge)·기능(skill)·능력(ability)과 함께 이를 뒷받침해주는 교육 수준과 경력을 한눈에 보여준다. 따라서 취업을 희망하는 직무와 관련 없는 내용을 꾸역꾸역 적어넣을 필요가 없다. 이력에 아무리 좋은 학력과 경력이 적혀 있어도 새로 취업하게 될 직무와 직접적으로 연관성이 있어야 하기 때문이다.

예를 들어 자동차 영업직에 재취업할 때 증권분석사나 공인중개사

자격증은 필요없다. 이런 자격증은 이력서에 써넣어도 거의 쓸모가 없다. 반대로 증권사에서 고객상담 직무에 취업하는 경우라면 증권·금융 관련 자격증이 있으면 좋다. 업무 경험이나 연관성이 있으면 금상첨화다. 더구나 요즘은 자신이 취업하려는 회사의 특성과 직무를 정확하게 이해하는 게 중요해지는 추세다. 이는 당연히 면접을 통해 검증될 가능성이 크다. 스펙을 쌓더라도 쓸모도 없을 온갖 자격만 딸 게 아니라 자신의 전문성을 살리는 데 도움이 되는 방향으로 시간을 투자해야 한다는 얘기다.

노후 30년을 보내는 반퇴시대에는 자신만의 이력서 관리가 필요하다. 이를 위해서는 평소 명확한 경력 목표를 세워야 한다. 무심코 이것저것 해봐야 나중에 적합한 직무를 찾지 못하면 무용지물이다.

완전히 새로운 길도 가능한 기술 습득

직장에서 배운 것은 의외로 재취업에 도움이 안 되는 경우가 많다. 예컨대 회사에서 총무·인사·재무·마케팅·연구개발 같은 직무를 했다고 치자. 퇴직 후에 이런 업무가 다른 회사에서 활용될 가능성은 크지 않다. 중소기업에서 대기업의 노하우를 수혈받기 위해 고문이나 자문역으로 취업하는 경우를 제외하고는 기존에 해오던 업무는 쓸모 없는 경우가 많다는 얘기다.

그렇다면 아예 새로운 길을 걷는 것도 좋다. 현재 고용노동부와 중소기업청이 후원하고 전국경제인연합회·대한상공회의소 같은 경제단체에서 제공하는 기술연수를 이용하면 된다. 더 본격적으로 커리어를 전환하고 싶다면 폴리텍대학에 새로 입학하는 것도 방법이다. 퇴직 후 당장 생계가 급하지 않다면 폴리텍대학에 입학해 실용 중심의 기술을 배우는 것도 인생 이모작을 롱런시킬 수 있는 길이다.

이미 쓸모가 없어진 기존 업무지식을 들고 비슷한 일자리를 찾는 것보다 실용적인 기술을 배워 새로운 길을 걷는 것이 훨씬 활기차고 오랫동안 일할 수 있는 경로가 될 수 있다. 입학 요건은 다양하다.

수능을 봐도 되지만 내신과 학생부 전형을 통해서 입학하는 코스도 있다. 2년제도 있고 최단 3개월 코스도 있으며, 캠퍼스가 거의 전국에 걸쳐 있으니 다니기도 좋다. 퇴직을 앞두고 재취업을 생각 중이라면 폴리텍대학 홈페이지(www.kopo.ac.kr)에 들어가 자신에게 적합한 과정을 찾아보면 된다.

폴리텍대학을 졸업하고 인생 이모작에 성공한 사례는 우후죽순처럼 쏟아지고 있다. 현역 시절 사무직에서 근무하던 직장인이 자동차 정비기술, 타일, 황토 시공, 용접을 배워 안정적인 인생 이모작을 해나가고 있다는 얘기는 더 이상 뉴스거리도 안 된다. 베이비부머와 경력단절녀 같은 경우 백세시대에는 얼마든지 재교육을 통해 새로운 인생을 열어갈 수 있는 세상이 열린 셈이다.

중장년 일자리희망센터

막상 퇴직해 재취업하고 싶어도 어디서부터 시작해야 할지 알 길이 없다. 이런 경우라면 현업에서 쌓은 기술과 노하우로 재취업하는 길을 찾아보는 게 좋다. 도움을 받을 수 있는 곳은 많다. 노사발전재단의 전직지원서비스(www.4060job.or.kr)는 전국적인 지원 체제를 갖추고 있다. 어떤 일을 할 수 있는지 상담을 통해 일자리를 추천하고 소개해주는 컨설턴트와의 만남부터 전직 지원 서비스가 시작된다.

컨설턴트는 재취업을 희망하는 40대 이상 중장년 퇴직(예정)자를 일대일로 멘토링하면서 취업이 될 때까지 지원을 아끼지 않는다. 필요하면 단기 교육과정을 소개해주기도 하면서 전직을 지원한다. 일자리를 찾기도 어렵지만, 구인자로선 경험이 풍부한 퇴직자를 찾는 것도 쉬운 일이 아니기 때문에 제대로 궁합이 맞는다면 전직 지원을 통해 상당히 좋은 일자리를 얻는 경우도 적지 않다.

전국경제인연합회의 중장년일자리희망센터(www.fki-rejob.or.kr)와 한국무역협회의 잡투게더(www.jobtogether.net) 역시 방대한 네트워크를 구축해놓고 중장년의 일자리를 매칭시켜주고 있다. 중요한 팁을 하나만 얘기하자면 서둘러 등록하라는 것이다.

그런 다음에는 담당자를 방문하거나 전화를 통해 정기적으로 상담을 받아야 한다. 등록해놓는다고 해서 바로 마땅한 일자리가 나오는 게 아니므로 서둘러 등록하고 집중적으로 챙겨야 기회도 빨리 온다는 얘기다. 이렇게 해야 퇴직 후 재취업까지 공백을 줄이고 새 일자리를 빨리 찾을 수 있다. 서울50+(50plus.seoul.go.kr)에서도 인생 이모작 정보를 얻을 수 있다.

실업급여 활용법

재취업을 위해 직장을 옮겨다닐 때는 실업급여를 활용하자. 현재 고용
보험에 가입해 일정한 요건을 갖춘 근로자는 실직 후 가입기간과 연령
에 따라 3~8개월간 실업급여를 받을 수 있다. 상한액은 이직 전 직장
에서 받던 평균임금의 50%까지 지급하고 있다.

상한액은 고용보험 시행령 개정으로 2017년 4월 1일부터 종전 4만
3000원에서 5만 원으로 인상됐다. 상한액 인상으로 회사를 그만두기
전 평균임금이 300만 원 이상이었던 근로자는 월 최대 150만 원까지
지급받게 된다. 이는 하루 8시간 근무자 기준이다.

이같이 우리나라도 실업급여 체계가 갖춰지면서 부작용도 나오고
있다. 2016년 실업급여 수급자는 120만9000명이고, 지급액은 4조
7000억 원에 달했는데 부정 수급자도 급증하고 있다. 실직기간 중 생
계 지원을 위해 세금을 투입하는 것인데 악용하고 있는 것이다.

부정 수급자는 실제 구직 노력도 하지 않으면서 허위 신고를 통해 끊임없이 실업급여를 타고 있다. 실업급여를 받고 있는데도 취업, 근로 제공, 소득 발생, 자영업 등을 신고하지 않거나, 거짓·기타 부정한 방법 등으로 실업급여를 지급받으면 부정행위가 된다.

　실업급여 부정행위가 잇따르자 고용노동부는 부정행위 제보자에 대해 신고포상금을 지급하고 있다. 제보는 고용노동부 홈페이지, 방문, 유선, 팩스 등으로 할 수 있다. 당장 속일 수는 있다. 그러나 부정 수급은 유관기관 정보망을 통해 반드시 밝혀지게 돼 있다. 고령화에 맞춰 실업급여 지급 대상 연령도 현재 64세에서 순차적으로 69세까지 높아지는 정책이 추진되고 있다. 이를 뒷받침하기 위해 정부는 2017년 8월 '신중년 인생3모작 기반 구축 계획'을 수립했다. 신중년은 50~60대 중장년층이 대상이다. 이들은 예전 같으면 어르신 대열에 들어가지만 반퇴 시대가 되면서 여전히 사회활동이 왕성한 새로운 중년(new mid-life)이라는 의미다.

　정부는 이들을 위한 생애주기별 맞춤형 일자리 지원 기반 구축에 나서 2018년부터 중위소득 100%를 초과하는 만 50세부터 69세까지를 대상으로 직업훈련 장려금을 지원하기로 했다. 대상자들은 내일배움카드를 발급받아 취업·창업 훈련을 받으면 월 최대 11만 6000원의 훈련 장려금을 지급 받을 수 있다.

해외에서 재취업 기회를 잡는 법

일본에서도 베이비부머이자 숙련 기술자인 단카이(團塊) 세대 퇴직자가 쏟아져 나오자 해외 진출이 본격화했다. 1990년대 국내 전기전자·철강·조선·화학·정유업체로 일본인 기술자가 줄줄이 영입된 이유도 여기에 있다. 국내 1차 베이비부머(1955~63년에 출생한 710만 명) 세대도 기술만 있다면 얼마든지 중국·동남아는 물론이고 중동·동유럽·남미에서 기회를 잡을 수 있다. 이들 지역은 개발도상국이나 신흥공업국으로 발돋움하는 과정에서 필요한 인력을 해외에서 수혈을 받아야 한다.

더구나 국내 기업들은 갈수록 글로벌 경영이 불가피해진다. 이에 맞춰 국내 인력의 해외 진출도 수반될 수밖에 없다. SK그룹의 경우 이미 그룹 매출의 절반 이상이 해외에서 나오고 있다. 이 회사 관계자는 앞으로 중국·동남아에 더 많은 해외지사를 세울 예정이어서 숙련 인력이 필요하다고 말했다.

다른 기업도 마찬가지다. 중국을 비롯해 해외 현지 공장에서 장비를 설치할 때 첨단 기술 인력을 구하기 어려워 핵심 기술자는 한국인 숙련기술자로 채워야 한다. 그런데 낯선 환경에선 위기 대응이나 유연한 대처능력이 필요해 경험과 끈기가 있는 중장년층이 더 적합할 수 있다.

미리 준비해야 가능성이 있다

중장년의 마인드에도 글로벌 진출은 낯설지 않다. 2015년 57세의 나이로 정년퇴직을 한 A(59)씨는 국내보다 해외 재취업을 더 선호하고 있다. 퇴직 전 담수 플랜트와 관련된 일을 하며 중동에서 근무했기 때문에 당시의 경험과 전문성을 살릴 수 있는 기회를 해외에서 찾고 있다고 했다.

해외에서 주재원 생활을 오래 했다는 B(51)씨는 다른 구직자들에게 해외 진출을 적극적으로 권장했다. 그는 이제 성장이 한계에 달한 한국에선 생활비가 많이 들고 금리도 낮아 이자 생활도 어렵다며 지금 한창 고도성장하고 있는 나라에서 생활하는 것은 경제적으로도 도움이 될 것이라고 말했다.

관건은 얼마나 미리 준비할 수 있느냐는 점이다. 준비된 만큼 기회가 많고 빨리 찾아오기 때문이다. 국내 취업과 마찬지로 해외 취업도 퇴직 후 공백이 길어질수록 일자리를 잡을 기회가 줄어든다. 한국무역협회 중장년일자리희망센터(www.jobtogether.net) 관계자는 "해외 진출을 모색하는 퇴직자는 늘고 있지만 구체적인 목표나 준비 없이 실행에 옮기는 사례가 많다며 전문 지식이나 기술을 제대로 인정받자면 퇴직 후 공백이 생기지 않도록 미리 준비해야 한다"고 조언했다.

해외 이주인 만큼 현지어를 익히는 것도 중요하다. 동아건설에서 퇴직해 르완다에서 건설 자문 일을 하고 있는 최모(61)씨는 의사소통만 되면 훨씬 효율적으로 일하고 빠르게 정착할 수 있다고 말했다. 진출 국가의 문화에 대한 이해는 더욱 중요하다.

예컨대 한국에선 일상화된 24시간 자동차 애프터서비스 긴급 출동이 라오스 같은 나라에선 그대로 통하지 않는다. 직원에게 야간 근무를 시켰더니 남편이 바람을 피우고 있는지 확인해달라는 부인들의 전화가 쇄도하는 에피소드도 있었다.

반퇴 세대를 위한 해외 이주 지원 프로그램은 아직 턱없이 부족하다. 이 때문에 여전히 경쟁률이 높다. 그만큼 발품을 많이 팔고 치밀하게 준비한 사람에게 기회가 돌아간다. 고용노동부가 중장년 재취업 지원을 위해 전국 28곳에 마련한 중장년일자리희망센터(www.work.go.kr)부터 챙겨 볼 필요가 있다.

이 중 해외 취업을 본격적으로 지원하는 곳은 한국무역협회가 맡아서 운영하는 중장년일자리희망센터를 주목할 필요가 있다. 2012년부터 7만3000여 개 회원사의 채용 정보를 발굴해 국내는 물론 해외 진출에 관심이 있는 중장년 퇴직자와 연결해 주고 있다. 해마다 40~50명이 해외 취업에 성공했다.

2016년 6월 개최한 중장년 채용 기업 박람회에선 수출기업 20곳이 해외 마케팅이나 영업 경험이 풍부한 전문가를 찾았고, 35명이 현장에서 면접을 거쳐 채용됐다. 대한상공회의소 역시 중장년일자리희망센터(4060job.korchamhrd.net)를 운영하고 있다.

코이카·NIPA는 외국 정부 자문관으로 취업

정부기관이나 대기업 퇴직자는 해외 파견 자문관을 겨냥해볼 만하다. 2010년부터 한국국제협력단(KOICA)과 정보통신산업진흥원(NIPA)에서 세계 곳곳의 개발도상국에 정책 자문이나 지식을 전수하는 전문가를 파견하고 있다. KOICA와 NIPA가 50여 개국에 파견한 자문관은 2014년 228명으로 해마다 증가하는 추세다. 두 기관의 자문단은 전문 분야에서 10년 이상 경력을 보유한 퇴직 전문가라는 게 공통점이다.

기관마다 파견하는 분야는 다르다. KOICA 자문단은 농림수산·교육·보건 같은 기초 인프라가 부족한 최빈국에서 주로 활동한다. 이와 달리 NIPA 자문단은 정보기술(IT) 관련 사업이 활발한 지역에서 수요가 많다. KOICA 월드프렌즈 관계자는 "한국이 빠르게 성장하면서 퇴직자가 쌓은 경험이나 지식이 개도국 발전에 도움이 되고, 퇴직자 역시 일을 통해 보람을 찾고 있다고 말했다.

다만 자문단이 되는 과정은 쉽지 않다. 서류심사·기술면접·신체검사를 거쳐야 한다. 개도국의 중소기업 육성 자문처럼 인기가 많은 곳은 경쟁률이 5대 1 이상이다. 자문관은 통상 1년이지만 두 차례 연장해 3년까지 일할 수 있다. 항공료·주거비·활동비를 포함해 연평균 5만 달러가 지원된다. 해외 취업 정보는 고용노동부가 운영하는 워크넷 서비

국내·외 취업 정보 어디서 얻을 수 있나

시행기관	사업명	특징	지원자격
고용노동부	워크넷	모든 연령층의 구인, 구직 정보 제공	모든 연령층
노사발전재단	전직지원서비스	컨설턴트가 일자리 추천 및 소개	40대 이상 퇴직자
서울시	서울 50 플러스	재교육부터 일자리 정보까지 제공	50대 이상 퇴직자
전국경제인 연합회	중장년일자리 희망센터	퇴직자 재취업 지원 및 교육, '중장년 채용 한마당'	40세 이상 퇴직 예정자 또는 퇴직자
한국무역협회	일자리지원센터	전문가 재취업 지원, '중장년 채용기업 박람회'	40세 이상 퇴직 예정자 또는 퇴직자, 관련 분야 10년 이상 경력 보유자
한국국제협력단 (KOICA)	코이카 자문단	- 교육,보건, 행정 등의 전문가를 뽑아 무상원조 협력대상국 중심 파견 - 파견기간:6개월 또는 1년, 최대 2회 연장	관련 분야 10년 이상의 경력을 보유한 퇴직(예정자) 전문가(파견 국내 의사소통 원활 필요)
정보통신 산업진흥원 (NIPA)	나이파자문단	- IT 전문가 선발해 무상원조 협력대상국 중심 파견 - 파견 기간 1년, 최대 2회 연장	관련 분야 10년 이상의 경력을 보유한 퇴직(예정자) 전문가(파견 국내 의사소통 원활 필요)
세종학당재단	세종학당	해외에 세종학당 설립, 현지인 대상 한국어 가르칠 교사 파견	한국어교원 자격증 소지자

스(www.work.go.kr)에서 한꺼번에 찾을 수 있다.

한류 열풍으로 한국어 강사 수요도 늘고 있다. 한국어 보급기관인 세종학당재단은 세계 54개국에 140개 세종학당을 운영하고 있는데 해마다 40명 안팎의 교사를 파견한다. 70대 고령자가 나가는 경우도 있다. 고등학교 교장으로 퇴임해 해외 학당에 취업한 C(76)씨는 "한국 취업을 원하는 학생이 늘면서 고교와 대학에서 한국어 특화 과정이 늘고 있다"고 말했다.

물론 퇴직 후 해외에서 찾는 인생 후반기 일자리엔 위험이 따른다. 낯선 환경에서 홀로 일어서야 한다. 최봉식(61) 세계한인무역협회 하노이 지회장은 "자신이 잘할 수 있는 일을 충분히 확인하지 않고 건너온 사람들 가운데는 제대로 자리를 잡지 못해 어렵게 생활하는 사례가 적지 않다"며 "저개발 국가라고 얕보고 사업을 시작했다가 사기를 당하는 일도 비일비재하다"고 말했다.

이런 위험을 극복하자면 전문성과 사전 준비가 필수다. 익숙한 일이어야 돌발 상황에서도 당황하지 않고 위기를 헤쳐 나갈 수 있다. 생계만이 목적이 아니기 때문에 일을 하면서 보람과 즐거움을 느낄 수 있을지도 감안해야 한다.

현직에 있을 때 갈 곳을 정하라

경북 안동에 거주하는 최모(58)씨는 대기업에서 퇴직하자마자 다른 직장에 취직해 근무 중이다. 현재 받는 급여는 크게 줄었다. 하지만 향후 최장 7년간 안정적으로 근무가 가능하다. 교사로 재직 중인 아내 또한 정년(62세)까지 7년이 남아 있다.

지금까지 비교적 은퇴 준비를 잘 했다고 생각했던 최씨였지만 이제 일할 기간이 7년밖에 남지 않았다고 생각하니 가슴이 먹먹하다. 곧 결혼을 앞두고 있는 아들의 신혼집까지는 챙겨주고 싶은 최씨, 남은 기간이 정해진 만큼 최선을 다하기로 했다.

최씨가 대기업 퇴직 후 곧 바로 재취업한 것은 현명한 결정이었다. 대다수 퇴직자는 퇴직 후 일정 기간 동안 푹 쉬면서 무엇을 해야 할지 생각해 보겠다는 경우가 많다. 등산도 다니고 인연을 끊고 지내던 친구도 다시 찾는다.

하지만 막상 공백기가 길어진 상태에서는 재취업이 어려워진다. 최씨가 바로 재취업할 수 있었던 것은 이미 퇴직 전부터 재취업에 대한 계획을 세우고 자신에게 적합한 회사를 찾아 문을 두드려놓은 덕분이다.

150만 원의 법칙

대기업에서 일했던 자신의 경험과 능력을 내세운 결과 서너 곳의 회사로부터 입사 제의를 받아 그중 자신에게 가장 적합하다고 생각되는 지금의 회사를 선택했다. 이미 퇴직 전에 재취업할 회사가 정해진 최씨야말로 매우 모범적인 반퇴 설계에 성공한 사례라고 할 수 있다.

월급은 150만 원이다. 대기업 임원 때와 비교가 안 된다. 하지만 150만 원의 가치는 크다. 미증유의 초저금리 시대로 접어들면서 150만 원은 12억 원의 목돈을 은행에 넣어두고 다달이 받는 정기예금 이자(연 1.5% 가정)나 다름없다. 초저금리였던 2016년 이자소득세를 빼면 실질적으로 손에 쥐는 정기예금 이자는 연 1.5%에 불과했다. 12억 원이면 연간 이자 수입이 1800만 원이고 월평균 150만 원이 된다.

이는 '150만 원의 법칙'을 단적으로 보여준다. 노후 준비가 어느 정도 돼 있다면, 퇴직 후 월 150만 원만 벌어도 노후가 든든해질 수 있다는 것이다. 이는 또 퇴직 후 재취업이 노후 안정에 얼마나 중요한 수단이 되는지 명확하게 보여준다. 아무리 노후자금을 많이 마련해뒀어도 근로소득이나 사업소득·임대소득 같은 현금 흐름이 중단되면 금세 고갈될 수밖에 없기 때문이다.

최씨가 재취업에 나선 것은 돈 때문만은 아니다. 자신은 퇴직연금이 있고 아내도 교원연금이 있어 노후 걱정이 크지는 않다. 하지만 백세시대가 되면서 아무래도 90세까지 거뜬할 것 같아 힘 닿는 데까지 근로를 하는 게 좋다는 생각에서 재취업을 하게 됐다.

인생이모작센터

재취업은 사회생활이라는 덤을 제공한다. 노후에 막상 퇴직하면 시간이 너무 많아 주체를 하지 못하는 경우가 많다. 수입은 적더라도 나이와 경험에 걸맞은 일을 하게 되면 생활에 활력을 얻을 수 있다. 이런 장점에도 불구하고 상당수 퇴직자는 재취업에 애로를 겪고 있다. 가장 큰 이유는 평소 준비가 부족한 탓이다. 눈코 뜰 새 없는 현업에 치여 살고 있는 마당에 퇴직 후 일까지 걱정하는 건 어렵다.

하지만 퇴직 무렵에 닥쳐서 재취업 자리를 알아보면 이미 때는 늦다. 자신이 무엇을 해야 할지 평소 생각해두고 대비해야 성공적인 노후를 보낼 수 있다. 결국 성공적인 노후 준비에 필요한 인생 이모작 '제 1의 법칙'은 현직에 있을 때 갈 곳을 준비해두라는 얘기가 된다. "퇴직 후 한참 지나서 찾아오시면 소개해드릴 곳이 마땅치 않아 재취업이 늦어지는 경우가 많다"는 인생이모작센터의 조언을 잊지 말아야겠다.

재취업에 필요한 스펙

경기도 소재 공공 분야에서 조기퇴직한 박모(58)씨는 퇴직 전 3년간 인생 이모작 준비로 고3 수험생 같은 시간을 보냈다. 작은 조직이지만 기관장을 지냈으니 사회적 지위도 누렸고 연금도 준비돼 있었지만 퇴직 후 30년을 보내자니 새로운 일을 해야겠다는 생각을 떨칠 수 없었다.

박씨는 일모작이 사무직이었으니 이모작은 땀 흘릴 수 있는 기술을 배워야겠다는 생각에 여러 가지 학원에 다녔다. 주로 퇴근 후 또는 토요일을 이용했다. 공공기관에서 제공하는 퇴직자 재교육 프로그램에도 다녔다. 이런 준비를 통해 박씨는 중소기업을 컨설팅해주는 데 필요한 재무와 회계, 인사와 마케팅 과목을 수강했다. 평소 실무를 통해 익힌 일이라 큰 어려움 없이 과정을 마칠 수 있었다. 지금은 재교육 코스에서 만난 동료들과 만든 컨설팅 회사를 운영한다. 소득은 적지만 지금도 직장에 다니는 것같아 늘 활기찬 시간을 보내고 있다.

회사원 출신인 이모(57)씨는 퇴직 전 야간 대학원에 등록해 무역 관련 공부를 했다. 낮에는 일하고 밤에는 공부하는 샐러던트의 길은 험난했다. 부서장이었기 때문에 업무는 근무 시간에 처리하는 것으로 끝낼 수 있었다. 하지만 야간 수업 때문에 밤에는 사회적 관계가 거의 단절됐다. 형설지공 덕에 박사학위를 받았지만 한동안 일자리는 손에 들어오지 않았다. 퇴직 러시가 본격화하고 있는 베이비부머가 몰려들면서 강사 자리 하나도 하늘의 별따기가 되면서다.

퇴직 전 3~5년 미리 준비하기

그래도 3전4기 끝에 이씨는 충청도권 대학에서 계약직으로 강의를 하게 됐다. 그는 "퇴직 전 고생해서 학위라도 따뒀으니 가능했던 일"이라며 "소득은 적지만 하고 싶은 공부하면서 젊은 학생들에게 나의 경험과 지식을 전달해준다는 보람이 크다"고 말했다.

1막이 내리고 인생 2막에 안착한 사람들의 공통점은 사전 준비에 충실했다는 점이다. 주변에서 대기업 경력을 스펙으로 중소기업에 옮겨갔다는 얘기가 들리지만 퇴직자 열에 한 명꼴도 안 된다. 퇴직자 십중팔구는 사실상 오라는 곳이 없다.

결국 자신이 새롭게 길을 열어야 한다. 처음 입사할 때 자격시험을 보고 관문을 뚫은 것과 다르지 않다. 아파트 관리사무소장이나 해야지 하면 큰 코 다친다. 전국 40만 곳에 이르지만 자격요건을 갖춰야 한다. 기술을 배워도 마찬가지다. 중장비 기사나 제빵제과, 이탈리안 푸드,

커피 바리스타를 하려고 해도 일정 기간 공부를 해야 한다.

김영란법 시행으로 재취업 일자리 청탁 주의

한마디로 "어서 오십시오" 하면서 모셔가는 행운에 당첨되기는 어렵다는 얘기다. 더구나 김영란법(부정청탁 및 금품 등 수수의 금지에 관한 법률) 시행으로 현직에 있는 공직자 등에게 취업 청탁을 하는 것 자체가 문제를 일으킬 소지가 크다. 결국 앞으로 재취업하려면 발품을 팔아 자신의 능력으로 찾아야 하는 시대가 됐다.

왕도는 없다. 앞서 컨설팅업에 나선 박씨와 대학강사가 된 이씨 사례처럼 이모작에 필요한 스펙을 새로 갖춰야 한다. 어떤 방향으로 갈지는 본인이 결정해야 한다. 주변에서 보고 들은 사례를 활용해도 좋고, 인생 이모작을 지원하는 기관의 도움을 받아도 된다.

서울시를 비롯해 주요 지방자치단체에서 개설한 인생이모작센터를 활용하는 것도 좋다. 재취업에 필요한 정보가 많고 재교육 과정도 개설하고 있어 퇴직 후 공백 없이 빠르게 이모작을 시작할 수 있다. 경제단체 또는 고용노동부 산하 재취업 전문기관, 공공단체에서 개설한 재취업 프로그램을 이용하는 것도 지름길일 수 있다. 일단 부딪쳐라. 그러면 길이 열릴 것이다.

4차 산업혁명에 필요한 직업

미래학자 제레미 리프킨이 '글로벌 노동력의 감소와 탈(脫)시장경제의 도래'라는 부제와 함께 《노동의 종말》 초판을 내놓은 건 1995년이었다. 당시 세계 경제는 정보혁명이 표면화되기 전이었다. 인터넷은 걸음마를 했고 인류가 스마트폰을 사용할 줄은 상상조차 못 하던 때였다.

이런 상황에서 "노동의 종말이 온다"는 리프킨의 주장은 미래학자의 상상력으로 치부될 만했다. 하지만 지금 세상은 그의 예측대로다. 정보통신기술(ICT)이 빠른 속도로 사람을 일터에서 내몰고 있다. 그 대상에는 화이트·블루 칼라 구분이 없다.

세계경제포럼(WEF)은 2016년 1월 스위스 다보스에서 '제 4차 산업혁명'을 주제로 개막하면서 일자리 보고서를 발표했다. 이 보고서는 "올해 초등학교에 입학하는 어린이들의 약 65%는 현존하지 않는 새로운 직업을 얻어 일하게 될 것"이라며 이러한 변화의 원인은 '4차 산업혁명'이라고 설명했다. 인공지능(AI), 로봇공학, 사물인터넷(IoT), 자율주행차, 나노기술, 바이오기술, 3D프린팅 등 새로운 기술들이 몰고 올 혁명적인 변화를 예고한 것이다.

장래가 없는 직업은 피하라

WEF는 2020년까지 4차 산업혁명으로 인해 일자리 700만 개가 사라질 것으로 전망했다. 반면 신기술이 새롭게 만들어낼 일자리는 200만 개로 전망했다. 현재 일자리 가운데 500만 개가 사라진다는 관측이다. 사라지는 700만 개 일자리 대부분은 사무직 및 관리직이며 컴퓨터, 수학, 건축, 엔지니어링 관련 분야 일자리는 늘어날 것으로 예상됐다.

가장 유망한 직종으로는 데이터 분석가와 전문화된 세일즈 부문으로 예측됐다. 빅데이터에 기반한 비즈니스가 증가하고 맞춤형 소품종 다량 제품 시대가 가속화할 것이란 전망에 근거해서다. 에너지와 미디어, 엔터테인먼트, 정보산업도 유망하다. 재무관리, 매니지먼트, 컴퓨터·수학, 건설공학 분야에서도 새로운 일자리가 등장할 것으로 전망됐다.

이러한 변화는 인생 이모작을 위해 재취업을 희망하는 세대가 놓치지 말아야 할 포인트다. 퇴직 후 30년을 살아가야 하는데 시장에서 수요도 없는 분야에 에너지를 낭비해선 안 되기 때문이다. 앞으로 10년 후 변화를 내다보면서 인생 이모작의 기회를 찾아야 한다는 의미다.

앞으로 어떤 직업이 유망한지는 한국고용정보원이 국내 대표 직업 195개에 대해 10년(2016~2025년)을 내다본 '2017 한국직업전망'을 보면 짐작할 수 있다. 직업별 고용 전망을 보면 향후 직업세계에서 나타날 '7대 변화 트렌드'를 알 수 있다.

- 4차 산업혁명 선도 기술직의 고용 증가
- 4차 산업혁명으로 핵심인재 중심의 인력 재편 가속화
- 기계화, 자동화로 대체 가능한 직업의 고용 감소
- 고령화, 저출산 등으로 의료·복지 직업의 고용 증가
- 경제성장과 글로벌화에 따른 사업서비스 전문직의 고용 증가
- 안전의식 강화로 안전 관련 직종의 고용 증가
- ICT 융합에 따른 직업 역량 변화

사무직은 소멸

이런 추세에 따르면 앞으로 10년 동안 4차 산업혁명을 선도할 기술직의 고용 증가가 눈에 띈다. 응용소프트웨어 개발자, 네트워크시스템 개발자, 보안 전문가, 멀티미디어 디자이너 등이 대표적이다. 사물인터넷, 웨어러블 디바이스, 자율주행차, 가상현실 등 신산업 관련 기술·서비스를 개발하는 일이 많다.

반면 기계화·자동화로 대체 가능한 직업의 일자리는 줄어들 전망이다. 주조·단조·판금 관련 일자리는 산업용 로봇이나 3D프린팅 기술 확산의 영향을 많이 받는다. 또 핀테크·로보어드바이저·인터넷 전문은행 등의 발전으로 단순 사무원(텔러)과 증권 및 외환 딜러 등은 고용

감소를 피하기 어려울 것으로 예상된다.

고령화·저출산도 직업별 일자리에 미치는 영향이 크다. 의료·복지 수요가 급증하면서 의사와 간호사, 물리치료사, 간병인 등은 크게 증가할 것으로 보인다. 다만 산부인과 의사는 저출산, 영상의학과 의사는 빅데이터와 인공지능 활용으로 부정적 영향을 받을 수 있다. 교사와 대학교수는 저출산 및 학령 인구 감소로, 수요가 줄어들 것으로 전망된다.

변화에 적응하기 위한 5가지 노력

이러한 변화에 적응하기 위해서는 다섯 가지 노력이 필요하다. 첫째, 새로운 기술 변화에 적응해 끊임없이 스킬을 업그레이드해야 한다. 둘째, 멀티 커리어에 도전할 수 있어야 한다. 기존에 해왔던 업무만으로는 새로운 산업환경에 순응할 수 없다.

아날로그 방식대로 일했다면 기술 변화에 따라 도입된 디지털 방식으로 일할 수 있어야 한다. 과거에는 문서로 일했다면 컴퓨터 화면을 보고 일하는 단계를 거쳐 이제는 모바일로 업무를 처리할 수 있어야 한다.

셋째는 평생학습에 순응해야 한다. 과거에 배운 지식의 유통기한은 불과 한 달도 못 가서 폐기처분될 수 있는 시대가 됐다. 따라서 끊임없이 새로운 정보로 업그레이드해야 한다. 넷째, 새로운 지식을 끊임없이 받아들이는 능력이 필요하다. 산업 환경이 끊임없이 바뀌기 때문에 오픈 마인드가 필요하다.

파도가 계속 들이치면서 앞 파도가 부서지듯 디지털 중심의 4차 산업혁명이 본격화할수록 고정불변의 지식이나 방식은 설 자리가 없다. 기술이 가져오는 새로운 환경에 적합한 새로운 지식이 등장하고 상식마저도 쉽게 바뀌는 시대에 대응해야 한다.

다섯째, 출신 배경이 다른 사람들과 협력하는 능력이 필요하다. 네트워크를 형성해 힘을 모아야 성과를 내는 시대가 되고 있다. 지식정보화 네트워크 사회에서는 독자적으로 할 수 있는 일이 많지 않다. 그런 일이 있더라도 확장성에서 한계를 보이게 된다. 한 분야에서 전문성을 갖추면서도 언제라도 다른 분야와 협업하고 융합할 수 있는 재능을 가지고 있어야 역동적인 4차 산업혁명 시대에 적응하는 인재가 될 수 있다.

평생 직장보다 평생 직업

앞으로는 직무와 성과를 중시하고 이에 따라 연봉도 달라지는 개별 고용관계가 보편화하는 시대가 온다는 데도 주목할 필요가 있다. 재능만 갖고 있으면 나이와 관계없이 국경을 초월해 인재를 발굴하고 모셔가는 시대가 열리면서다. 백세시대에는 건강만 잘 관리하면 현업과 은퇴의 구분이 없어질 수도 있다.

사실 은퇴는 기대수명이 길지 않던 시대에 퇴직해 여생을 안락하게 보내는 사회적 제도였다. 하지만 백세시대에는 사회생활이 길수록 좋다. 다만 과로사할 만큼 일에 얽매이는 삶은 행복하다고 할 수 없다.

수명이 길지 않았던 시대에는 평생 직장이 이상적이었다면 백세시

증가 (26)

간병인	간호사	간호조무사	네트워크시스템개발자
물리 및 작업치료사	방사선사	변리사	웹 및 멀티미디어기획자
사회과학연구원	사회복지사	수의사	에너지공학기술자
영양사	응급구조사	의사	직업상담사 및 취업알선원
한의사	치과위생사	치과의사	응용소프트웨어개발자
한식목공	컴퓨터보안전문가	임상심리사	상담전문가 및 청소년지도사
변호사	산업안전 및 위험관리원		

다소 증가 (58)

감독 및 연출자	경찰관	경호원	계산원 및 매표원
관세사	관제사	광고 및 홍보전문가	기계공학기술자
기자	노무사	대중가수 및 성악가	데이터베이스개발자
만화가 및 애니메이터	무역사무원	미용사	피부미용사 및 체형관리사
법률관련사무원	보육교사	상품기획전문가	보험 및 금융상품개발자
생명과학연구원	세무사	소방관	소년보호관 및 교도관
손해사정사	시민단체활동가	여행서비스 관련종사자	스포츠 및 레크리에이션강사
안경사	작가	약사 및 한약사	시스템소프트웨어개발자
의무기록사	임상병리사	연예인 및 스포츠매니저	웹 및 멀티미디어디자이너
정보시스템운영자	제품디자이너	전기 및 전자설비조작원	전자공학기술자
지리정보전문가	치과기공사	택배원	컴퓨터시스템설계 및 분석가
판사 및 검사	항공기객실승무원	항공기조종사	메이크업아티스트 및 분장사
홍보도우미 및 판촉원	화학공학기술자	환경공학기술자	환경관련장치 조작원
회계 및 경리사무원	회계사	경영 및 진단 전문가(경영컨설턴트)	
배우 및 모델	행사기획자	식품공학기술자 및 연구원	

다소 감소 (17)

귀금속 및 보석세공원	단조원	대학교수	무용가 및 안무가
바텐더	사진가	세탁원	악기제조원 및 조율사
이용사	주조원	증권 및 외환딜러	측량기술자
콘크리트공	택시운전원	텔레마케터	판금원 및 제관원
학원강사 및 학습지교사			

감소 (3)

낙농 및 사육종사자	어업 관련 종사자	작물재배종사자

자료: 한국고용정보원(2017 한국직업전망)

대에는 평생 직업이 바람직하다. 일모작을 끝내고 이모작도 자연스럽게 연장이 될 수 있고 기술 변화에 맞춰 새로운 지식으로 무장해 이모작을 해나가는 것도 좋다. 은퇴를 앞두고 있거나 아직 현업에 열중하고 있는 3040세대가 주목해야 할 백세시대의 커리어 관리 방향이다.

토끼보다는 거북이가 유리하다

어느 분야의 전문가가 되려면 10년간 한 우물을 파야 한다. 사전 경험과 지식이 많거나 재능과 소질이 있다면 훨씬 더 단축할 수도 있다. 하지만 재취업을 위해 새로운 분야에 도전한다면 거의 10년은 매달려야 풍월을 읊을 수 있게 된다. 이른바 '1만 시간의 법칙'이다.

어떤 분야에서 일가견을 이루려면 1만 시간을 투자해야 한다는 의미다. 1만 시간이란 게 얼마나 긴 시간일까. 하루에 3시간씩 1년을 투자하면 1095시간이 된다. 10년이면 1만950시간이다. 본업이 아닌 일에 하루 3시간 투자는 쉬운 일이 아니다.

하지만 노후가 길어져 60세 정년퇴직을 하고도 30년을 보내며 소일거리라도 찾아야 하는 반퇴시대가 되면서 상황이 달라졌다. 인생이 길어진 만큼 10년이란 세월이 결코 길지만은 않아졌다. 1970년대 기대수명이 61.9세였을 때 10년은 무척 긴 시간이었지만 기대수명이 80세를 훌쩍 넘긴 요즘은 상대적으로 짧아졌다. 따라서 인생 이모작을 위해 뭔가 관심 가는 일에 10년을 투자한다는 자세로 도전할 필요가 있다. 물론 바쁘게 살다 보면 하루에 1시간 짬을 내기 어려운 게 현실이다.

인생 이모작 준비는 토끼형보다 거북이형

이럴 때는 토끼와 거북이를 생각해 보자. 토끼가 제아무리 빨라도 중간에 포기하면 목표를 달성하지 못한다. 반면 거북이는 짧은 다리로 쉬지 않고 전진해 목표에 도달했다. 반퇴시대는 토끼보다는 거북이형 인생 이모작이 바람직할 수 있다.

사람마다 취향과 개성이 다르니 일반화할 이유는 없다. 그럼에도 현업에 몰두하다 보면 인생 이모작을 따로 준비할 겨를이 없는 건 사실이다. 이런 점에서 인생 이모작은 한 걸음씩 꾸준히 준비해 나간다는 자세가 바람직하다.

그렇다면 1만 시간을 어디에 투입해야 할지가 관건이다. 현직의 연장선상에서 인생 이모작을 할 수 있다면 따로 1만 시간이 필요 없다. 하지만 지금은 인공지능과 로봇이 인간의 노동력을 빠르게 대체하는 4차 산업혁명의 시대가 됐다. 평소 해오던 일상적 업무는 인생 이모작에 별 도움이 안 될 가능성이 크다. 더구나 퇴직 러시가 벌어지고 취업문이 좁아지면서 범용화된 업무 지식은 가치가 높지 않다.

자신에게 가장 적합한 일자리 발굴

결국 1만 시간은 퇴직 무렵 자신에게 가장 적합한 일자리를 찾는 데 투입돼야 한다. 물론 말처럼 쉽지 않다. 자신에게 적합한 직무가 어디에 있는지 알기 어렵다. 그렇다면 자신의 이력서를 한번 점검해봐야 한다. 자신이 할 수 있는 일을 확실히 알아야 찾고 있는 재취업 대상이 좁혀진다.

이력서는 교육 수준과 경력을 한눈에 보여준다. 재취업을 준비하는 퇴직(예정)자는 넉넉한 시간을 두고 거북이처럼 조금씩 퇴직 후에도 통용될 수 있는 스펙을 쌓아 스스로 이력서를 관리해나갈 필요가 있다. 스펙을 쌓더라도 쓸모도 없을 온갖 자격만 딸 게 아니라 자신의 전문성을 살리는 데 도움이 되는 방향으로 시간을 투자해야 한다는 얘기다.

과거는 잊고 오래 다닐 곳을 찾아라

"처음엔 오래 다닐 줄 알았죠. 그런데 6개월 만에 그만두고 말았습니다. 기존 직장에서 한 대로 했더니 그게 독이 됐습니다." 대기업에서 임원을 지낸 정모(59)씨는 경기도의 한 중소기업에 임원으로 영입됐다. 그는 "대기업 경험과 실용적 업무지식을 활용해 조직을 환골탈태하고 첨단 경영기법을 수혈해달라"는 기업 오너의 주문을 받았다. 의사결정의 전권을 부여받고 열정적으로 일했다.

처음에는 모든 게 잘 되는 것 같았다. 전 부서에 대한 경영 진단을 통해 많은 문제점을 찾아내고 개선했다. 하지만 입사 7개월 만에 회사를 그만두게 됐다. 불황의 여파로 매출액이 속절없이 줄어들자 그가 책임을 지게 되면서다. 나름 최선을 다했지만 실적이 악화됐으니 어쩔 수 없었다. 다음은 재취업 직장을 오래 다니기 위한 5계명이다.

첫째, 의욕 앞세우지 말고 조언자가 되어라

둘째, 과거 화려한 지위 내세우지 말라

셋째, 젊은 직원들과도 스스럼없이 지내라

넷째, 현업의 경험과 조언을 공유하라

다섯째, 직원의 업무에 도움이 되는 윤활유가 되어라

과거 지위는 다 잊어라

재취업이 쉽지도 않지만 어렵게 일자리를 찾아도 탄탄대로라고 생각하면 오산이다. 일반적으로 퇴직하고 재취업하게 되면 규모가 작은 회사로 옮겨가는 경우가 많다. 하지만 근무 환경과 조건이 현업에 비해 크게 저하된다. 따라서 성공적인 재취업의 관건은 오래 다닐 수 있는 곳을 찾는 것이다.

재취업한 직장에서는 과거의 사회적 지위와 성취는 모두 잊어야 한다. 재취업자가 가장 하기 쉬운 실수가 현역 시절처럼 의욕에 넘치는 것이다. 어떤 일을 맡게 되든 조언을 하는 데 그치고 직위와 관계없이 동료들과 함께 일을 해나간다고 생각해야 한다. 가르치려 들거나 자신의 과거 지위를 내세우면 바로 젊은 동료들과 마찰을 빚게 된다. 이런 상황은 재취업을 단명시키는 요인이 된다.

젊은 세대는 지금 베이비부머 세대에 비해 개인주의가 강하다는 점을 잊어선 안 된다. 도움을 요청하지도 않았는데도 나서면 공연히 간섭한다는 인상을 주기 쉽다. 언어가 다르고 세계관도 많이 다르다. 그런

데도 나이 대접 받기를 바라면 자신도 모르게 왕따가 되고 겉돌기 십
상이다.

적응력에 따라 근무일수가 달라진다

현역 시절에는 업무는 물론 사내 인간관계가 오래될수록 조직 피라미
드 구조의 최정점 근처까지 올라가게 된다. 하지만 새 직장에서는 아무
소용이 없다. 재취업했을 때는 오히려 신입사원이라고 생각하면 좋다.
현역 시절 무슨 일을 했고 어떤 직위까지 올라갔더라도 새 직장에서는
모든 것이 새롭기 때문이다. 새 직장에선 현업의 경험과 조언을 아낌없
이 풀어놓는 것이 가장 이상적이다.

작은 여행사에 재취업한 김모(64)씨가 성공적이다. 그는 직장 동료
들과 스스럼없이 지낸다. 절대로 나이티를 내지 않는다. 대형 여행사
부장 출신이라는 사실을 스스로 까맣게 잊고 지낸다. 과거 호칭대로 그
를 김 부장이라고 부르는 40대 여성 사장은 "젊은 친구들은 어려운 일
이 있으면 금세 포기하고 안절부절못한다"며 "이럴 때 진가를 발휘하
는 직원이 김 부장님"이라고 말했다.

노련한 고객 응대와 업무 처리 능력으로 막힌 곳을 하나씩 인내심 있
게 뚫어낸다. 이 여성 사장은 "김 부장님은 건강도 잘 챙기고 계시기 때
문에 앞으로 본인이 원하는 동안 회사를 다닐 수 있을 것"이라고 말했다.

재취업자의 경우 나이가 한참 어린 본부장이나 부팀장의 업무 지시
를 받는 경우도 많다. 김 부장이 이렇게 오래 다닐 수 있는 비결은 어린

친구들과 잘 어울리면서 조언이 필요할 때만 역할하는 데 있다. 결국 재취업해서는 너무 높은 직위를 생각하거나 너무 의욕만 앞세울 필요가 없다. 기존 직원들의 업무를 도와주고 그들이 이뤄낸 성과에 광택이 나도록 돕는 것으로 역할을 다할 수 있다.

자영업은 어렵다

자영업자 박모(64)씨는 이탈리안 레스토랑을 운영한다. 그에겐 벌써 삼모작째다. 대기업에서 퇴직한 뒤로 조용히 쉬면서 지내려고 했지만 활동력이 왕성해 쉰 적이 없다. 이모작은 규모가 큰 서비스업을 했는데 경기침체로 수익성이 떨어져 접어야 했다. 마냥 놀 수만은 없어 손을 댄 것이 작은 레스토랑이다. 이를 위해 대기업 계열사에서 운영하는 퇴직자 프로그램에 참여해 이탈리안 요리를 배웠다.

개업 1년을 맞이한 그의 레스토랑은 겉보기엔 그럭저럭 굴러가고 있다. 점심 때는 인근 사무실에서 직장인들이 찾아오고 오후에는 커피도 팔고 있어서 주변 아파트에서 간간이 고객이 찾아온다. 하지만 고민이 많다. 점포 임대료를 내고 아르바이트 종업원에게 월급 주고 나면 남는 게 없다.

적자라도 안 보면 다행인 게 현실이다. 생각만큼 수요가 없다. 주변에는 경쟁자가 너무 많다. 유사한 업종이 근처에 들어서는 것뿐만 아니라 다른 음식업종도 계속 늘어나고 있기에 '레드 오션'의 저주가 걱정된다. 자영업을 시작하기 전에 꼭 염두에 두어야 하는 3가지가 있다. 첫째로는 창업스쿨에서 기본기 익히기, 둘째로 대박을 노리는 자세는 경계하기, 마지막으로 섣불리 크게 벌이지 말고 작은 규모로 시작해야 한다는 것이다.

1년만에 40% 폐업하는 '창업 리스크'

고령화가 급진전되는 가운데 1차 베이비부머(1955~63년 출생자 710만 명)를 중심으로 퇴직자가 쏟아져 나오면서 자영업자가 급증하고 있다. 국내 자영업자 수는 2016년 들어 증가 추세를 보이면서 580만 명으로 늘었다. 자영업자는 그전까지는 다소 감소하는 추세였다.

하지만 2016년 실업자가 늘어나면서 다시 가파른 증가 곡선을 그리고 있다. 그중에서도 50대 이상 대졸자 비중이 빠르게 늘어나고 있다. 자영업자 가운데 50대 이상 인구는 과반을 넘어섰다. 2008년 48%에서 2016년 58%로 6년 새 10%포인트 증가했다. 이는 자영업이 '레드 오션'이 되고 있음을 의미한다.

퇴직하거나 구조조정으로 일자리를 내놓은 베이비부머와 아직 직장을 구하지 못한 청년 세대가 한꺼번에 창업 전선에 몰린 것도 레드 오션을 가중시키고 있다. 창업에 나선 대졸 이상 학력 소지자는 2015년 189만 명으로 통계청이 조사를 시작한 2007년(151만 명) 이래 최대치를 기록했다.

청년, 중장년 퇴직자 동시에 몰리는 레드 오션

고용시장의 한파 여파로 청년과 중장년 퇴직자가 창업시장에 한꺼번에 몰리면서 '창업 리스크'는 한층 커지고 있다. 50대 중산층이 직장에서 평생 모은 돈과 퇴직금을 창업에 쏟아붓고 깡통을 차는 경우가 속출하고 있기 때문이다.

자영업자는 2016년 가구당 1억1300만 원의 빚을 지고 있었는데, 소상공인이 창업 1년 후 문을 닫는 비율이 40%에 달한다. 이들은 결국 창업을 통해 노후자금만 축내고 중산층에서 탈락하는 위기에 직면하게 된다.

설상가상으로 한국 경제가 연 2%대에 불과한 저성장의 늪에 빠지면서 자영업의 미래는 더욱 어두워지고 있다. 소비가 크게 둔화되고 있어서다. 대형 쇼핑몰에서 소비하는 패턴이 확산되는 것도 개인이 운영하는 가게의 모객을 어렵게 만든다. 기껏해야 치킨집이나 음식점을 여는 경우가 많은데 일정 수준의 매출을 올리기가 쉽지 않다는 얘기다. 하루 매출액이 0원인 가게도 적지 않은 게 현실이다.

쪽박 안 차려면 명심해야 할 3가지

그럼에도 창업을 할 수밖에 없다면 단단한 준비가 필요하다. 묻지 마

창업을 할 게 아니라 최소한 창업스쿨에 등록해 최소한의 지식과 노하우를 공부해야 한다. 둘째는 대박을 노리는 자세를 경계해야 한다. 정글 같은 세상에서 노력 없이 하늘에서 툭 떨어지는 것은 아무것도 없다. 창업의 세계도 마찬가지다. 셋째, 노후 소일거리라는 생각으로 소자본으로 최소한의 수입을 올릴 수 있도록 작은 규모로 시작하는 것이 바람직하다. 이것 세 가지만 기억해도 창업으로 쪽박을 차지는 않는다.

창업은 차라리 일찍 시작하라

일본 기업 홍보업체를 운영하는 윤모씨는 고희(古稀)를 바라본다. 청년은 취업이 어렵고, 직장인도 50대만 되면 상시 구조조정 칼바람에 휙휙 짐을 싸는 고용불안의 시대에 살고 있지만 그는 아직도 왕성한 현역이다. 비결은 창업이다. "제일기획을 거쳐 한화 계열 광고회사 한컴에서 임원을 하고 있었죠. 그런데 더 연장을 바라지 않았습니다. 그래봐야 어차피 언젠가 잘릴 테니까요. 그게 월급쟁이 운명일 테죠."

잘나가던 광고기획사 아이디어맨이 대기업 임원 자리를 박차고 나온 지 16년이 흘렀다. 그동안 어떻게 사업을 이끌었는지 궁금해졌다. 여전히 잘하고 있다면 고령화 시대의 인생 이모작 모델이 될 수 있기 때문이다. 그는 67세라는 나이와는 어울리지 않게 여전히 젊고 탄력 있는 얼굴을 하고 있었다.

Q 이렇게 젊게 보이는 비결이 뭡니까.

A "늘 활동하니까 그런 것 같아요. 난 이제껏 한 달 이상 쉬어본 적이 없어요."

Q 회사 운영은 얼마나 됐습니까.

A "52세에 그만두고 나와서 시작했으니 벌써 16년이 됐네요."

Q 현업의 경험과 지식을 많이 활용하고 접목하시는 게 비결인가요.

A "그런 것 같습니다. 광고회사에서 하던 업무는 모두 기획업무거든요. 홍보업무도 비슷하죠. 일반 여행사는 상품에는 밝지만 기획력을 발휘할 일은 적지요. 사업에는 기획이 중요하니까 현업에서 배웠던 업무 경험이 큰 자산이 되고 있습니다."

이렇게 사업을 해온 윤씨 회사에는 현재 직원이 8명이다. 창업을 해남 월급 주는 일이 쉽지 않았을 것이다. 그도 처음에는 확신이 없었다고 한다. 특히 아내로부터 동의를 구하지 못했다고 한다. 남들 부러워하는 대기업 임원을 스스로 그만뒀으니 좋아할 배우자는 없을 것이다.

중요한 것은 그의 창업전략이다. 그는 막무가내가 아니었다. 평소 갖고 있던 일본 문화에 대한 관심을 자신의 업무 경력과 접목하자는 데서 창업의 첫단추를 끼웠다. 그래서 조기퇴직 후 무작정 일본으로 달려갔다. 평소 얼굴을 알고 지내던 일본인의 도움을 받아 도쿄 중심부에서 약간 떨어진 스가모에 자리를 잡았다. 그곳에 편의점 도시락을 먹으면서 3개월 비자를 받아 일본어 공부에 매진했다. 일본 업무를 하려면 기본적인 의사소통을 스스로 할 수 있어야 한다는 판단이었다.

창업의 3가지 포인트는 아래와 같다.

1. 에너지가 왕성할 때 시작하라
2. 자신의 경험과 지식을 극대화하라
3. 창업에 필요한 재교육을 받으라

윤씨는 "외국어라는 것은 말뿐 아니라 그 나라 문화와 관심을 함께 배우고 익히는 것이잖아요. 그래서 52세 나이에 현지에서 젊은이들과 어울려 일본어를 배웠다"고 당시를 떠올렸다. 그의 사업은 수년 전보다 한층 견고해졌다. 핵심 업무는 일본 지방자치단체의 의뢰를 받아 한국인 관광객을 소개하거나 유치하는 일이다. 블로그를 운영하고 일본 지자체의 의뢰가 있으면 관광설명회도 국내 주요 도시에서 열고 있다.

요컨대 윤씨의 이모작은 '성공의 법칙'이 있었기에 가능했다. 첫째, 인생 이모작까지 생각하고 적당한 타이밍에 조기퇴직한 점이다. 재취업이 아니라 창업에 도전하려면 조금이라도 젊을 때가 좋다는 것이 교훈이다. 둘째는 자신의 업무 경험과 지식을 극대화했다는 점이다.

셋째는 창업에 필요한 재교육을 받아야 한다는 점이다. 윤씨는 그냥 창업에 나서지 않고 핵심 수단인 언어를 습득하기 위해 현장으로 달려가 3개월간 어학 공부를 했다. 식당을 하더라도 창업자가 음식을 알아야 제대로 할 수 있다. 주방장에게만 맡겨놓으면 '필패'할 수밖에 없다는 얘기와 일맥상통한다.

가족의 동의를 얻는 것도 필요하다. 윤씨는 부인에게 자금관리를 맡기고 있다. 아이를 다 키웠으니 맡아달라고 했고 부인에게 맡기니 자신은 사업에만 열중하면 된다고 한다. 그는 일을 할수록 사업 아이디어가 더 많아진다고 한다. 반퇴시대의 적임자다운 반응이다.

자영업자에게도 정년이 있다

자영업자 김모(56)씨는 퇴직 플랜을 세우고 있다. 앞으로 10년 정도 더 일하고 사업을 접으려고 한다. 제조업체에서 퇴직한 뒤 작은 회사를 차려 해외에서 원자재를 들여오는 무역업으로 그동안 상당한 돈을 벌었다. 하지만 경쟁자가 많이 생기면서 사업이 갈수록 부진해지고 있다. 더구나 이제는 체력이 예전만 못 하다. 출근시간에만 일하는 회사원과 달리 사실상 하루 24시간 일을 챙겨야 하니 퇴직을 생각할 때가 됐다.

이같이 자영업도 평생 할 수 있는 일은 아니다. 30년 가까이 달려 60세를 넘기면 슬슬 몸에서 그만 하라는 신호가 온다. 평생 일했으니 몸이 쉬어야 할 때가 왔다는 신호를 보내는 것이다. 어떤 형태의 자영업을 해도 마찬가지다. 자영업과 같은 의미로도 쓰이는 개인사업도 다를 바 없다. 하나에서 열까지 사장이 모두 챙겨야 하는 자영업은 나이가 들면 체력이 따라가지 못해 은퇴를 준비할 수밖에 없다.

자영업도 나이가 들면 퇴직이 불가피하다

산업환경이 바뀌는 것도 자영업자의 퇴직을 불가피하게 만든다. 자영업은 산업의 부침에 가장 직접적인 영향을 받는다. 사례는 얼마든지 있다. 스마트폰이 등장하고 카메라가 핵심적인 기본 기능으로 포함되면서 카메라 수리업자는 졸지에 일자리를 잃게 됐다. 결국 카메라 수리를 하는 자영업자는 문을 닫고 자취를 거의 감췄다. 물론 카메라 수리공은 스마트폰 수리업으로 변신하는 경우가 많다. 카메라나 스마트폰이나 같은 기계라는 점에서 기본적인 기계적 수리는 조금만 배우면 금세 숙련된다.

타임머신을 타고 1970년대로 가보자. 당시 신사와 숙녀는 제화점과 양복점·양장점에서 구두를 맞춰 신고 정장을 맞춰 입었다. 하지만 이러한 분야에 기업들이 본격적으로 진출하면서 수많은 제화점과 테일러숍이 문을 닫아야 했다. 제화점 종사자는 그 후 슈샤인 박스 운영자로 전업하고 양장을 하던 재단사들은 옷 수선 가게로 변신해야 했다.

이런 장기적인 변화가 아니라도 세월이 20~30년 흐르면 피할 수 없는 변화가 '관계의 변화'다. 자영업은 혼자서 수많은 거래처를 상대한다. 원자재를 공급받고, 주문받은 제품을 납품하는 상위 거래자를 상대한다. 세월이 흐르면 이들 거래처의 거래 대상자들도 퇴직하고 없어진다. '카운터파트'가 바뀌면 활동력도 약화될 수밖에 없다. 사람이 하는 일이기 때문에 상대방이 바뀌면 관계마케팅도 끝나기 때문이다.

더구나 자영업은 리스크가 많다. 창업 아이디어가 있어 개인사업을 하는 경우도 있지만 직장 생활이 순탄치 않아 자영업에 나선 경우도 적지 않다. 이런 경우는 일반적으로 빚을 얻어 사업을 하는 경우가 많다. 그래서 성공 확률은 높지 않다. 열에 일곱은 실패하고 성공 확률은 30%에 불과하다는 것이 자영업의 법칙이라고 한다.

자영업의 리스크

자영업을 힘들게 하는 것은 높은 임대료, 대출금리, 원가 상승이다. 특히 음식업은 저승사자보다 무서운 게 건물주라고 한다. 장사가 될 만하면 귀신처럼 알고 나타나 임대료 인상을 요구한다. 불황이 계속돼도 매출 감소보다 더 무서운 게 임대료 인상이다. 장사가 잘 되는 것 같아도 임대료를 내다 보면 사실상 남는 게 없기 때문이다.

그래서 겨우 살아남은 자영업자조차 건물주의 일방적인 임대료 인상이나 재계약 거부 등으로 사업을 접어야 하는 경우도 발생한다. 서울 용산구 이태원·경리단길, 강남구 가로수길, 마포구 연남동이 새로운 명소로 떠오르자 이 지역 상권을 형성하는 데 기여한 기존 자영업자들이 과다한 임대료 인상 요구를 견디지 못하고 쫓겨나는 '젠트리피케이션 현상'이 심각한 사회문제가 되고 있는 것도 이런 이유 때문이다.

대출까지 얻었다면 퇴직 플랜에는 더욱 차질이 빚어질 수밖에 없다. 한국신용정보가 집계한 자영업자 대출 현황 자료에 따르면 2016년 자영업자의 대출 총액은 520조1419억 원으로 1년 만에 약 57조 원 (12.2%)이나 늘어났다. 원가 상승도 멈출 줄 모른다. 이러니 자영업자는 진퇴양난에 빠진다. 퇴직도 못 하고 그저 생계 유지 차원에서 자영업을 계속 하는 경우가 많다. 이러니 일반적으로 자영업의 수익률은 높지 않다.

채무 수렁에 빠지기 쉬운 자영업의 한계

통계청의 '2016 가계금융복지조사'에 따르면 자영업자 가구의 2015년 평균 소득증가율은 1.2%로 임시·일용근로자(5.8%)나 상용근로자(2.1%)보다 훨씬 낮게 나타났다. 소비자물가 상승률 0.7%를 고려하면 실질소득은 거의 제자리인 셈이다. 더구나 통계청의 '자영업 현황 분석' 자료에 따르면 2015년 기준 570만 명에 달하는 자영업자의 21.2%는 월 매출이 100만 원에도 미치지 못한 것으로 나타났다.

그러다 보니 사장님이 되겠다고 부푼 꿈을 안고 창업에 도전한 자영업자는 오래 버티지 못하고 문을 닫고 새로 도전하기를 반복하면서 은퇴 시기를 잡기 어려워진다. 국세청이 발표한 '2016년 국세통계연보'에 따르면 2015년 기준 하루 평균 약 3000명(연간 106만8000명)의 자영업자가 창업하고 2000여 명(연간 73만9000명)의 사업자가 폐업하는 것으로 나타났다.

뒤늦게 시작한 자영업은 퇴직자의 무덤이 되기도 한다. 자영업 경험이 전혀 없는 퇴직 직장인들이 주로 뛰어드는 프랜차이즈 식당의 경우 2015년 폐업한 사업자 수가 1만3000명으로 하루 평균 거의 36명의 프랜차이즈 식당이 문을 닫고 있는 것으로 나타났다. 나름 안정된 상황에서 출발하는 프랜차이즈도 성공을 보장하지 못한다.

음주 문화가 바뀌면서 주점은 더욱 심각하다. 국세청에 따르면 2017년 1월 전국 일반주점 사업자는 5만5761명으로 전년(5만9361명)의 6.1%에 달하는 약 3600명이나 줄어든 것으로 나타났다. 즉, 하루 평균 약 10개의 주점이 문을 닫고 있는 것이다.

퇴직해도 달리 할 일이 없고 노후를 대비해 모아둔 재산도 충분하지 않다면 퇴직을 늦출 수밖에 없다. 서울과 지방 건설현장을 오가며 아파트 건설현장에 소모품을 공급하는 박모(51)씨는 "많이 벌지는 못 하지만 몸이 건강할 동안에는 계속 할 수 있는 것이 자영업"이라며 "최소한의 인건비가 나온다면 퇴직 없이 계속 할 계획"이라고 말했다. 그러면서 "관건은 고객의 수요"라며 "고객이 계속 찾을 수 있도록 고객 만족을 위해 노력하고 있다"고 덧붙였다. 이같이 자영업도 천차만별이다. 노후 준비가 돼 있으면 퇴직해도 좋지만 노후 준비가 부족하면 그만두고 싶어도 그만둘 수 없다. 그럼에도 분명한 것은 자영업도 체력 고갈, 사업 환경 변화, 거래처 변화 등으로 무한정 할 수는 없다는 점이다. 언젠가는 계속 하고 싶어도 할 수 없는 시점이 오므로 퇴직 플랜을 세우는 것이 바람직하다.

자영업자의 노후 대비를 위한 '노란우산공제'

연봉 1억 원이 넘는 고소득 직장인과 전문직에게도 연말정산은 풀기 어려운 숙제가 됐다. 국내에 연봉을 1억 원 넘게 받는 직장인만 60만 명에 달한다. 이들 가운데 상당수는 월급을 받는 의사·약사·변호사 같은 전문직이 포함돼 있다.

2014년부터 연말정산의 주요 공제항목이 세액공제 방식으로 바뀌면서 고소득 전문직은 직격탄을 맞고 있다. 세액공제는 산출세액에서 세금을 공제하는 방식이어서 세율이 높은 고소득자에게는 절대적으로 불리할 수밖에 없어서다.

각종 공제를 거쳐 산출되는 과세표준이 5억 원이 넘는 고소득 직장인·전문직은 2017년부터 최고소득세율 40%가 적용된다. 소득공제 방식이라면 절세효과도 크지만, 세액공제에서는 그 효과가 절반 이하로 줄어든다. 현재 세액공제율이 최고 15%이기 때문이다. 이같이 고액 연봉을 받는 직장인·전문직도 이제는 절세를 생각해야 한다. 특히 자영업자는 더욱 적극적인 절세 방안이 필요하다.

가장 효과적인 수단은 노란우산공제 활용이다. 노란우산공제는 원래 취지가 소기업·소상공인의 노후 지원을 위해 도입됐다. 따로 퇴직금이 없는 이들에게 적립식으로 돈을 부어 소득공제도 해주고 만기가 되면 목돈을 찾게 해주자는 취지에서다. 이런 기준에 따라 소기업·소상공인은 물론 개인사업자(자영업자)의 가입이 가능하다.

이들 역시 직장인과 마찬가지로 연말정산을 하게 되는데 그때 연간 300만 원까지 소득공제 혜택이 제공된다. 이들은 2월에 연말정산을 하는 직장인과 달리 5월 종합소득세 신고를 할 때 소득공제를 받게 된다.

직장인이 노란우산공제에 가입하는 길은 한 가지다. 최근 인기를 끌고 있는 오피스텔·도시생활형주택 같은 수익형 부동산에 투자해 월세를 놓는 경우다. 물론 전세도 가능하다. 황재규 신한은행 투자자문부 세무사는 "세무서에 임대주택의 등기부등본을 내면 바로 사업자등록이 그 자리에서 발급된다"며 "예컨대 연간 월세 수입 600만 원이라면 노란우산공제 소득공제를 활용하면 상당한 절세가 예상된다"고 말했다.

최근 월세는 세입자가 소득공제를 받기 위해 임대인 동의 없이도 신고가 가능하다. 어차피 세금을 내야 한다는 얘기다. 그렇다면 사업자등록을 하고 노란우산공제 가입 자격을 얻어 연 300만 원 한도의 소득공제를 받는 게 훨씬 남는 장사다.

소득공제 방식이어서 절세효과는 상당히 크다. 절세효과가 높게 나타나면서 노란우산공제 가입자는 2007년 4000명으로 출발해 2017년

3월 현재 적립금은 3조 원에 이르고, 가입자는 50만 명을 돌파했다.

노란우산공제 부금은 매달 5만~100만 원까지 가능하다. 수익률은 연 2.6%가량이다. 일반 연금저축보험 금리로 환산하면 연 4%에 해당하는 수준이다. 그 이유는 소상공인공제는 중소기업중앙회에서 운영비용을 자체적으로 부담하고 총 납입한 금액에 대해 기준이율을 분리하기 때문이다.

CEO에게도 이모작은 필요하다

서울 강남구 논현동에 사는 김모(63)씨의 하루 일과는 애완견 아침밥 먹이기로 시작한다. 대기업 사장을 지내고 퇴직해 은퇴생활을 하는 그로선 하루 일과에서 가장 중요한 순간이다.

출근할 곳도 오라는 곳도 없고 집으로 운전기사가 모시러 오는 일도 없다. 그러니 아침에 일어나 자신에게도 뭔가 할 일이 있으며 살아 있음을 온몸으로 체감하는 시간이다. 그러니 꼬리치며 따르는 모습만 봐도 어깨가 으쓱하게 된다. 하지만 개밥 주기가 끝나면 다시 썰렁해진다. 김씨는 자신이 퇴직한 뒤 집에서 개밥이나 주는 일로 하루 일과를 시작할 줄은 꿈에도 상상하지 못했다. 누구나 피할 수 없는 것이 퇴직이라지만 이렇게 급격히 인생이 바뀔 줄 몰랐기 때문이다.

다른 일이라도 찾아 인생 이모작을 하면 어떻겠냐는 권유도 받고 있지만 세상 물정 모르는 소리다. 임원을 거쳐 사장까지 한 그로선 사장

이외에는 격에 맞는 일을 찾기 어렵다. 백세시대가 되기 전에는 이런 걱정을 할 필요가 없었다. 사장까지 지냈으니 넉넉한 노후자금이 여가를 보내면 됐다. 하지만 백세시대가 되면서 기업체 사장을 비롯해 민간과 공직에서 고위직과 기관장을 지낸 사람들의 노후 적응이 어려워지고 있다.

CEO 증후군에서 벗어나라

가장 큰 문제는 몸과 마음 깊숙이 습관화된 CEO 체질이다. 백세시대를 보내려면 돈 있고 건강하고 배우자가 있고 소일거리와 친구가 있어야 한다는 얘기가 있다. 하지만 고위직 경력자는 소일거리와 친구 사귀는 일에서 적지않은 걸림돌을 만난다. 대기업 사장을 지낸 손모(67)씨는 "사장이 되는 순간 사리분별을 담당하는 전두엽이 경화되는 '전두엽증후군'이 나타난다"며 "사람들이 와서 다 엎드리니까 다른 사람 일에는 관심이 없어지고 오직 자신의 역할에만 몰두하게 된다"고 말했다. 그러면서 "올라온 길을 어떻게 내려가야겠다는 생각이 없어지게 되니까 정말 노후가 어려워지게 될 수 있다"며 "제일 괴로운 것이 자존감 상실"이라고 덧붙였다.

사장이나 장·차관, 기관장을 지냈으니 은퇴해 밥 걱정할 일은 없다. 하지만 "내가 CEO를 했는데…"라는 생각에 사로잡혀 사람을 사귀고 어울리는 데 애로를 겪기 쉽다는 게 문제다. 자존감을 가장 심하게 무너뜨리는 것은 비서가 다 해줄 때는 몰랐는데 아무도 전화를 걸어오지 않는다는 점이라고 한다. 그렇게 되면 "세상이 날 이렇게 무시해"라는 생각이 든다고 손씨는 말했다.

소일거리를 찾기 위해 눈을 낮춰 재취업하려고 해도 고위직 출신이라는 것이 걸림돌이다. 나는 괜찮으니 아무 일이나 맡겨달라고 해도 받아줄 곳이 없다. '만인지상'인 사장 경력자를 모셔놓고 이래라 저래라 일을 시키는 것이 부담스러워서다. 재취업을 해도 적응이 어렵다. 화장실 딸린 고급 사무실을 쓰다가 공동 사무실을 쓰거나 공용 화장실을 써야 하는데 처음에는 이것부터 불편하다.

문제는 사장을 하는 동안에는 퇴직 이후를 생각할 겨를도 없고, 자신이 퇴직할 것이란 생각을 하기도 어렵다. 하지만 오너도 언젠가는 퇴직한다. 아무리 오래 있으려고 해도 지병이나 치매 등으로 더 머물 수 없는 날이 온다. 재벌가에도 그런 사례가 부지기수다. 월급쟁이 사장은 말할 것도 없다.

사장이 외롭고 고독한 것은 사실 현직에 있을 때와 별반 다르지 않다. 사장은 회사 경영을 책임지는 순간 밤낮으로 회사 경영에 헌신하게 된다. 조직 성과를 내도록 지휘하고 구성원을 쪼는 역할을 하고 있지만 CEO가 받는 압박감은 차원이 다르다. 하루에도 여러 번의 결단과 과감한 결심을 해야 한다.

CEO에게 필요한 퇴직 플랜

사장을 비롯해 기관장·CEO·고위 임원 출신은 각별한 퇴직 플랜이 필요하다. 첫 번째 할 일은 새로운 마음가짐 갖기다. 퇴직하는 순간 고위직은 가장 낮은 곳으로 임해야 한다. 군에서 제대하면 계급장을 내려놓고 민간인이 되듯 현업에서 아무리 지위가 높아도 퇴직하면 거의 의미가 없어진다.

마음을 바꾸지 않고 퇴직해도 사장 대접을 기대한다면 새로운 관계가 만들어지기 어렵다. 퇴직 후에도 계속 사장인 양 행동하면 밥을 먹어도 사장이었다는 이유로 밥값을 모두 부담하고 골프를 쳐도 부담해야 하기 때문이다. 이래서는 누구와도 어울리기 어렵다.

임원들도 크게 봐서는 이런 고민에서 벗어나지 못한다. 밑에서 보면 사장을 비롯해 임원들은 대단해 보인다. 회사의 경영 방향을 정하고 인사권과 예산권을 휘두르니 수퍼맨처럼 보인다. 하지만 이들은 임원이 되는 순간 중압감이 가득한 고독한 시간과 직면한다. 실적을 수치로 보여줘야 하고 인기 없는 의사결정을 내려야 한다.

그렇다고 돈을 대단히 많이 버는 것도 아니다. 삼성전자를 비롯해 일부 글로벌 대기업과 일부 금융권 CEO들은 최소 10억 원 이상의 연봉을 받지만 평범한 회사의 CEO 연봉은 3억 원을 넘어서기 어렵다. 과표 1억5000만 원 이상에 대해서는 주민세를 포함해 세금이 41.8%에 달하니 3억 원을 받아도 세금과 사회보장세를 포함하면 1억 원을 원천징수당한다. 실질소득은 생각하는 것만큼 많지 않다는 의미다.

사장까지 오르지 못하고 상무, 좀 더 올라가도 전무로 끝나면 상황은 더욱 심각하다. 단기성과가 중시되면서 임원 임기가 1년 단위로 계약되는 회사들이 늘어나면서 임원들의 스트레스는 적지 않다고 한다.

예전 같으면 재취업을 하면 되지만 기업 혁신 전략인 리스트럭처링 (restructuring)이 일상화하면서 옮길 만한 곳을 찾기도 어렵다.

결국 고위직도 백세시대를 맞아 자세의 변화가 필요하다. 강력한 리더도 필요하지만 평소에는 겸손하고 낮은 자세로 임해야 한다. 그렇지 않으면 막상 퇴직했을 때 심각한 자존감 상실에 빠질 수 있다. 이를 피하려면 퇴직 후에는 어느 자리에 가서도 가장 낮은 자세로 임해야 한다. 물론 쉽지는 않겠지만 그래야 적응한다.

퇴직 후 무엇을 할지도 현업에 있을 때 선택지를 골라놓아야 한다. 임원의 위치에 있었다고 해서 창업이 쉬운 것은 아니다. 경영방침을 받쳐주는 조직이 있을 때 의사결정이 작동했지, 아이디어와 경험만 있다고 원하는 대로 결과를 얻을 수는 없다. 고위 공직자는 취업 제한까지 받아야 한다. 장수시대의 그늘에는 예외가 없다.

START
FINISH

5

새로운 관계에
대비하라

관계의 정석

부부가 2인 3각으로 준비하라

김모(81)씨는 남편을 먼저 떠나보냈다. 남편은 재혼이라 나이가 훨씬 많았다. 재산을 정리하면서 상당한 유산이 있을 거라고 생각했다. 남편은 전문직 종사자로 수입이 많았기 때문이다. 하지만 완전히 오산이었다.

남편은 평소 수입은 물론 재산도 직접 관리했다. 아내는 경제적으로 어려움이 없이 윤택한 생활에 만족했기 때문에 남편의 수입과 재산 관리에 아무런 관여를 하지 않았다. 그러나 막상 남편 사후 유산을 확인해봤지만 집 한 채가 전부였다.

이런 사례는 부지기수다. 남편과 아내 할 것이 어느 한쪽은 재산 형성 내용에 대해 전혀 모르고 다른 한쪽에 일임하는 경우 여러 가지 문제가 발생할 수 있다.

집안 자금의 흐름을 알아라

최근 고령화에 가속도가 붙으면서 벌어둔 돈을 쌓아놓고도 돈 한 푼 못 쓰는 처지에 빠진 베이비부머가 적지 않다. 이들 가운데 상당수는 가계 자금을 어느 한쪽이 관리하면서 다른 쪽은 전혀 내용을 모르는 데서 문제가 발생하는 경우가 많다. 부부 중 어느 한쪽이 재산을 도맡아 관리하는 관행은 과거 기대수명이 짧은 시절에는 문제가 없었다. 지금은 상황이 많이 달라졌다. 백세시대가 열리면서다.

우선 집안의 자금 흐름을 모르면 노후자금의 효율적인 관리가 어려워진다. 오래 살수록 장기 투자가 필요하므로 노후자금 마련과 관리를 위해서는 부부가 의견을 모으는 게 효과적이다. 혼자보다는 둘이 가져오는 정보의 범위가 훨씬 넓다. 정보력은 확대하고 리스크는 줄일 수 있다는 얘기다.

가계 자산이 어떻게 굴러가는지 전혀 모르고 있으면 부작용이 크다. 나중에 은퇴한 뒤 노후가 걱정돼 재산을 알아봤더니 집 한 채 외에는 현금성 자산이 거의 없다는 데 놀라는 사람이 많다.

서로 수입을 전혀 모르는 경우도 마찬가지다. 요즘 젊은 부부의 경우 배우자의 수입 규모를 정확히 모르는 경우가 적지 않다고 한다. 이런 경우는 재산 증식의 시너지를 내지 못하는 게 문제다. 서로 수입을 정확히 알고 있다면 주택 마련을 비롯한 투자와 지출 계획을 체계적으로 세울 수 있다. 하지만 자신만의 수입 지출 내역만 알고 경제생활을 할 경우에는 재산 불리기를 극대화하기 어렵다.

내 집 마련을 비롯해 재산 불리기에 나서려면 충분한 실탄이 있어야 한다. 부부가 각자의 수입과 재산 규모를 몰라서는 자금을 동원하는 능력이 저하될 수밖에 없다. 이는 지출이 방만해지는 결과로 이어진다. 내 돈을 내가 벌어서 쓴다는 데 제동을 걸기 어렵기 때문이다. 더구나 실제보다 수입이나 재산이 많다고 의심하거나 착각하는 부작용을 낳는다.

은퇴를 위한 수입을 공유하라

이렇게 지내다 보면 부부가 각자 수입을 올려도 은퇴할 때쯤엔 "그동안 벌어들인 돈이 다 어디 갔지"라고 뒷북을 치게 된다. 무엇보다 부부가 따로따로 재산을 관리하면 투자는 물론 소비에서도 시너지를 내지 못하는 게 가장 큰 문제다. 100세 인생에 불과 30년가량 이어지는 소득발생 기간에 체계적인 계획을 세워 재산 형성을 극대화하려면 혼자보다는 함께 재산을 굴리는 것이 낫다.

그러면 어떻게 하면 좋을까. 우선 통장은 한 사람이 도맡아 관리하는 게 좋다. 부부가 재산 현황을 파악하고 있되 둘 가운데 꼼꼼하거나 시간적 여유가 있는 쪽이 통장을 관리하는 게 효율적이다. 각종 금융상품은 만기가 의외로 자주 돌아온다. 길어야 3년이고 더 길어도 10년을 넘지 않는다. 여기에 대처하려면 부부 중 한 명은 주도적으로 현황을 파악하고 있어야 한다. 내 집 마련이나 집을 옮겨갈 때도 전반적인 현금흐름이나 재산 상황을 꿰뚫고 있어야 효율적인 대처가 가능하다.

아쉽지만 비밀통장은 없애는 게 좋다. 흔히 딴 주머니를 갖는 경우가 많은데, 비상금 용도로 약간을 갖고 있는 건 좋다. 하지만 거액을 혼자서 꿰차고 있다가 퇴직 후에도 계속 관리하는 것은 위험할 수 있다. 고령화 시대라고 하지만 고희와 희수를 넘기고 미수에 이르면 기억력이 가물가물해지고 어디에 돈을 넣어뒀는지 헷갈리기 때문이다.

치매에 대비하라

상태가 더 나빠져 가계 자금을 혼자 관리하던 배우자가 치매나 뇌졸중 같은 노인 질환에 걸리면 낭패를 보기 십상이다. 이런 일이 벌어지면 등잔 밑이 어둡다는 말처럼 가계의 자금 흐름에 깜깜이로 지낸 걸 후회해도 소용이 없다. 부부는 서로 소득을 정확하게 밝히고 부동산은 공동명의로 관리하는 것도 좋다. 증여나 상속할 때 세금 부담도 훨씬 줄일 수 있다.

더구나 합리적인 소비생활은 덤이다. 배우자가 완전히 따로 재산을 관리하면 안 써도 될 돈을 쓰기 쉽다. 각자 월급을 관리하면 편하지만 노후 대비에서는 실패할 확률이 클 수밖에 없다. 서로의 수입을 알고 있어야 가계 전체의 규모에 맞는 지출과 저축 규모를 합리적으로 설정할 수 있다는 얘기다.

재산을 함께 관리하되 꼬리표를 확실히 해놓는 것도 합리적이다. 결혼하면 가족인데 네 것, 내 것이 어떻게 따로 있느냐는 얘기가 나올 수 있다. 하지만 꼬리표가 없으면 낭패를 볼 수도 있다. 배우자 가운데 일방이 자의적으로 재산을 처분하는 경우다. 부동산이라면 거래 편의와 대출, 세금 문제 때문에 배우자 명의로만 해놓는 경우가 많은데 나중에 문제가 발생했을 때 아무런 대처를 할 수 없다.

공개하되 꼬리표는 붙이자

특히 이혼할 경우 전업주부로 지낸 여성은 매우 불리해질 수 있다. 과거보다는 법적으로 보호를 많이 해주지만 전업주부라면 지금도 가사노동의 가치를 전체 재산 형성의 30~40%정도만 평가해주고 있기 때문이다.

따라서 자금 출처를 명확히 해놓고 자신의 몫에 대해서는 명의를 표시해주는 것이 좋다. 그것이 번거롭거나 여의치 않다면 구두를 비롯해 어떤 형태로든 재산 형성 내용을 명백히 공유할 필요가 있다. 이렇게 명확하게 해두면 재산 처분에 대한 배우자의 독단을 막기도 쉽다. 평소 이렇게 가계 재산을 관리하지 못해 배우자 별세 후 허둥지둥대는 경우가 적지 않다. 배우자가 남긴 재산이 어디에 있는지라도 알아야 하지만 수많은 금융회사 가운데 어디에 있는지 알기 어렵다.

유산 확인하기 위해서는 '상속인 금융거래조회 서비스'

이런 경우에 처했다면 금융감독원의 도움을 받을 수 있다. 상속인 등이 피상속인(사망자, 금치산자 또는 피성년후견인, 실종자)의 금융재산 및 채무를 확인하기 위해선 여러 금융회사를 일일이 방문해야 한다. 하지만 이에 따른 시간적·경제적 어려움이 크다. 이런 고충을 덜어주기 위해 금융감독원이 제공하는 금융소비자 포털 '파인'에서 조회신청을 하면 각 금융회사에 피상속인의 금융 거래 여부를 일괄적으로 확인해준다.

백세시대는 부부가 2인3각으로 함께 가는 시대다. 젊어서 어느 한쪽이 가계 살림을 관장하더라도 나이가 들어서는 머리를 맞대고 함께 관리하는 게 좋다. 둘이 머리를 맞대면 투자 실패를 줄이고 투자 기회를 살리는데도 도움이 된다. 이를 위해선 평소 재산관리도 부부 사이에는 투명한 게 좋다. 혼자 가면 멀리 가지 못한다.

부부 5계명

"집사람은 1683년 계해 정월 초하룻날 밤 12시쯤 태어나 42살에 세상을 떠났다. 마음이 아름답고 행동이 단정하며 말이 적고 여자로서 할 수 있는 일은 못 하는 게 없었다. 부부 사이에 서로 공경함은 언제나 똑같았다. (중략) 두 해 동안 내가 병으로 회복하기 어려울 때 아침 저녁 쉼없이 병을 고치려고 간호했다. 그때 주위 사람들에게 '하늘이 나를 돕는다면 반드시 남편보다 나를 먼저 데려가라'고 했다…."

약 300년 전 부인을 홀연히 떠나 보낸 선비의 일기는 이렇게 시작된다. 2014년 10월 대구의 고서점에서 발견된 일기 《갑진록》이다. 2년 뒤 5월 1일 기록이 끝난 날까지 아내를 그리는 내용으로 가득 채워져 있다. 애틋한 사부곡(思婦曲)이다(중앙일보 2017년 5월 21일자).

이 글에서도 보여주듯 조선시대에는 수명이 길지 않았다. 이 사부곡에 나오는 여성의 42세는 당시 기준으로는 적지 않은 나이였을 터다.

그런데 2015년 기준으로 기대수명이 82세에 이른다. 거의 배로 늘어났고 90세를 넘기는 경우도 드물지 않다. 이 긴 세월을 부부가 함께 보내려면 부부 관계도 리모델링해야 한다.

남녀가 따로 없다. 함께 노력해서 과거의 성역할(gender role)에 대한 고정관념을 버려야 한다. 그렇지 않으면 기나긴 노후를 보내면서 쓸쓸해질 수 있다. '삼식이'로 인한 스트레스도 과거의 관행에 갇혀 있어서 빚어지는 불편함이다. 장수시대 부부 관계 5계명을 간추려봤다.

1. 영순위는 화목한 부부 사이

당연한 얘기 같지만 모든 부부 사이가 늘 좋을 수만은 없다. 그러나 사소한 다툼이라도 피하거나 줄여야 한다. 부부가 2인3각으로 해나갈 게 많다. 잘나가던 사람이든, 그렇지 않든 퇴직하고 나면 바깥 생활이 줄어들면서 사회적 대인관계는 크게 좁아진다. 그리 강하지 않은 관계는 퇴직을 계기로 바로 끊어지기 때문이다. 그러고 나면 부부가 지내는 시간이 많아진다. 환갑 이후 30년을 함께 보낼 마음의 준비가 필요하다. 모아놓은 재산이 많아도 부부 사이가 좋지 않으면 헛일이다. 최고의 동반자와 마음이 안 맞아서는 입지가 크게 좁아진다. 혹시 관계가 썩 좋지 않다면 지금부터 관계를 개선해야 한다. 환갑을 넘겨 부부가 함께 여행하는 모습이나 온천여행길에 다정하게 골프를 치는 모습을 상상해도 좋다.

2. 성역할에 대한 고정관념을 버리자

삼식이 스트레스는 여자만 겪는 일이 아니다. 남자도 하루 세끼를 모두 집에서 먹는 게 어찌 즐거울까. 그런데도 삼식이로 불린다면 철저한 성역할 정비가 필요하다. 평소 삼식이에서 벗어나는 훈련을 해야 한다. 이를 위해선 여자가 밥을 차린다는 전근대적 생각에서 벗어나야 한다. 혼자 있으면 당연히 스스로 밥 찾아 먹을 줄 알아야 한다.

그리고 집에서 아내가 차려주는 밥을 세끼 먹을 생각도 해선 안 된다. 뭔가 일을 만들어서 밖에 나가면 해결될 터다. 삼식이 스트레스는 아내가 남편 밥 차려준다는 성역할 고정관념에 뿌리를 두고 있다. 그러나 퇴직 후는 물론이고 평소에 달라져야 한다. 하루 세끼 집에서 먹는 습관, 차려줘야 먹는 습관부터 벗어던져라.

3. 남녀는 다르지만 같다

300년 전 사부곡에서 당시 남녀 관계를 엿볼 수 있다. 여자로서 할 수 있는 일은 못 하는 게 없다는 얘기는 무엇일까. 여자와 남자의 다름 (difference)을 말하고 있는 대목이다. 남자와 여자는 다르다. 생물학적인 성(sex) 차이가 있고, 이에 따른 사회 활동의 차이도 있다. 엄청난 육체적 파워가 필요한 일은 여성에게 적합지 않다.

그러나 사회문화적인 성(gender) 차이는 없다. 사부곡에는 '부부 사이에 서로 공경함은 언제나 똑같았다'고 기록돼 있다. 이는 성 평등 (gender equality)을 의미한다. 차이가 있는 점을 제외하고는 똑같다는 얘기다. 성역할의 고정관념도 버려야 한다는 의미다. 여기서부터 반퇴 시대의 새로운 부부 관계가 출발할 수 있다.

4. 가정 권력이 크면 노후에 쓸쓸해진다

농경시대의 가부장적 문화는 남녀가 사회문화적으로 같다는 걸 전제 하지 않고 있다. 이런 전통이 면면히 내려오면서 집안에서도 부부 갈등 의 배경이 된다. 부부 중 어느 한쪽의 권력이 강하면 어떻게 될까. 과거 에는 문제가 없었다. 수명이 짧아서 그런대로 살면 됐다.

여성은 집안일을, 남성은 바깥일로 성역할이 구분됐다. 그러나 여성의 사회 진출이 이제는 일상화하고 수명까지 길어지면서 가부장적 시대의 문화도 바뀌어야 한다. 권력이 한쪽에 치우치면 반드시 피로감이 쌓여 서 균열이 온다. 더구나 권력이 많은 사람일수록 배우자를 잃고 나면 적 응이 어려울 가능성이 크다. 평소 홀로서기를 연습해야 한다는 얘기다.

5. 친구 같은 배우자로 지내라

이제는 환갑 나이에도 젊어서 친구 모임이 많다. 퇴직 후 늘 배우자가 놀아줄 거란 생각은 오산이다. 각자 만나는 사람이 다르고 사회생활이 다르다. 퇴직 후 30~40년 동안 배우자와 언제나 붙어 지내는 것도 마 냥 즐거운 일일 순 없다. 이런 변화에 대비한 새로운 부부 관계를 지금 부터 준비하고 연습해야 하는 이유다.

남녀의 65세 이후는 다르다

수년 전의 베스트셀러 《화성에서 온 남자 금성에서 온 여자》는 흥미로운 화두를 던졌다. 본래 남자는 화성인이고, 여자는 금성인이라 서로 대화가 되지 않을 것이라고 했다. 남자와 여자는 집에서, 직장에서, 사회에서 서로 어울려 살아간다. 그런데 대화가 안 된다는 얘기가 나오는 이유는 무엇일까. 성이 다르니 호르몬도 다르고 특성도 다르다.

남녀의 사회적 역할에는 경계가 없어졌지만 성 차이에 따른 본능적 차이는 그대로 존재한다. 남자는 젊어서는 근육질이다. 아드레날린이 넘치고 충동적이다. 여자는 여성호르몬이 넘친다. 하지만 나이가 들어 쉰이 넘어서면 서서히 바뀐다.

여성은 여성호르몬이 줄어들고 남성은 몸 안에 여성호르몬이 늘어난다. 남성 안의 여성호르몬은 비율로는 미미한 수준이지만 이것이 노화 과정에서 증가하는 것이다. 그래서 남성은 야생마 같던 충동적 성격이 누그러지고 여성은 남성처럼 다소 과감해진다는 것이 성호르몬 연구자들의 설명이다.

이 같은 남녀 특성의 변화는 자연스러운 현상이다. 문제는 남성이 여성보다 성별 특성에 따른 차이로 노후 생활에 적응하기 어렵다는 점이다. 하늘이 맑고 여행하기 좋은 봄이나 가을이 되면 그 차이는 극명해진다. 여자들은 삼삼오오 모여서 산으로 들판으로 맛집으로 여행을 떠난다. 해외여행에도 나선다. 해외여행길에 오른 단체관광 패키지에서 보면 여자들끼리 몰려다니는 경우가 많다. 하지만 남자들은 보기 어렵다.

남자들의 '우울한 시간'

여자들이 이렇게 사교성을 발휘할 때 남자들은 둘 중 하나의 행태를 보인다. 첫째는 경제적 능력이 되면 골프장에서 시간을 보내는 경우다. 그저 골프 외에는 아는 게 없는 사람들이 바로 남자들이다. 골프를 할 여유가 없는 사람들이 둘째 유형인데, 이들은 그저 집에서 TV를 보며 시간을 보낸다.

남자들의 우울한 시간 보내기는 도서관에서 극명하게 드러난다. 날씨 화창한 토요일 오후나 일요일 오전 공공도서관에는 나이 든 남자들을 쉽게 찾아볼 수 있다. 비슷한 연배의 여자들은 아무리 찾아봐도 없다. 삼삼오오 친구들과 가까운 곳에 나들이라도 나가는 경우가 많기 때문이다.

이런 남녀 차이는 가부장적인 문화의 영향이 크다. 남자들은 사회생활을 할 때도 그저 대화가 별로 필요 없다. 젊은 시절 마셔라 부어라 하며 다시는 안 볼 것처럼 많이 마시는 음주문화 속에 살았던 베이비부머들은 그저 술 마시는 것 외에는 대화가 어렵다. 만나면 그저 술이니 나이 들어선 소소한 이야기를 하며 시간을 보낼 줄 모른다.

남성의 백세시대 적응법

백세시대에 적응하려면 남자는 변해야 한다. 우선 음주문화부터 바꿔야 한다. 친구를 만나도 술집을 가지 말고 커피숍으로 가라. 처음에는 어색하겠지만 노후 30년을 보내려면 적응하는 수밖에 없다. 아예 커피에 대한 공부를 하거나 녹차와 홍차에 대한 공부를 시작하는 것도 도움이 될 수 있다. 그러면서 수다를 떨어야 한다.

군대 얘기, 나라 얘기는 내려놓고 관심사를 이야기하라. 재테크도 좋고 쇼핑이나 부동산 투자에 대한 정보 교환도 좋다. 실생활에 도움이 되는 토픽을 갖고 얘기를 나누라. 그러다 한잔하자며 역시 술집으로 자리를 옮길 가능성을 배제할 수 없다. 그렇게 되더라도 마셔라 부어라 스타일로 가지 말고, 갈증만 해소하는 정도로 마시는 습관을 들이는 것이 좋다.

동네 영화관을 어슬렁어슬렁 가보는 것도 좋다. 물론 앱을 깔아 예약을 하고 가는 것이 좋다. 무작정 들이대면 자리가 없어 헛걸음할 수 있고 시간이 안 맞아 관람하기도 전에 지칠 수 있다. 영화만 한 달에 한두 번 봐도 인생이 금세 즐거워질 수 있다. 영화를 보면 세상의 흐름을 간접적으로 경험하고 그 과정에서 새로운 취미를 얻거나 동기부여의 자극을 받을 수 있다.

도심 트레킹을 다니는 것도 좋다. 약속이 딱히 없는 토요일 오전 10시쯤 무조건 출발해 돌아다니다가 점심도 적당한 곳에서 먹는 식이다. 서울만 해도 많이 바뀌고 있어서 가볼 곳이 많다. 이같이 혼자 노는 것은 물론 상책이 아니다. 어울릴 '친구'가 있다면 얼마든지 모임을 만들어 함께하는 것이 좋다. 여자들은 혼자서 화창한 날 도서관에서 궁상스럽게 책을 보거나 소파에서 뒹굴며 TV 시청을 하지 않는다.

물론 너무 강박관념에 사로잡힐 필요는 없다. 늘 누군가와 함께 시간을 보낼 이유는 없다. 혼자 노는 것도 때로는 불가피할 때가 있다. 하지만 그저 만나면 술을 마셔야 하고 연장자라는 이유로 혼자서 술값, 밥값을 다 내는 그런 전통적인 방식으로는 노후 30년을 버티기 어렵다는 점을 인정해야 한다. 여행도 함께하면 더 즐겁지 않은가.

여성의 백세시대 적응법

여자에게는 다른 리스크가 도사린다. 아이러니하게도 남자보다 더 오래 사는 데 따른 리스크다. 한국의 기대수명은 남자 80세 나이가 더 들면 여자들에게도 고난이 찾아온다. 통계청에 따르면 2015년에 태어난 출생아의 기대 수명은 82.3년으로 해마다 증가하고 있다. 남자의 기대 수명은 79년, 여자는 85.2년으로 OECD 평균보다 각각 1.1년과 1.9년 더 길었다. 남녀의 차이는 6.2년이다.

하지만 현재 고령자의 남녀 기대수명은 이보다 훨씬 벌어져 있다. 남자가 사망한 뒤 여자는 10년가량 더 오래 산다. 문제는 노후자금이다. 여생을 보낼 만큼 준비했다면 다행이지만 그렇지 않다면 여자들은 노후 빈곤에 직면할 가능성을 배제할 수 없다. 독거노인으로 지내다가 고독사할 가능성도 있다.

여자들은 이때를 대비해야 한다. 혼자 남았을 때 85세를 거쳐 90세를 넘기면서 위기에 직면하게 된다. 이미 친구들 간 왕래도 거의 없어진다. 사회생활이 사실상 끝난 상태에서 자립보행이 어려워지고 자립 취사나 식사도 힘들어진다. 결국 거동이 불가능해져 침대에 드러누워 있는 와상환자라도 되면 가족이 돌보는 것도 어려워진다.

이때를 대비해 여자들은 최종적으로 여생을 의탁할 비상자금을 끝까지 확보해야 한다. 고급 실버타운까지는 아니라도 식사와 빨래, 목욕을 시켜주는 정도의 요양시설에 들어갈 수 있는 인생 최종 자금을 확보해두라는 것이다. 그렇게 해야 깨끗하게 여생을 마무리할 수 있다. 백세시대의 피할 수 없는 통과의례라고 보면 마음이 편할 것이다.

졸혼에도 대비하라

일본에서 이혼한 건 아니지만 사실상 결혼을 끝내고 독립적으로 살아가는 부부가 등장하기 시작했는데 한국에도 6070세대 사이에 졸혼(卒婚) 현상이 슬슬 나타나고 있다. 결혼 상태를 사실상 끝낸다는 의미에서 해혼(解婚)이라고도 한다.

유례 없는 장수시대가 불러온 결혼생활의 신풍속도다. 집에 방이 많으면 각방을 쓰는 식의 사실상의 졸혼도 있다. 이런 상황은 은퇴한 부부가 하루 종일 집에서 함께 지내게 되면서 발생하기 쉽다. 갑자기 생활환경이 바뀌면서 갑갑하고 불편해질 수 있어서다. 사실 부부라도 하루에 대화 시간은 길지 않다. 아침에 집을 나와 해가 저물어 귀가하기 때문에 직장 동료와의 대화가 더 많은 것이 현실이다.

장수시대로 나타난 '졸혼 현상'

이렇게 한평생을 보내고 퇴직해서야 함께 하루 종일 지내면 부부 사이라도 불편할 수 있다. 사실 부부도 독립적 개체이기에 생활습관이나 생각이 조금씩 다를 수밖에 없다. 그런데 은퇴한 부부가 하루 종일 함께 지내면 이런 생활의 변화 때문에 서로 불편해질 수 있다는 게 전문가들의 설명이다. 젊어서는 괜찮았는데 나이가 들면서 코를 심하게 곤다든지 '삼식이'가 되는 것이 대표적인 사례다.

졸혼은 이런 배경에서 고개를 들고 있다. 부부가 이혼하지 않았지만 서로 얽매이지 않고 각자 독립적으로 생활한다는 얘기다. 아예 따로 거주하면서 평소 각자 생활을 하다 집안에 생일·결혼 같은 대소사가 있을 때만 만나거나, 한집에 살아도 독립적으로 지내는 소극적인 졸혼도 적지 않다고 한다.

과거에는 없던 이런 현상은 백세시대가 되면서 나타나고 있다. 2015년 생명표에 따르면 기대수명은 남녀 평균 82.3세로 증가했다. 남자는 79세, 여자는 85.2세까지 살 수 있다. 중대 질병이나 사고를 당하지 않으면 실제 기대수명은 훨씬 길어진다. 환갑 잔치는 거의 자취를 감추었고 칠순이나 팔순도 간략하게 치르고 오래 사시라는 의미에서 구순 잔치를 하는 집안이 늘어나는 것도 이런 추세를 반영한 것으로 보인다.

더구나 남녀 간 기대수명 차이는 줄어드는 추세로 나타났다. 남녀 간 기대수명 격차는 1985년 8.6세에서 2015년 6.2년으로 좁혀졌다. 수명은 길어지고 부부가 말 그대로 '백년해로'하는 시대가 열리고 있는 것이다. 졸혼은 이러한 인간 생태계의 변화에 따른 자연스러운 현상이라고 할 수 있다.

어떤 형태든 결혼에 얽매이지 않게 되면 인생이 훨씬 자유로워질지도 모른다. 아예 결혼하지 않는 싱글족이나 결혼을 끝낸 돌싱도 나 홀로 살기의 장점을 선택한 경우라고 할 수 있다. 졸혼에 직면하거나, 스스로 선택한다면 그에 맞춘 대비와 새로운 인생 설계가 필요하다. '쿨'해 보이지만 졸혼에 숨겨져 있는 리스크도 놓쳐선 안 된다. 노후를 더 황량하고 고독하게 할 수 있기 때문이다.

섣부른 졸혼 보다는 쿨한 백년해로

이에 대비하기 위해선 무엇보다 경제력이 뒷받침돼야 한다. 소일거리가 있으면 금상첨화다. 졸혼은 이혼과 다르기 때문에 집안의 대소사는 물론이고 일상적인 경제적 부담은 달라질 게 없다. 나 홀로 귀농·귀촌이라도 하려면 자금이 필요하다. 자녀들에게 미치는 부정적 영향도 무시할 수 없다.

이런 '비용'을 감당할 능력이 안 되면 졸혼보다는 백년해로가 낫다. '님아 그 강을 건너지 마오'처럼 말이다. 이들 부부는 남편이 세상을 떠날 때까지 76년간 일생을 함께했다. 이들은 개인의 자유보다 소박한 부부의 삶이 더 행복하다는 걸 보여줬다. 어느 쪽을 선택하든 장수는 노후의 결혼생활에도 영향을 미치고 있다. 백년해로든 졸혼이든 건강과 노후 생활자금에 대한 준비는 빈틈이 없어야겠다.

황혼이혼

'50대 남자 넷이 모이면 한 명은 이혼을 했거나 경험했다.' 이혼이 많은 현실을 빗댄 우스갯소리만은 아닌 것 같다. 통계청의 '2015년 연령별 1인 가구 현황' 조사에서도 50대 1인 가구는 2010년 60만1000가구에서 2015년 87만8000가구로 46.1% 증가한 것으로 나타났다.

단신 부임이나 기러기 아빠 같은 사정도 있겠지만 이혼이 늘어난 영향이 적지 않은 결과로 봐야 한다. 이혼한 사실을 툭 털어놓은 50대 중반 남성의 사례를 통해 황혼이혼이 어떤 이유에서 발생하는지 들어봤다.

그는 싱글로 돌아왔지만, 유종의 미를 거두지 못한 자신의 결혼생활을 반면교사로 삼으라는 듯 이혼에 이를 수밖에 없었던 사회적 배경과 남자가 행복한 결혼생활을 할 수 있는 노하우를 전해줬다. 기대수명이 환갑 언저리(61.9세)에 불과했던 1970년만 해도 거의 없었던 이혼이 급증한 것은 오래 살게 된 것과 무관하지 않다. 2015년 기대수명은

82.3세를 기록했다. 다음은 이혼한 50대 남자와의 대화록이다.

Q 왜 이혼을 결심했나요.

A "서로 조화되지 못했는데 앞으로도 달라질 건 없다는 결론에 도달했습니다."

Q 자녀 결혼이라든지 집안의 대소사는 어떻게 할 건지요.

A "자녀들에게 선언을 했습니다. 나는 다시는 (전 아내를) 보지 않겠다고 했습니다. 어떤 사람들은 (이혼하고도) 사이 좋게 지내는 경우도 있지만 그러고 싶지 않습니다."

Q 자녀들이 힘들어하지 않을까요.

A "성년이 됐으면 어차피 자기 인생을 사는 거라고 말해줬습니다."

Q 왜 이혼할 수밖에 없었나요.

A "늘 일이 먼저였고, 업무의 연장이라는 이유로 밤 늦게 귀가하고, 주말에도 가족보다는 바깥에서 시간을 보낸 게 더 많았습니다. 과거에는 일반적이었지만 요즘엔 인정받지 못하는 가장의 모델입니다."

Q 나 홀로 노후가 외롭지 않을까요.

A "남자와 여자는 확실히 차이가 있는 것 같아요. 팔불출이라 해서 남자는 사적인 얘기를 거의 안 합니다. 그런데 여자들은 서로 만나면 남편 얘기, 자식 얘기를 합니다. 그러니 대화의 내용이 풍부하고 관계도 오래갑니다. 밥값도 보통 더치페이 하니 부담이 없습니다."

Q 남자는 역시 다르죠.

Ⓐ "우리 세대는 그저 만나면 술이죠. 폭탄주를 돌리고, 2차로 이어집니다. 대화도 나라 이야기, 회사 이야기만 합니다. 그러니 술자리가 무겁고 커집니다. 나이가 들수록 사람을 만나기 어렵게 됩니다."

Ⓠ 여자는 어떤 점이 다른가요.

Ⓐ "디테일이 강합니다. 커피 한 잔 하면서 몇 시간씩 수다를 합니다. 드라마 한 장면을 가지고도 계속 얘기합니다. 다 그런 건 아니겠지만 아무래도 남자는 백세시대가 어려운 것 같습니다."

Ⓠ 어떻게 해야 할까요.

Ⓐ "남자도 여자처럼 생각하고 행동할 필요가 있습니다. 집안 이야기도 많이 해야 합니다. 자신을 위해 돈 쓸 줄도 알아야 합니다. 늘 와이프가 해주는 대로 하다 보면 옷 하나 못 사는 사람이 됩니다."

Ⓠ 안목이 많이 생기시겠습니다.

Ⓐ "그거 조금 하다 보니 재미도 있습니다. 집안일도 하다 보니 주부 9단 비슷하게 되어가고 있습니다."

Ⓠ 다시 싱글로 돌아오면 시간이 많이 늘어날 텐데, 어떻게 보내실 건가요.

Ⓐ "사회적 모임에 나가서 친구를 많이 사귀라는 조언도 있는데 알아보고 있습니다."

Ⓠ 외국에서도 사셨는데, 거기는 어떤가요.

Ⓐ "아시아와 미국에 살아봤는데, 미국은 가족 중심입니다. 일 끝나면 바로 귀가합니다. 밖에서 술마시고 놀 곳도 없습니다. 이혼하는 배경이 우리와는 다른 것 같습니다."

자식에 기댈 생각은 접어라

자녀 결혼비용으로 허리가 휘어지는 사람들이 많다. 경제력이 있으면 있는 대로 없으면 없는 대로 있는 돈, 없는 돈 모두 동원하는 게 한국의 풍속이다. 신혼부부 둘 다 직장에 다니는데도 부모에게 신혼여행비까지 타 가는 경우도 있다고 한다. 결혼한 자녀 부부에게 신혼집을 마련해주고 소형 주택으로 줄여 이사를 가면서 우울증에 시달리는 사람도 적지 않다는 이야기도 회자된다.

베이비부머는 부모를 부양하는 마지막 세대다. 과거 전통 사회에선 자녀가 장성하면 노쇠한 부모를 모셨다. 고령화가 본격화하기 전이던 1990년대만 해도 자녀가 부모에게 생활비며 용돈을 보내는 전통이 보편적이었다. 하지만 1~2차 베이비부머를 끝으로 이런 전통은 차츰 사라져가고 있다.

자녀로부터의 부양 기대 접어라

1차 베이비부머는 1955~63년 사이에 태어난 710만 명의 인구집단이고, 2차 베이비부머는 68~74년 사이에 출생한 604만 명이다. 한국 사회에서 이들 40대 이상 세대까지는 부모 부양에 대한 의무감을 대체로 갖고 있다. 그런 전통을 보면서 자랐고 형제가 많아 서로 보고 배워 자연스러웠다.

하지만 1차 베이비부머의 자녀·조카뻘인 '에코 베이비부머'는 다르다. 79~85년 사이에 출생한 이들 3차 베이비부머 세대 540만 명은 앞 세대와 다른 인구 특성을 갖고 있다. 이들은 10대 때 한국 사회가 외환위기를 겪은 뒤 저성장 체제로 접어들면서 취업에 어려움을 겪은 세대다. 이들의 부모는 1차 베이비부머 세대로, 본격적으로 100세 장수를 바라보는 인구집단이다.

자녀 지원 한도 선 긋기

이렇게 장수하는 부모를 자녀가 부양하는 것은 현실적으로 가능하지 않다. 이미 일본에서는 '노노(老老) 부양'의 한계가 적나라하게 드러나고 있다. 70대 자녀가 90대 부모를 정상적으로 모시는 것은 체력적으로도 경제적으로도 어렵다. 결국 확실하게 믿을 수 있는 것은 자신만의 노후 준비밖에 없다.

노후에도 믿을 수 있는 건 제 앞가림도 힘든 자식보다는 탄탄한 재무적 준비와 건강관리밖에 없다는 얘기다. 자녀 결혼을 도와주는 것도 중요하지만 무리하게 도와주면 노후 빈곤을 피하기 어렵다. 따라서 자녀에게 평소 지원 범위와 한계를 설명하고 분명한 선 긋기를 해놓아야 한다.

자녀의 결혼이 노후를 빈곤으로 빠뜨리는 '중대한 리스크'가 되는 이유는 고령화 탓이다. 과거에는 환갑을 지내고 10년 안팎이면 인생을 마감했다. 1970년 기대수명은 61.9세였다. 이로부터 43년이 흐른 2015년의 기대수명은 82.3세에 이른다.

주택 포함 결혼 비용 2억3798만 원

문제는 이를 실감하지 못하는 데서 비롯된다. 집 팔아서, 빚까지 내가면서 자녀 결혼비용을 지원하고 나서도 30년을 살아야 한다. 조사기관마다 차이가 있지만 남자는 주로 집을 마련하느라 1억5000여만 원이들고, 여자는 주로 혼수 마련에 8000여만 원이 든다고 한다.

웨딩컨설팅 듀오웨드가 발표한 '2015 결혼비용 실태 보고서'에 따르면 신혼부부 한 쌍당 실제 총 결혼자금은 주택 비용을 포함하면 평균 2억3798만 원에 달했다.

전체 결혼비용을 세부 항목별로 살펴보면 예식장 1593만 원, 웨딩패키지 297만 원, 신혼여행 451만 원, 예물 1608만 원, 예단 1639만 원, 가전·가구 등 혼수 1375만 원, 주택 1억6835만 원으로 집계됐다. 주택자금은 서울·수도권 1억8089만 원, 지방(강원, 영남, 충청, 호남 등) 1억5419만 원으로 조사됐다.

신혼 주택 마련에 들인 전국 평균 비용은 약 1억6835만 원이었다. 총 결혼비용 2억3798만 원에서 남성은 1억5231만 원(64%), 여성은 8567만 원(36%)을 분담했다. 지역별로는 서울·수도권에서 남성 1억6476만 원, 여성 9268만 원, 지방에서는 남성 1억3828만 원, 여성 7778만 원을 사용했다.

통계청의 2015년 가계금융복지조사에 따르면 50대 중산층의 평균 자산(거주 주택 포함)은 3억1543만 원이다. 자녀 결혼 지원이라도 하게 되면 거의 쪽박을 차고 '노후 파산'에 직면할 수도 있다는 얘기다.

자녀 결혼 리스크를 극복하려면?

이는 어디까지나 평균이다. 경제력이 있는 신혼부부는 더 많을 수도 있고, 이보다 훨씬 비용이 적게 들 수도 있다. 결혼식에 가보면 부모의 마음을 알 것도 같다. 호텔이든 웨딩홀이든 빛나게 결혼식 치르는 모습을 보면 어느 부모가 그렇게 하고 싶지 않을까 싶다. 더구나 조금이라도 쾌적한 주거환경에 살기를 바라지 않는 부모가 어디 있을까.

하지만 퇴직 후에도 생계를 위해 계속 일해야 하는 반퇴시대의 현실은 냉혹하다. 우선 '3포 시대'에 산다는 자녀의 처지를 보자. 3포 시대는 연애·결혼·출산을 포기하고 산다는 의미다. 직장을 구하기 어렵고, 구해도 나이가 들어 느지막하게 구하고, 그러니 결혼자금을 모으기도 어렵다.

사정이 이렇다 보니 부모는 자녀가 결혼만 해도 고마울 거다. 금융자산을 최소 10억 원 이상 갖고 있는 부유층이 아니라면 장삼이사의 경우 결국 부모가 집 팔고 빚 내서 자녀 결혼자금을 대고 나설 수밖에 없다는 얘기다.

이 같은 자녀 결혼 리스크를 회피하려면 어떻게 해야 할까. 참 어려운 얘기이지만 이 리스크를 피하려면 철저한 대비가 필요하다. 왕도는 없다. 그러나 차선책은 있다. 우선 자녀에게 처음부터 결혼에 대한 독립심과 자립심을 키워줘야 한다.

자신의 결혼자금은 최대한 스스로 마련하라고 평소에 교육시켜야 한다. 부모가 지원해줄 수 있는 범위는 어디까지라고 선을 그어놓는 것도 필요하다. 부모가 지원해줄 부분은 결혼 직전에 집을 팔거나 빚을 내는 방식이 아니라 평소에 준비해야 한다. 계란을 안전하게 보관하려면 한 바구니에 담지 않는 것처럼 자녀 결혼에 지원할 자금 역시 다른 용도와 분리해 모아두어야 한다는 얘기다.

그런 준비 없이 결혼에 직면해 돈을 융통하려면 집을 팔거나 연금을 깨는 불상사가 벌어질 수 있기 때문이다. 이외에도 방법은 많을 것이다. 집집마다 사정도 천차만별이어서 일반화할 수도 없다.

하지만 분명한 것은 남자 평균 1억5000만 원(여자는 8500만 원)에 달하는 결혼자금을 자녀가 스스로 모두 마련하는 것은 불가능하다는 점이다. 고소득 전문직이 아닌 장삼이사 직장인이 1억5000만 원을 모으려면 아무리 빨라도 6~7년이 걸리기 때문이다. 그렇다면 부모가 어느 정도 지원에 나설 수밖에 없다.

어떤 상황이든 부모 주머니에서 돈이 나와야 한다는 얘기다. 이를 결혼이 코앞에 닥쳤을 때 준비하려면 노후 빈곤으로 전락하는 지름길이자 보증수표가 될 수 있다는 점을 잊어선 안 되겠다.

장성한 자녀의 귀환을 막아라

———— ⚔ ————

미국의 임상심리학자 댄 카일리(Dan Kiley)는 1983년《피터팬 증후군》에서 신체적으로 어른이 되었지만 책임을 지고 싶지 않아 자신의 의지로는 아무것도 결정하지 않으려는 심리 상태를 설명했다. 1970년대 미국에서 피터팬 증후군이 나타나기 시작한 데는 경기 침체의 여파가 컸다. 고도성장이 멈추면서 마초 같은 남성들의 사회경제적 활동력이 약해졌고 실업률 증가로 경제적 자립이 어려워지면서 가족을 비롯해 타인에게 의존적인 모습이 나타났다고 한다.

'3대 폭망' 중 하나, 장성한 미혼 자녀 부모집 귀환

이런 현상은 경제발전 단계에 따라 미국에 이어 일본으로 퍼져나가더니 최근 한국에서 슬슬 고개를 들고 있다. 일본에서는 1990년대 '잃어버린

20년'을 거쳐오면서 피터팬 증후군에 빠진 사람들이 등장하기 시작했다.

취업이 어려워지면서 알바를 비롯해 단시간 근로자로 20~30대를 보낸 뒤 40대로 접어들어 어쩔 수 없이 부모의 집으로 돌아오는 경우다. 사회 진출과 결혼을 미룬 결과 중국에는 부모에게 경제적으로 의지하는 피터팬이 되고 있다는 얘기다.

한국에도 이런 현상이 슬슬 나타날 때가 됐다. 그런데 장성한 미혼 자녀의 귀환은 백세시대에 꼭 피해야 할 세 가지 폭탄의 하나로 꼽힌다. 그 세 가지는 첫째가 치명적 질환이다. 암이나 치매에 걸리면 노후는 '폭망'이 된다.

둘째는 사별이다. 젊은 시절 아무리 잘 지냈어도 노후 사별은 인생 후반전을 황폐하게 만든다. 연인에서 부부를 거쳐 황혼의 반려자가 필요한 시점에 사별하면 인생의 안정감이 무너지고 삶의 질은 급격히 저하된다. 세 번째 폭탄이 바로 장성한 미혼 자녀의 귀환이다.

결혼 이후에도 계속 돈 대줘야 하면 '노후 폭탄'

한국보다 앞서 이 경험을 하고 있는 일본에서는 사실상 피터팬으로 볼 수 있는 30~40대 인구가 350만 명에 달하는 것으로 조사되고 있다. 사회 진출과 결혼을 미루다 불혹의 나이에 다시 부모 품으로 돌아오는 것은 이들 세대의 경제사회적 여파라고 볼 수 있다.

만성적 불황과 저성장으로 취업이 잘 안 되니 교육 기간이 길어지고 바늘 구멍만큼 좁아진 취업 관문을 뚫는 것도 어려워지면서 어쩔 수 없이 다시 부모 집으로 돌아오고 있다. 이같이 부모에게 경제적으로 의지하는 현상은 한국에서도 심화될 수밖에 없다. 3포(연애·결혼·출산)니 5포 세대라는 신조어가 유행어가 되고 수저계급론까지 나오고 있으니 부모에게 의존하려는 자녀를 외면할 수도 없다. 과거의 잣대로는 이해할 수 없지만 기성세대는 이를 받아들여야 한다.

문제는 자칫 결혼 이후에도 계속 돈을 대느라 노후가 고달파질 수 있다는 점이다. 이를 예방하려면 평소 자녀에게 독립성을 강조하고 자신의 노후 대책은 스스로 마련함으로써 의존도를 줄이는 노력도 필요하다. 그래야 자녀가 독립성을 갖고 자신이 할 수 있는 최선을 다하는 어른으로 자랄 수 있다.

피터팬 증후군은 2030세대의 기혼 캥거루족과는 구분해야 한다. 기혼 캥거루족은 불황의 여파로 부모 집에 신혼방을 꾸리는 젊은 세대다. 서울에선 수억 원씩 하는 아파트 전셋값을 무리해서 마련할 바에는 경제적 기반을 마련할 때까지 부모와 동거하는 것도 좋은 방법이다. 핵가족이 일반화된 현대 사회에 새로운 형태의 3대(代) 동거가 시작되고 있는 셈이다. 다만 여기서도 피터팬 증후군 감염을 경계해야 한다. 꼭 같이 살지 않아도 결혼하고 나서도 부모에게 매달 용돈을 받고 아이 유치원비를 받는 경우가 적지 않다고 한다. 캥거루족이 되면 이럴 가능성도 배제할 수 없다.

손주와 놀아줘라

'한 아이를 키우려면 온 마을이 필요하다'는 아프리카 속담이 있다. 전통 사회에서는 실제로 자라는 과정에서 뉘집 아이인지 동네 사람이 다 알았고 부모가 집을 비우면 이웃집에서 돌봐주기도 했고 젖을 먹여주거나 숟가락 한 개를 더 얹어 함께 밥을 먹기도 했다.

하지만 현대 사회에서는 양상이 완전히 달라졌다. 마을이 오간 데 없어지면서 조부모가 그 역할을 온전히 떠안는 경우가 많다. 서울 서대문구에 사는 박모(67)씨 부부는 '황혼 육아'에 여념이 없다. 직장에 다니는 30대 중반의 딸 부부가 수시로 세 살배기 아이를 맡겨두면서다.

환갑이 훌쩍 넘은 나이에 쉬운 일이 아니지만 딸 부부를 위해 선택의 여지가 없다. 아이를 돌봐달라면서 딸 부부가 아예 박씨네 집 근처로 이사를 왔기 때문이다. 이같이 맞벌이 가구 상당수는 조부모에게 육아를 의존하고 있다. 통계청에 따르면 맞벌이 가구 중 절반은 일정 기간 또는 수시로 조부모에게 육아를 맡기고 있는 것으로 조사되고 있다.

아이를 맡기는 입장에서 조부모는 장점이 많다. 우선 꼬리를 물고 있는 육아시설의 아동 학대를 걱정할 필요가 없다. 더구나 조부모가 아이를 키우면 아이의 신체, 언어, 인지, 정서 발달에도 도움이 된다는 연구 결과도 보고되고 있다.

문제는 손주를 보는 일이 간단하지 않다는 점이다. 요즘 조부모는 활력이 넘친다. 은퇴한 뒤에도 여가를 즐기며 호젓하게 지내고 싶은 것이 솔직한 마음이다. 더구나 친구들이 수시로 불러내는데 손주를 돌보게 되면 자신의 노후를 희생해야 한다.

더 큰 문제는 육아 방식이나 아이와 놀아주는 방법을 모른다는 점이다. 너무 오래된 일이고 시대가 바뀌면서 육아 방법도 달라지면서다. 특히 가부장적 문화에 익숙한 과거 세대는 자녀와도 정겹게 놀아준 경험이 없다. 그러니 손주와 놀아주고 싶어도 방법을 모른다. 요즘 아이들은 노는 방법이 다른 것도 문제다.

조부모 육아교실 이용

다행스러운 것은 황혼 육아가 늘어나면서 조부모 육아교실이 열리고 있다는 점이다. 지방자치단체가 주민 복지 차원에서 실시하고 있는데, 어린 손주와 놀아주기는 물론이고 신생아 돌봐주기도 교육 대상이다. 손주 출산을 앞둔 조부모도 교육을 받을 수 있다.

교육은 서너 차례 프로그램으로 진행된다. 성장 마사지, 안전하게 돌보기, 대화법과 동화 들려주기, 목욕과 재우기 같은 신생아 육아 기술도 가르친다. 올바른 육아 방법 교육으로 양육에 대한 자신감을 높이고 육아로 인한 세대 간 갈등을 해소할 수 있는 기회다.

조부모는 경험이 있기 때문에 아이를 잘 보살필 것 같지만 그렇지 않다. 시대가 바뀌면서 양육 방식도 바뀌면서다. 옛날에는 그냥 놔두면 알아서 컸고, 울거나 보채면 먹을 것을 주면 됐지만 아파트 살이를 하는 도시에서는 불가능하다. 아이가 아프기라도 하면 어떻게 응급처치하고 병원에 데리고 가야 할지도 모른다. 최소한의 재교육이 필요한 이유다.

그러다 보니 황혼 육아에 따른 스트레스도 적지 않다. 일부 조부모는 "이 나이에 놀지도 못 하고 다시 아이를 봐야 하는가"라는 생각에 우울증에 빠지는 경우도 있다고 한다. 육아 방식을 둘러싸고, 아이를 맡긴 자녀와의 갈등도 빚어진다. 이런 문제를 사전에 예방하고 손주를 더 잘 돌봐주려면 시·군·구청에서 실시하는 조부모 육아교실에 참석하는 것이 좋다. 복지 차원에서 실시하므로 비용은 기본적으로 무료다.

손주가 유치원을 거쳐 초등학교에 들어가도 조부모의 역할이 필요한 경우가 있다. 출근하는 자녀를 대신해 손자녀를 유치원에 보내주고 데려오거나, 초등학교 저학년이라면 방과 후 귀가했을 때 함께 놀아줄 수도 있다.

자녀와 멀리 떨어져 살아도 조부모의 손주 돌봐주기가 필요한 경우가 있다. 자녀가 직장을 위해 손주를 일시적으로 맡겨두거나 주말에 놀러오는 경우다. 요즘 아이들의 눈높이에 맞춰 대화하려면 아이들 수준에 맞는 다양한 이야깃거리도 있어야 한다.

피할 수 없으면 즐기라고 했다. 장수시대가 되면서 손주가 대학생이 되는 것은 물론 결혼하는 것까지 보게 된다. 아이를 잘 돌봐주면 노후에 손주와의 관계도 좋아지게 된다.

자녀도 부모의 귀중한 여가 시간을 빼앗는 만큼 예를 갖춰 부탁해야 한다. 부모님이 경제적 자립 정도가 취약하다면 적정한 수준의 용돈을 드리는 것도 잊어선 안 된다. 무엇보다 육아 방식에 대해서는 '역지사지'의 자세로 서로를 이해해야 한다.

조부모는 "내가 너 키울 때는 이렇게 안 했다"는 식으로 얘기할 때 무조건 반박만 해선 안 된다. 조리 있게 세태 변화를 설명하면서 부탁을 해야지, 무조건 요즘 방식을 따르라고 할 일이 아니다.

결국 아이를 맡기는 젊은 부부의 역할이 중요하다. 은퇴해 여가를 즐겨야 할 부모의 황혼 육아 고충을 잘 이해해야 한다. 이를 위해서는 평소 부모에게 불편한 점이 없도록 해야 한다. 조부모 역시 젊은 자녀를 위해 손주 육아를 최대한 돕는 게 좋다.

노인종합복지관을 이용하라

경기도 성남시 분당구에 사는 최모(89)씨는 하루하루가 즐겁다. 그 즐거움은 노인종합복지관에서 비롯된다. 2006년 분당으로 처음 이사왔을 때는 막막했다. 여든을 바라보는 나이에 낯선 곳으로 이사를 왔으니 친구도 없고 갈 곳도 없었다.

하지만 이사온 지 2년 만에 집 근처에 노인종합복지관이 문을 열면서 인생이 확 달라졌다. 그는 "노인종합복지관은 놀이터이자 학교"라며 "아침마다 복지관 가는 재미에 하루를 시작한다"고 말했다. 복지관에 가면 아무리 나이가 많아도 학생처럼 마음이 새로워진다. 운영 방식과 환경이 대학교와 비슷하다.

문화나눔터에서 친구들을 만날 수 있고 건강관리실에서 진료를 받을 수 있다. 법률·세무 문의가 가능한 상담실이 있고 자원봉사자실도 갖춰져 있어 궁금하거나 고민거리가 있으면 언제든 도움을 청할 수 있다.

체력단련실에서 근육운동과 유산소운동을 하다가 함께할 사람이 있으면 장기·바둑실에서 시간을 보낼 수도 있다. 정원에서 산책을 하고 계절마다 바뀌는 자연의 변화를 느낄 수 있는 것도 복지관의 재미라고 할 수 있다. 탁구장·당구장이 다 갖춰져 있으니 오락과 여가를 함께 즐길 수 있는 것도 복지관의 장점이다.

대학 못지않은 복지관의 매력

무엇보다 수강신청을 통해 배우고 익히고 싶은 것들에 얼마든지 빠져들 수 있다는 점이 복지관의 매력이다. 요즘 복지관은 평생교육을 지향한다. 교양부터 정보화 교육까지 21세기 디지털 사회를 살아가는 데 필수적인 지식과 상식을 가르친다. 프로그램은 웬만한 대학을 뺨친다.

교양 교육으로는 한문교실, 일어독해, 일어회화, 중국어, 한글교실이 수강자의 수준에 맞춰 초·중·고급 과정이 모두 개설되고 있다. 건강 증진 프로그램으로는 단학기공, 태극권, 맷돌체조, 양생체조, 실버에어로빅, 댄스, 요가, 국선도, 당구, 탁구, 헬스 등이 제공된다. 헬스시설은 참가비 정도의 최소한의 이용료를 부담하기도 한다.

취미여가 프로그램은 더욱 풍부하다. 한글서예, 한문서예, 사군자, 수지침, 바둑교실, 오카리나, 통기타, 노래교실, 민요교실, 수채화 그리기 등 '문·사·철'이 모두 가능하다. 여기까지는 사실 크게 놀랄 것도 없다. 하지만 정보화 교육은 젊은 층의 상상을 초월한다. 컴퓨터 기본 작동을 물론이고, 이동식 디스크와 웹클라우드 활용에서 인터넷·문서 활용까지 복지관에서 배울 수 있다.

고령자들은 스마트폰 활용 능력이 떨어질 것이라고 생각하면 오산이다. 복지관에서 포토와 영상 편집까지 배운 어르신들은 자신의 50대 아들·딸보다 디지털 기기 활용 능력이 앞서기도 한다. 사진은 물론 영상을 편집해 자신의 스마트폰에 올리고 카톡이나 페이스북에 퍼다 나르기도 한다. 유튜브에서 동영상을 꾸준히 올리는 경우도 있다. 스마트폰에 밀려 이용자가 줄긴 했지만 DSLR을 배워 본격적으로 사진 찍기를 하고 다니는 어르신도 적지 않다.

서울 마포구에 사는 대학생 진모(26)씨는 "여든일곱 되신 할머니가 복지관에서 스마트폰을 배우면서 나에게 카톡을 보내신다"며 "포토 편집까지 할 수 있어서 손자들의 사진을 귀엽게 만들어 보내주신다"고 말했다.

노후를 바꿀 수 있는 중요한 공간

이같이 복지관은 잘 활용하면 노후를 완전히 바꾸어놓을 수 있는 공간이 된다. 특히 65세 이상 고령자는 아날로그 세대여서 디지털 문화에 익숙하지 않다고 생각하기 쉽지만 복지관 이용자들을 보면 이는 완전히 편견에 불과하다는 것을 알 수 있다.

복지관에 다니는 고령자들은 전문강사로부터 체계적인 디지털 교육을 받기 때문에 오히려 체계적인 교육을 받을 기회가 없는 50대 직장인보다 자유자재로 스마트폰을 이용하는 경우가 적지 않다.

서울 강동구에 사는 김모(90)씨는 카톡방이 10여 개에 이른다. 친구들 상당수가 사망했지만, 복지관에 만난 동료들과 의사소통하는 수단으로 카톡을 사용한다. 두 살 연하인 아내와도 카톡으로 대화를 주고받을 때가 많다.

복지관이 백세시대를 맞아 적극적으로 활용해야 할 시설로 떠오르고 있다. 어르신이 복지관에 나가면 좋은 점이 한두 가지가 아니다. 우선 시간을 보낼 수 있다. 다양한 프로그램이 마련돼 있으니 재미 있게 시간을 보낼 수 있다. 학교처럼 엄격하게 출석해야 하는 것도 아니면서 규칙적으로 나갈 곳이 있으니 생활에 리듬과 탄력이 붙는다.

더구나 80세가 넘으면 만날 친구가 없지만 복지관에서는 많은 친구를 자연스럽게 만날 수 있다. 80세가 넘으면 상당수가 이미 사망하거나 몸이 안 좋아지면서 사회적 관계가 단절된다. 하지만 복지관에는 비교적 건강한 고령자들이 출입하니 함께 건강한 기운을 받을 수 있다. 활동이 왕성하면 몸도 아프지도 않으니 금상첨화다.

그러나 자식들의 도움과 지원이 필수적이다. 분당 최씨나 강동구 김씨는 건강 체질이고 활동적이며 사교적이라 복지관을 잘 활용하는 사례다. 하지만 80세가 넘으면 일반적으로 활동력이 떨어지고 새로운 지식을 흡수하는 능력도 떨어진다. 따라서 나이든 부모님이 복지관을 잘 활용할 수 있도록 초기에는 자식이 직접 부모님을 모시고 복지관에 등록시켜줄 필요가 있다. 프로그램도 어떤 것이 적합한지 복지관 관계자와 상담해 자식이 짜주는 것이 좋다.

은행원 전모(46)씨가 바로 그런 경우다. 그는 80대 중반 부모님이 복지관에서 시간을 보낼 수 있도록 프로그램을 직접 짜주고 있다. 마치 유치원 다니는 어린이를 돌보듯 연로한 부모님이 복지관 프로그램을 잘 활용할 수 있도록 도와주는 것이다.

전씨는 "99세까지 팔팔하게 살다가 이틀을 앓고 3일째 죽는(死) 것이 행복한 인생이라는 의미의 '9988234'라는 말이 있듯 부모님이 아프지 않고 최대한 건강수명을 오래 유지하는 데 도움이 된다는 생각에 복지관을 적극 활용하고 있다"며 "복지관 시설이나 분위기를 자식도 잘 알아둬야 안심하고 부모님이 이용할 수 있어 직접 프로그램을 챙겨드린다"고 말했다.

복지관 이용자가 늘고 노인 복지에 대한 관심이 커지면서 전국 지방자치단체들도 복지관 투자에 힘을 쏟고 있다. 하지만 아직 복지관이 충분하지 않다. 동 단위로 있으면 좋겠지만 현재로는 구 단위로 운영되고 있는 것이 고작이다. 건강은 본인이 챙겨야 할 부분이지만 기나긴 노후에 마땅히 갈 곳 없는 노인들이 안락하고 즐겁게 시간을 보내려면 노인종합복지관에 대한 투자를 확대하는 것이 바람직한 이유다.

더구나 복지관은 강사들을 많이 필요로 하므로 일자리 창출에도 기여할 수 있다. 복지관이 늘어날수록 일자리도 많이 늘어나는 것이므로 복지관 건립을 확대할 필요가 있다. 그냥 앉아서 TV나 보는 양로원을 현대화해 복지관으로 확대시키는 것도 좋은 방안이 될 것이다.

인적 네트워크를 리셋하라

"회비 납부는 바로 '소속감'과 직결이라고 ~^^."
"모든 회원들 이달 중 완납하자고 분위기 띄우셔~~."

　어느 모임의 '단톡방' 대화 내용이다. 이들 중 상당수는 학교를 졸업
한 후에는 거의 소식을 끊고 살았다. 취직하랴 결혼하랴 아이 키우랴
회사일 열중하랴 열심히 사느라 정신없이 지내면서다. 그사이 20여 년
세월이 눈 깜짝할 사이 지나갔다. 이들의 카톡 대화는 앞으로 오래 살
게 될수록 인적 네트워크가 얼마나 중요한지를 암시해주고 있다. 퇴직
자의 가장 큰 고충 가운데 하나가 '고독'과 '외로움'이기 때문이다.
　사회생활을 할 때는 하루가 정신없이 지나간다. 집보다는 일터에서
더 많은 시간을 보낸다. 하지만 퇴직하면 남는 게 시간이다. 그 많던 동
료들도 퇴직과 동시에 거의 만나는 일이 없게 된다. 90세까지 거뜬히,

100세까지도 바라보는 시대가 되면서 노후에 만날 사람이 없다면 아무리 재무적 준비가 잘 돼 있어도 인생이 쓸쓸해진다.

친구 오래될수록 좋다는 건 진리

나이 들어선 새로운 만남을 기대하기가 어렵다. '친구는 오래될수록 좋다'는 말이 괜히 있는 게 아니다. 그런데 문제는 인적 네트워크가 저절로 구축되지 않는다는 점이다. 현대 사회에서는 인적 관계도 평소 가꾸고 투자해야 든든해지기 때문이다. 지위가 높거나 인품이 좋다 하여, 돈이 많다 하여 사람이 몰려들지 않는 시대다.

이런 사회 환경 변화에 따라 평소 인적 네트워크를 정성껏 가꿔나가야 한다. 일단 주기적으로 모임을 가져라. 3개월에 한 번도 좋고 1년에 한 번도 좋다. 평소 연락이 없으면 멀어지기 마련인 것이 인간 관계다. 자주 만날 시간도 필요도 없겠지만 주기적으로 만나면 하나의 돈독한 커뮤니티가 형성된다.

둘째는 마음 맞는 사람들이 있다면 의미를 부여해 모임을 만들어라. 최소 4명에서 10명 사이라면 좋고 동년배도 좋지만 다양한 연령과 성별이 조화되면 더욱 좋다. 이때는 모임 명칭을 만드는 것이 고려할 만하다. 딱히 작명이 어려우면 적당히 엮어도 된다. 예컨대 용인 출신 친구들이라면 '용식회'라고 짓는 식이다. 모임 가운데 연장자나 좌장이 있다면 그를 예우해도 좋다. 홍길동이라면 '홍사모'라고 하면 된다.

이름을 붙이면 소속감이 생기고 기억하기도 쉽다. 이름이 없으면 서로 바쁘게 지내다 소원해지고 멀어져 모임이 소멸할 가능성이 있다. 이런 식으로 연(緣)을 만들어도 될 만한 모임을 많이 만들어둘수록 노후가 행복해진다. 환갑 이후 본격화하는 30년 노후를 보내는 데 있어 인적 네트워크를 통해 노후의 허전함을 채울 수 있어서다.

모임의 규모와 성격에 달려 있지만 앞서 카톡방 대화처럼 회비를 내는 것도 좋다. 회원 가운데 돈 많은 사람이 있더라도 늘 의존할 수는 없다. 대등한 관계에서 인적 관계가 형성돼야 서로 부담 없는 것이 상식이다. 회비 납부는 소속감을 고취시켜 모임을 활성화시킨다. 그럴 만한 규모가 아니라면 만날 때마다 더치페이도 좋다.

여행에도 네트워크는 필요하다

은퇴 후 여행을 갈 때도 인적 네트워크의 위력은 크다. 혼자보다 함께 뭉치면 많은 정보를 모을 수 있다. 여행은 동반자들끼리 마음이 맞아야 즐겁다는 것 역시 상식이다. 이를 위해서라도 평소 노후를 함께할 사람들과의 교감이 필요하다. 이때를 대비해 만날 때마다 조금씩 회비를 걸어두면 모임의 활동 폭이 훨씬 커진다.

물론 모든 만남을 노후의 인적 네트워크를 전제로 할 필요는 없다. 모임이 아니더라도 평소 두루 인적 네트워크를 가꾸어두면 노후의 동반자로 큰 힘이 된다. 정신없이 살아오느라 인적 네트워크가 부족하다면 등산·자전거·악기 동호회에 참여하는 것도 좋다. 각종 최고경영자 과정에 참여하는 것도 인적 네트워크를 급속 충전할 수 있는 방법이다.

휴먼 네트워크가 어느 정도 준비돼 있는지는 스스로 점검해보면 안 다. 불규칙적이라도 만나는 모임이 거의 없으면 빨간불이 들어온 것이 다. 많다고 생각하는 경우도 잘 따져봐야 한다. 이해 관계로 만나거나 업무상 갑을 관계로 만나는 모임은 그러한 관계가 없어지면 휴먼 네트 워크도 십중팔구 눈 녹듯 없어진다.

이왕이면 모임의 폭을 넓히고 다양한 사람들과의 교류를 넓히는 것 도 좋다. 자신이 살아온 세계에서 경험하지 못한 새로운 세계에 대한 경험과 정보를 접할 수 있다. 연령 역시 다양할수록 좋다. 연배가 높으 면 높은 대로, 낮으면 낮은 대로 교류의 폭이 다양할수록 인생의 폭도 넓어지기 때문이다.

이런 모임에서 주의할 점도 있다. 우선 금전 거래는 금물이다. 사람 도 잃고 돈도 잃을 가능성이 있다. 남녀가 함께 참여한다면 회원으로만 관계를 유지하고 금도를 넘지 않는 게 좋다. 판이 깨지면서 소탐대실할 가능성이 크다는 것이 경험자의 전언이다.

스마트폰의 시대를 대비하라

21세기 인류는 의·식·주에 스마트폰을 하나 더해 의·식·주·폰을 생존의 필수품으로 여기며 살아가고 있다. 스마트폰은 전화와 문자는 기본이고, 이를 통해 사진을 찍어 추억을 남기며 뉴스를 읽고 영화를 보는 소통수단이다. 길을 찾고 길 안내를 하고 뱅킹과 쇼핑까지 해주는 만능수단이다. 의식주에 못지않게 현대인의 24시간 필수품인 이유다.

스마트폰은 사회적 관계도 크게 확장시켜주고 있다. 유명 인사 김모(53)씨의 페이스북 친구는 개인 한도 5000명이 꽉 차 있다. 그에게 친구 요청을 해도 수용되지 않는다. 얼마나 행복할까 싶지만 김씨는 오히려 늘 마음이 허전하다. 그 많은 '페친' 가운데 마음 터놓고 이야기할 사람은 열 명도 안 된다. 페친 중에는 현실 세계에서 한 번이라도 만난 사람이 있지만 대다수는 사이버 공간에서의 친구일 뿐이다.

SNS에서 진짜 친구를 기대하지 말라

이는 실증분석을 통해서도 확인되고 있다. 여론조사기관 마크로밀 엠브레인 조사 결과 페친 가운데 '진짜 친구는 몇 명이냐'는 물음에 평균 4.99명이라는 응답이 나왔다. 이 통계에 공감하는 사람이 많을 것이다. 페북뿐만 아니라 카카오스토리, 밴드 같은 사회적 관계망(SNS)이 아무리 발달해도 진정한 친구는 더 늘어나지 않고 있기 때문이다.

일본 사람들이 갈라파고스화하면서 나타났던 일본 특유의 현상으로 치부했던 혼밥(나 홀로 식사), 혼술(음주), 혼행(여행)이 도시화·개인화의 급진전으로 한국에서도 본격화하고 있다. 최근엔 혼골(혼자 골프)도 등장했다. 이 같은 '혼족' 열풍도 SNS의 화려한 이면에 존재하는 고독과 연결돼 있다. 페친 군단이 화려해 보이지만 현실 세계는 딴판일 수 있다.

SNS는 그야말로 양날의 칼이다. 잘만 활용하면 똑똑한 심부름꾼으로 부려먹을 수 있지만 능력을 과대평가하면 인간을 영원한 혼족으로 만들어버릴 수 있다. 나이가 들수록 이런 리스크에서 벗어나야 한다. 그러려면 먼저 스마트폰을 잘 다룰 줄 알고 그 역할과 한계를 잘 이해해야 한다.

스마트폰에 휘둘리지 말고 주인이 되어라

이를 위해서는 우선 스마트폰의 진정한 주인이 돼야 한다. 스마트폰이 갖고 있는 모든 기능을 능수능란하게 다룰 줄 알아야 한다. 이제는 전통적인 방식의 은행조차 스마트폰으로 다 들어오는 세상이다. K뱅크에 이어 카카오뱅크가 줄줄이 문을 열게 되면서 손가락만 몇 번 까닥하면 돈까지도 마음대로 움직일 수 있다.

이런 식으로 세상의 모든 것이 디지털화하면 끊임없이 디지털화에 익숙해져야 한다. 이런 환경 변화에 적응해야 노후 30년간 펼쳐질 디지털 세상에 순조롭게 적응할 수 있다. 지금 따라가지 않으면 7080이 됐을 때 사회적 소외자가 될 수도 있다. 마치 독거노인으로 방치되는 것처럼 디지털 문맹으로 낙오하기 쉽다.

구글 기능을 익히는 것도 중요하다. 앞으로 디지털화가 진전될수록 구글의 위력이 커질 가능성이 크다. 포털의 진화는 이미 한계를 드러내고 있다. 더구나 SNS를 통해 누구나 자신의 관심사를 발신하는 시대가 되면서 유튜브 사용자가 급증하고 있다. 5060세대도 유튜브에서 자신의 취미활동을 소개하고 관심 분야의 동영상을 찾아보는 시대가 되고 있다.

페북이나 카톡 속에 있는 친구의 기준도 새롭게 세워야 한다. 양적 규모보다는 질적 관계를 중시하는 방향이다. SNS의 특성이 다 다르므로 그 특성을 잘 활용할 필요가 있다. 카톡방은 특히 장수시대의 사회적 연결망으로서 가치가 크다. 인연이 있는 모임이라면 카톡방을 만들어 잘 유지해야 한다. 다만 너무 개인적인 소회를 쏟아놓거나 불쾌한 사진과 동영상을 올리는 것은 자칫 불화를 일으킬 수 있으니 조심해야 한다.

SNS에 있는 친구가 모두 현실 속의 친구라고 막연하게 생각하는 태도에서도 벗어나야 한다. 페친이나 카친(카톡 친구), 밴친(밴드 친구)으로 관계를 유지하되 진정성 있는 친구는 따로 구분해 정성 들여 교유할 필요가 있다.

실물 친구 많아야 노후 고독 대비

이러한 노력은 비단 은퇴자에게만 해당되지 않는다. 2030 청년과 4050 중년들도 사이버와 현실 세계의 차이를 구별하고 현실적인 인간관계를 맺는 노력이 필요하다. SNS는 그냥 하나의 사회적 소통 창구이자 정보 교환의 창일 뿐이라고 생각할 때 더욱 건전하고 건강한 SNS 활용이 가능할 것이다.

SNS에서 진짜 친구는 10명만 있어도 좋다. 언제라도 전화할 수 있고 불러내고 마음을 털어놓을 수 있는 진짜 친구가 4.99명이라니 말이다. 이런 자세로 디지털 시대를 대비해야 노후를 안정적으로 보낼 수 있을 것이다. 어쩌면 의·식·주·폰 가운데 폰의 무게감이 더 커지는 세상이 되고 있다. 인간관계는 진정성이 중요하다.

6

건강이 노후를
좌우한다

건강관리의 정석

평소 즐기면서 관리하라

서울 강남구 논현동에 사는 최모(71)씨는 삶의 질이 수직하락하고 있다. 사업에 크게 성공해 3대를 누려도 될 만큼 거액의 자산을 보유하고 있고 자녀들도 모두 학업을 마치고 사회생활을 하고 있다. 하지만 1년 전 청천벽력 같은 선고를 받았다.

손가락과 손목 관절이 조금씩 떨리더니 차츰 심해져 병원을 찾았는데 파킨슨병을 진단받은 것이다. 파킨슨병은 60세 이상 인구의 1%가 겪는 노인성 질환이다. 첫 발병 이후 상태가 호전되지 않으면 점차 몸 동작이 느려져 활동이 둔해진다.

노후 질환은 장수시대의 최대 복병이자 적(敵)이다. 축복이어야 할 인생의 황혼기를 잿빛으로 만들어놓는다. 최씨처럼 재무적 준비가 된 경우는 불행 중 다행이다. 병원 치료를 받으면 증세를 지연시키면서 안정된 생활을 할 수 있다. 하지만 최씨처럼 병원비 걱정 없는 고령자는 극소수에 불과하다. 즉 '건강 상실=노후 불행'을 뜻한다.

이 불행의 고비는 여든 줄에 접어들면서 다가온다. 3명이 있으면 한 명은 이미 사망했고 다른 한 명은 골골대고 있다. 건강하게 다니는 사람은 셋 중 한 명에 불과하다. 백세시대라고 해도 여든을 넘기면 급격히 건강에 빨간불이 켜진다는 의미다. 자칫 치매나 뇌졸중, 파킨슨병이라도 걸리면 자신뿐 아니라 가족에게도 시련이 찾아온다.

노후 몸 만들기의 방법

이 같은 노후 불행을 피하려면 평소 몸 만들기에 정성을 들여야 한다. 가장 먼저 할 일은 금연이다. 흡연은 발암 물질을 비롯해 의학적으로 공인된 독성물질 50여 가지를 기관지를 통해 체내 깊숙이 빨아들이는 행위다. 오래전부터 해왔다는 관습만 아니라면 제조사는 물론이고 흡연자도 모두 독성물질관리법에 따라 처벌될 수 있다는 얘기가 나오는 이유다.

아무래도 담배는 폐질환과 기관기염을 유발할 가능성이 크고, 몸속에 온갖 독성물질을 축적시켜 결국 뇌졸중이나 심혈관 질환을 유발할 수 있다.

둘째는 절제된 음주 습관이다. 이제는 많이 개선됐지만 베이비부머들은 고도성장기에 부어라 마셔라 식의 음주문화를 즐겼다. 양주폭탄를 글라스에 가득 채워 마시고 2차, 3차로 술자리를 옮겼다. 하지만 이런 음주문화는 노후를 불행하게 할 공산이 크다.

젊어선 모르지만 긴 시간에 걸쳐 몸이 산성화돼 노화 현상이 재촉되면서다. 결국 '인생 총량의 법칙'을 잊어선 안 된다. 몸을 혹사하는 만큼 속으로는 약화될 수밖에 없다는 얘기다. 술에 장사 없다는 말이 괜히 있는 게 아니다. 술과 담배 리스크 관리는 일찍 시작할수록 좋다. 그래봐야 이것은 장수시대 몸 만들기의 기본에 불과하다.

장수시대에 골골대지 않으려면 건강수명을 적극적으로 늘리는 작업이 필요하다. 이를 위해서는 체계적인 준비가 필요하다. 허구한 날 등산만 다닐 수는 없다. 배울 만한 것은 제대로 배워두는 노력이 필요하다. 수영을 배우고, 골프도 가끔 재교육을 받아두는 것이 좋다. 모든 운동은 제대로 된 자세를 비롯해 기본기가 중요하기 때문이다.

골프를 하고 있더라도 프로가 아닌 이상 시간이 흐를수록 조금씩 자세가 무너진다. 수영도 마찬가지다. 중급 이상 해두지 않은 초보적인 수준이라면 자세가 제대로 나오지 않는다. 어떤 운동을 하든지 틈틈이 시간을 내 중급 수준의 기본기는 익혀둬야 재미있게 즐길 수 있다. 배워두면 몸속 어딘가 다 기억되고 있는 것이 운동능력이다.

서울에 살고 있는 회사원 이모(52)씨의 경우를 보자. 이씨는 40대 중반을 넘기면서 만능 스포츠맨 뺨치는 '생활체육 덕후'가 됐다. 6개월간 동네 수영장을 다니면서 중급까지 수준을 높이고 골프도 3개월 동안 재교육을 받아 자세를 가다듬었다.

봄, 여름에는 자전거를 타고 한강변을 돈다. 서쪽으로는 인천까지, 동쪽으로는 춘천까지 달린다. 100km 이상 달릴 때는 고속버스에 자전거를 싣고 돌아온다. 기회 있을 때마다 산에도 간다. 요즘은 지방자치단체가 근린공원을 잘 정비해놓아 이용하기 좋다.

이같이 누구나 마음만 먹으면 얼마든지 재미있게 즐기면서 몸 만들기를 할 수 있다. 경제적인 가치는 막대하다. 생명보험사회공헌위원회에 따르면 건강보험심사평가원이 '2016년 진료비통계지표'와 통계청의 '2015년 생명표'를 토대로 65세 이후 총 진료비를 추산한 결과 고령자 1인당 평균 8100만 원이 필요한 것으로 추정됐다. 남성은 7030만 원, 여성은 9090만 원이다. 여성은 2060만 원 더 필요하다.

요컨대 40대부터 몸 만들어 놓는 것이 곧 노후 행복과 연결된다는 점을 잊어선 안 된다. 그래야 '9988234'가 가능하다. 나이 들어서도 맛있는 음식을 먹을 수 있고, 자신의 몸을 움직여 산과 들, 바다와 강으로 놀러다닐 수 있다.

눈·치아·무릎이 가장 중요

신체 부위별 관리도 중요하다. 눈·치아·무릎은 특히 중요하다. 세상을 즐기려면 눈이 좋아야 한다. 쉰을 넘기면서 노안이 진행되고 백내장도 들어선다. 눈이 나빠지면 좋은 구경 하는 데 애로가 발생한다. 여름철에 반드시 선글라스를 써야 하는 이유다. 1년에 한 번은 안과 정기검진을 받는 게 좋다. 병원은 동네 병원을 이용하는 것이 좋다. 정기적으로 다니면 변화를 잘 관찰할 수 있다.

치아 관리도 중요하다. 인간이 생명을 다하는 것은 식욕이 없어진 결과이기도 하지만 결국 치아가 부실해지는 것과도 관련이 크다. 맛있는 음식을 앞에 놓고 먹지 못하는 것도 노후의 불행이라고 할 수 있다. 세 가지 중에서도 가장 중요한 것은 무릎이다. 눈과 치아는 최악의 경우 수술하거나 안경을 쓰고, 임플란트를 하면 된다.

하지만 무릎은 고치는 건 쉽지 않다. 퇴행성으로 연골이 닳아 없어지는 경우도 있고 척추관협착증으로 인해 다리를 쓰지 못하는 경우도 많다. 다리가 불편해지면 유람하기 어려워지고 운동량이 줄어들면서 몸의 근육을 만드는 운동량도 줄어든다.

선택은 본인에 달려 있다. 건강수명이 끝나는 70세 이후 병원 출입으로 우울한 노후를 보낼지, 활기차게 풍성한 노후를 보낼지는 40대부터 시작하는 백세시대 몸 만들기에 달려 있다. 하나 더 추가한다면 걷기다. 걷기는 유산소운동이므로 몸에 피로를 누적시키지 않으면서 근육운동과 함께 폐활량을 높일 수 있다. 맑은 날에는 도심 트레킹도 좋다. 시시각각 바뀌는 도심 풍경을 따라 걸으면 즐거움이 있을 것이다.

아예 관광 삼아 계획적으로 도심 트레킹을 해도 좋다. 10년이면 강산도 변한다는 말 그대로 도시는 변한다. 매주 한 곳을 다니면 1년이면 52곳을 돌아볼 수 있다. 때로 발길을 돌려 지방을 탐방하는 것은 운동도 하고 견문도 넓히는 기회가 될 것이다. 걷다가 재래시장에 들러 음식을 먹는 즐거움은 금상첨화가 될 수 있다.

부모 간병에 대비하라

설이나 추석에는 부모님을 가까이서 보게 된다. 오랜 만에 즐거운 시간을 보내면서 부모님이 날로 약해지는 모습에 안타까움을 느끼는 시간이다. 하지만 그런 생각을 진지하게 해보는 사람은 드물다. 오히려 부모의 자식 걱정이 더 크다. 이런 부모 자식 관계 때문에 자식은 부모가 늙어가는 데 대해 진지하게 생각하지 못한다.

문제는 어느 순간 부모님이 건강수명을 넘기면서 발생한다. 요즘 아무리 젊게 사는 시대라고 해도 환갑을 넘기는 순간 체력은 급격하게 저하된다. 무엇보다 수명은 길어졌지만 건강수명은 그다지 늘어나지 않았다는 점에 유의해야 한다.

통계청의 2015년 생명표에 따르면 기대수명은 남녀 평균 82.3세에 달한다. 하지만 건강수명은 남자 64.9세, 여자 65.9세에 불과하다. 남자는 15년, 여자는 20년가량 노인성 질병을 갖고 여생을 보낸다는 의미다.

건강수명은 65세까지

백세시대가 열렸다고 하지만, 알고 보면 참으로 가슴 찡한 인생이다. 평생 열심히 살고 은퇴해 안락한 노후를 보낼 때쯤엔 이미 노쇠하고 병들어 이런저런 약을 먹고 병원을 출입해야 하기 때문이다. 더구나 배우자를 먼저 보내고 혼자 남으면 문제는 더 심각해진다. 병원 출입을 해야 하는데 배우자가 없으니 자녀들이 더 자주 돌봐줘야 하지만 먹고 살기 바쁘니 잘 보살펴드리기 어려운 게 현실이다.

더구나 나이가 들면 다시 어린이로 돌아간다는 말이 있다. 하지만 자식들은 잘 눈치를 채지 못한다. 체력이 저하되고 경제력이 취약해져 자식에게 자주 기대고 싶어 하는 게 일반적이다. 하지만 자식들은 늘 어린 시절의 강인했던 부모님을 생각한다.

그러나 현역에서 물러나고 고희를 넘긴 부모는 더 이상 어린 시절의 수퍼맨이나 수퍼우먼이 아니다. 부모가 스스로 잘 알아서 하겠거니 생각하면 오산이란 얘기다. 신체 활동 능력과 인지 능력이 모두 떨어진다. 경제력마저 떨어지는 경우라면 더욱 우울하다.

결국 오래 살게 되면서 부모 간병이 새로운 부담이 되고 있다. 하지만 제 손을 돌보는 것은 어려워지고 있다. 통계청의 2016 고령자 통계에 따르면 가족이 부모를 부양하겠다는 응답은 10년 사이 67.3%에서 34.1%으로 반토막 났다. 부모님이든 본인이든 요양원·요양병원·실버타운 가운데 어딘가로 갈 가능성이 큰 시대가 됐다는 의미다. 여기에 필요한 자금을 비롯해 대비가 필요해졌다.

요양원 전국 5000개

우선 요양원이다. 요양원은 2008년부터 시행된 노인장기요양보험이 적용되고 일정 등급을 받아야 입소할 수 있다. 의사가 상주하지 않고 협약을 맺은 의료기관 소속 의사나 촉탁의가 한 달에 최소 2번 방문해 입소자들의 건강을 점검하도록 돼 있다. 치료보다는 돌봄 서비스에 초점이 맞춰져 있다.

요양원은 2008년 1244개에서 2016년에는 5000개 이상으로 늘어났다. 연간 입소 인원은 13만2000명에 달한다. 백세시대가 왔으니 10년이면 130만 명이고, 30년이면 390만 명이 입소하게 된다. 이런 추세로 보면 요양원은 남의 일이 아니라 노후에는 누구나 갈 가능성이 있는 곳이 되고 있다.

요양원은 재활과 돌봄을 위한 곳으로 노인 요양시설과 공동생활 가정을 합친 형태가 많다. 요양원에 갔다면 ①거동이 불편하거나 ②자식이 돌볼 형편이 안 되거나③배우자가 없이 홀로 남은 고령자일 가능성이 크다.

경기도 한 요양원에 들어가 있는 김모(86)씨는 남편을 떠나보낸 지는 오래됐고 요양원 생활이 2년째다. 비교적 건강해 병원 치료를 거의 받지 않고 있는데 가끔 물리치료를 받고 침도 맞으면서 건강을 유지하고 있다. 하지만 자주 찾던 가족의 발걸음은 뜸해졌다. 명절과 어버이 날, 생일에만 찾아오는 형편이다.

결국 요양원은 들어가지 않는 것이 가장 이상적이다. 결국 9988234를 실현하는 것이 좋다. 이 유행어가 시사하는 것은 건강수명을 최대한 누리라는 의미다. 그런 경우라면 최대한 자신의 집에서 오랫동안 거주한 뒤 이삼 일 앓다가 떠날 수 있으니 요양원 같은 노인 전용 시설에 입소하지 않는 게 최선이다.

하지만 현실은 그렇지 않다. 노쇠하고 돌볼 사람이 없으면 결국 요양원으로 들어갈 수밖에 없다. 이때를 대비해야 한다. 수명이 상대적으로 짧은 남자가 주로 먼저 세상을 떠나고 여자가 7~8년 더 생존하는 경우가 많다. 따라서 여자의 경우 요양원에 들어갈 자금은 갖고 있는 게 좋다는 얘기다.

요양병원 활용법

요양원과는 약간 형태가 다른 노인 요양병원도 있다. 전국 1372곳에 이른다. 입원 환자 수는 연간 33만2000명가량이다. 의료법 제3조는 '요양병원은 의사 또는 한의사가 의료를 행하는 곳으로서, 요양환자 30명 이상을 수용할 수 있는 시설을 갖추고 주로 장기입원이 필요한 환자에게 의료를 행할 목적으로 개설하는 의료기관'으로 정의하고 있다. 요양병원은 의사, 한의사와 간호사가 상주해 환자를 치료하고 국민건강보험이 적용되는 의료기관이다.

요양병원은 상당수가 치료보다 갈 곳 없는 노인이 적은 비용으로 장기 거주하는 숙소로 활용되는 경우도 적지 않다. 자식이 자주 찾아보지 않으면 현대판 고려장이란 말을 피할 수 없다는 얘기다. 그래서 이런저런 사연으로 들어온 '사회적 입원환자'가 셋 중 한 명이라는 분석도 있다. 형편이 어려운 가정에서 돌보기 어려운 경우 요양병원에 입원시킨 뒤 사실상 장기 투숙하게 된다는 것이다. 요양병원 입장에서도 중증 환자보다 손이 덜 가는 환자들을 받아 입원시키면 훨씬 좋다. 물론 이것도 바람직한 노후의 모습은 아니다.

요양병원의 의료기관 인증평가

정부는 요양병원의 질을 높이기 위해 2013년부터 의료기관 인증평가를 하고 있다. 2013년 전국 요양병원 1104곳을 대상으로 적정성을 평가한 결과 1등급 113곳(10.2%), 2등급 315곳(28.5%)으로 나타났다. 요양병원 둘 중 한 곳 이상이 3급 이하라는 얘기다.

이런 현상은 요양원이나 요양병원이 급격한 고령화로 체계적 대응 없이 우후죽순으로 늘어난 탓이다. 요양원 설립은 자치단체에 신고만 하면 되므로 진입장벽이 낮다. 개인 설립이 크게 늘어 서비스 품질이 낮아지기 쉽다는 얘기다.

그래서 노인 학대 같은 인권침해의 우려도 있다. 가해자는 주로 시설 종사자다. 폭언, 감금, 노동력 착취도 있고 요양보호사가 치매 노인을 폭행하는 경우도 적발됐다. 이런 문제를 해소하기 위해선 요양원 종사자에 대한 처우를 높여야 하지만 정부의 관심 밖이다.

이들 노인시설은 다양한 프로그램과 양질의 서비스를 제공할수록 비용이 올라간다. 요양원은 40만~100만 원, 요양병원은 월 60만~200만원 등 차이가 크다. 노후자금이 마련돼 있고 건강하다면 실버타운도 좋다. 거의 호텔 수준의 서비스를 받을 수 있다. 경치 좋고 공기 좋은 곳에 거주하면서 여유를 즐길 수 있다. 강원도 동해시 약천온천실버타운이나 경기도 용인시 삼성노블카운티가 대표적이다. 산책로가 잘 조성돼 있고 사우나와 영화관도 있다.

웰 다잉을 준비하라

예전에는 집 밖에서 사망하면 불미스러운 일이 됐다. 반드시 집에서 숨을 거둬야 했고, 자식들이 지켜보는 가운데 임종하는 것이 이 세상에서 지켜야 할 마지막 도리였다. 그래서 병원에 입원해 있다가도 숨을 거둘라치면 앰뷸런스라도 동원해 부랴부랴 집으로 어르신을 모셨다. 그것이 1980년대까지 임종을 맞이하는 한국 사회의 풍속도였다. 자칫 부모님이 병원에서 숨을 거두면 객사했다는 수군거림을 주변에서 들어야 했고, 자식으로선 씻을 수 없는 불효를 저지르는 일로 낙인 찍힐 수 있었다.

그러나 지금은 집에서 눈을 감는 사람이 많지 않다. 열에 일곱은 병원에서 숨을 거둔다. 하지만 지금도 희망하는 임종 장소를 물어보면 과반수가 집을 원한다. 국민건강보험공단이 2016년 발표한 '호스피스-연명의료법 시행 보험자 역할' 자료에 담겨 있는 '죽음에 대한 인식도 조사'에 따르면 응답자의 57.2%는 집을 선택했고 뒤를 이어 호스피스

기관(19.5%), 병원(16.3%), 기타(7%) 순으로 조사됐다.

이러한 설문조사 결과와 달리 우리나라는 2013년 기준으로 연간 사망자 26만888명 가운데 71.5%인 19만1682명이 의료기관에서 숨졌다. 자택에서 숨진 경우는 17.7%에 불과한 4만7451명이었고, 각종 시설 1만187명(3.8%), 기타 1만8768명(7.0%)이었다.

세상을 떠난다는 것은 많은 것을 의미한다. 누군가의 자식으로 태어나 누군가를 배우자로 만나 누군가를 낳아 인연을 맺고 살다가 세상을 떠나는 것이다. 그래서 죽음의 의미는 무겁다. 누구나 피하지 못하고 직면하는 인생의 마침표다. 신성한 순간이지만 너무 금기시되면서 죽음에 대해서는 잘 얘기하지 않는 것이 현실이다. 죽음을 두려워하는 것은 알고 보면 죽음 자체보다는 인연에 대한 애착과 미련 때문일 것이다.

특히 남자의 경우 죽음이 가장 두려운 이유는 '남아 있는 가족과 경제적 부담'인 것으로 나타났다. 가족의 처지(28.3%)가 두려움의 1위로 꼽혔고, 생이 끝남에 대한 두려움(26.4%)과 죽기 전 고통(25.3%)이 뒤를 이었다. 여성의 경우는 죽기 전 고통(33.2%), 가족의 처지(26.2%), 생이 끝남에 대한 두려움(23.8%) 순이었다. 남녀 모두 인간으로서 가족에 대한 걱정이 죽음을 대할 때 떠오르는 큰 고민거리라는 것이다.

웰 다잉(well-dying) 준비는 어떻게?

이같이 죽음은 누구에게나 무거운 느낌으로 다가온다. 하지만 피할 수 없는 것이 현실이다. 그렇다면 '웰 다잉(well-dying)'을 준비해야 한다.

이를 위해서는 두 가지가 필요하다. 첫째는 당사자의 죽음에 대한 마음 가짐이다. 누구나 임종을 피할 수 없는 만큼 존엄스럽게 죽음을 맞이해야 한다는 것이다. 이를 위해서는 끝까지 팔팔하게 살도록 애써야 한다. 끝까지 건강한 신체를 유지한다면 웰 다잉은 저절로 따라온다.

그러나 현실은 딴판이다. 80대 중반을 넘기면 식사를 비롯해 자립 생활이 어려워져 요양시설에 들어가는 고령자가 급격히 늘어난다. 병원 못지않게 갈수록 요양시설에서 임종하는 사람도 증가하고 있다. 요양시설에서 짧게는 1년, 길게는 10년 가깝게 지내다 임종하는 경우도 많다. 따라서 연명치료에 대해서도 생각해볼 필요가 있다. 맹목적인 연명치료는 당사자나 가족을 위해서도 바람직하지 않을 것이기 때문이다. 이에 대해서는 사회적 합의를 토대로 정책적 기준 마련이 필요할 것이다. 결국 건강이 웰 다잉의 관건인 셈이다. 건강하게만 나이가 들면 웰 다잉은 저절로 얻게 된다.

가족도 이를 도와야 한다. 달리 왕도는 없다. 부모의 건강을 평소 점검해보고 최대한 건강한 삶을 살도록 살펴야 한다. 그래도 결국 이별은 피할 수 없다. 마지막 순간 가족의 자세도 중요하다. 눈을 감고 심장이 멎어도 한동안 귀는 열려 있다는 것이 전문가들의 설명이다. 그러니 편안하게 보내드려야 한다. 우선 통곡하고 우는 것은 임종을 돕는 것이 아니다. 침착하게 감사의 말씀을 드리고 부모와 자식으로 만나 행복했다는 감사의 말씀을 전하는 것이 좋다. 평소 사랑한다고 말하지 못했다면 그런 마음을 잔잔하게 풀어놓는 것이 좋다. 짧은 순간이지만 다 듣고 있다는 것이다.

노인장기요양보험

치매·중풍 등으로 거동이 불편한 65세 이상 노인 또는 65세 미만이나 노인성 질환을 가진 사람들을 요양시설에 모시거나 집으로 찾아가 돌보는 사회보험서비스다. 신체 중심형 서비스(배설·목욕·식사·이동)는 요양원으로 불리는 요양시설에 들어가 받을 수 있다. 일상 가사 중심형 서비스(조리·세탁·청소 등)는 재택 상태에서 받게 된다. 의료 중심형 서비스는 요양에 필요한 간호 진료의 보조 또는 요양 상담을 포함한다.

필요한 비용은 현재 직장인이 지불하는 건강보험 가입자 부담(60%)과 정부 지원(20%), 본인 부담(20%)으로 마련된다. 즉 수혜자 입장에서 80%는 무상이고, 본인은 비용의 20%만 부담하면 된다. 병원에서 1~5단계로 나눠져 있는 요양등급을 받으면 전국 5000여 요양시설 중 어디든 이용할 수 있다. 재택요양 서비스 역시 신청해 받을 수 있다. 장기요양보험료는 건강보험료의 일정 비율(6.55%)로 책정된다.

의료 파산에 대비하라

서울에 사는 회사원 윤모(59)씨는 주말마다 지방에 있는 요양원을 찾아간다. 거동하지 못하는 아버지(92)의 건강 상태를 살펴보기 위해서다. 평소 정정하던 아버지는 일흔을 넘겨서도 청년처럼 건강했다. 그런데 여든줄로 접어들자 뇌졸중이 찾아오더니 아예 몸을 쓰지 못하게 됐다. 침상에만 누워 있는 와상환자가 된 지도 벌써 3년째다.

아버지 간병 비용은 고스란히 외아들인 윤씨 몫이다. 노인성 질환을 인정받아 노인장기요양보험 혜택을 받고 있지만 식대·기저귀값을 포함하면 본인 부담금도 50만 원이 넘는다. 이제 곧 퇴직하는 윤씨로선 아버지 병간호에 자신의 노후자금을 쏟아붓고 있는 셈이다. 윤씨는 "노후 대비를 못 한 아버지는 가진 돈이 없어 내가 모든 부담을 떠안고 있다"고 말했다.

노후 파산, 장수사회의 민낯

한국의 80~90대와 이들의 자녀인 베이비부머들이 '노후 파산'의 직격탄을 맞고 있다. 1955년에서 63년 사이에 태어난 베이비부머의 부모들이 90세를 넘어서면서 노후자금이 바닥나고 간병까지 받게 되면서 '의료 파산'에 직면하고 있다. 장수를 예상하지 못했던 세대였으니 연금은 물론 의료비도 충분히 마련하지 못한 결과다.

고령화가 계속 진전되면서 노후 파산이라는 장수사회의 민낯이 드러나고 있다. 70세 초반까지는 괜찮았지만 80세를 전후해 치매·뇌졸중에 발목이 잡혀 드러눕는 고령자가 속출하고 있어서다. 이미 2015년 90세 이상 15만 명, 100세 이상 3000명을 넘어서면서 의료 파산의 폭탄이 본격적으로 터지고 있다.

자영업자 최모(70)씨는 자신이 이런 처지에 빠질 줄은 미처 생각지 못했다. 강원도 영월에 사는 97세 노모의 치매 증세가 악화하면서다. 5년 전 증세가 나타났을 때는 재택 간병을 시도했다. 하지만 증세가 심해지자 낮에만 요양시설에 보내고 저녁에 다시 귀가시켜오다 최근에는 아예 요양원에 입원시켰다. 최씨를 비롯해 형제들도 사실상 현업에서 은퇴한 상태여서 노모를 병간호하는 비용이 부담스러워지고 있다.

노후 파산은 일본의 경험에 비추어봐도 이미 예견된 일이다. 일본은 1990년대까지 세계적 장수국가로 부러움을 샀다. 하지만 2010년대 들어서면서 상황이 달라졌다. 65세 이상 인구의 비율이 20%를 돌파한 초고령 사회로 급진전하면서다. 노후 준비가 부족한 고령자는 빈곤층으로 전락하거나 생활비 보전을 위해 일자리를 전전해야 한다.

설상가상으로 75세 이후 후기 고령자는 건강수명을 다하면서 의료비 폭탄에 직면한다. 일본에서는 65세 이상 인구가 3300만 명을 돌파해 인구의 26.7%를 차지하고 있다. 이들 가운데는 건강수명을 소진한 인구가 빠르게 늘어나고 있다.

기대수명은 남자 81세, 여자 87세에 달하지만 건강수명은 각각 71세, 74세에 그치고 있다. 오래 살기는 해도 남자는 10년간, 여자는 13년간 병원 신세를 진다는 뜻이다. 그 사이 노후자금은 바닥을 드러나게 된다.

노후 파산은 이같이 10여 년의 여생을 의료와 요양에 쏟아붓는 사이 의료 파산을 거치면서 현실화한다. 기력이 떨어지고 노인성 질환에 걸리면 전문 의료 인력의 돌봄을 받는 요양시설에 들어간다. 2000년 시행된 개호(돌봄)제도를 이용해 재택 돌봄을 시간제로 받을 수 있지만 최소한의 지원에 그치고 있어 근복적인 대책과는 거리가 멀다.

결국 식사와 기본 의료 서비스를 한꺼번에 해결할 수 있는 노인홈 같은 요양시설에 들어가야 하는데 이곳도 노후자금 없이는 문턱을 넘기 어렵다. 개인 화장실이 딸려 있고 침대가 놓여 있는 비좁은 원룸도 한 달 입주 비용이 15만 엔이다.

20년을 생존한다면 3360만 엔(약 3억3000만 원)이 필요하다. 시설이 좋은 곳은 월 30만 엔을 훌쩍 넘어간다. 더구나 입주 희망자가 급증하면서 2016년 노인홈 입주 대기자만 52만 명에 달하고 있다.

'하류노인'을 피하는 방법

일본이 이 정도라면 한국은 앞으로 상황이 더 심해질 수밖에 없다. 한국의 노인빈곤율은 49.6%에 달해 OECD 회원국 가운데 최고 수준이다. 65세 이상 고령자 둘 중 한 명은 심각한 상대적 빈곤을 겪고 있다는 의미다. 밥 굶는 사람은 없지만 삶의 여유는 전혀 즐길 수 없는 '하류노인'이 많다는 것을 의미한다.

설상가상으로 건강수명이 끝나고 몸 여기저기 고장이 나기 시작하면 의료비를 감당하기 어려워진다. 누구나 남의 일이라 생각하지만 65세를 넘기면서 본격적으로 병원 출입을 하기 시작한다. 이때는 이미 타이밍을 놓친 경우가 많다. 노후 생활비가 빠듯한 마당에 노후 의료비까지 준비한 사람은 많지 않기 때문이다.

노후 의료비는 막연하게 생각하는 수준의 3배 이상 필요하다는 조사 결과가 있다. 생명보험사회공헌위원회에 따르면 건강보험심사평가원이 '2016년 진료비통계지표'와 통계청의 '2015년 생명표'를 토대로 65세 이후 총 진료비를 추산한 결과 고령자 1인당 평균 8100만 원이 필요한 것으로 추정됐다. 남성 1인당 진료비는 7030만 원, 여성은 9090만 원이다. 여성은 장수하는 만큼 진료비가 2060만 원 더 많이 든다.

노후 의료비 추산치는 생명보험사회공헌위원회가 2016년 20대 이상 경제활동인구 1552명을 대상으로 한 '행복수명지표' 조사 결과와 비교하면 3배 이상 많았다. 당시 응답자들이 밝힌 노후 의료비 지출 예상액의 평균치는 2538만 원이었다. 응답자의 63.3%는 의료비 지출이 500만 원 미만 들 것이라고 답하기도 했다.

특히 여성은 필요한 노후 의료비가 2269만 원으로 남성의 2710만 원보다 적게 예상해 추산치와 상반된 모습을 보였다. 연금을 통해 노후 생활비를 준비하는 것 이상으로 노후 의료비에 대한 대비가 중요하다는 점을 일깨워주고 있다.

보건복지부에 따르면 독거노인은 2013년에 120만 명에서 2015년 138만 명으로 증가하고, 2025년에는 200만 명을 훌쩍 넘을 것으로 추산되고 있다. 더욱 암울한 것은 독거노인 가운데 최저생계비 이하로 생활하는 노인이 전체의 42%에 달하고, 이 중 30만 명은 '고독사' 우려가 심각하다. 노인 자살률도 심각하다. 보건복지부가 발표한 2015년 기준 우리나라 전체 자살률은 10만 명당 26.5명인데 노인 자살률은 58.6명으로 OECD 1위를 10년 넘게 유지하고 있다.

아예 거동이 불편한 독거노인이 20만 명에 이르지만, 요양 서비스를 받는 노인은 3분의 1인 6만3000명에 불과하다. 독거노인들은 빈곤과 질병, 외로움과 고독, 사회적 무관심 속에서 힘겹게 살아가고 있다. 통계청에 따르면 노인 인구는 2017년 700만 명에서 2035년 1475만 명으로 총인구 비율은 14%에서 28%를 넘어선다. 이들 중 상당수가 '하류노인'에 합류할 전망이다.

실손보험은 실속을 챙겨라

'국민보험'으로 불리는 실손의료보험은 2017년 4월부터 새롭게 출시됐다. 비교적 저렴한 보험료로 각종 위험에 대비하는 수단인 실손보험이 오히려 과잉진료와 의료쇼핑에 이용된다는 지적을 받게 되자 실속형으로 재편한 것이다.

실손보험이 필요한 이유는 병원 진료비 가운데 건강보험 적용을 받지 못하는 부분을 커버하기 위함이다. 병원에서 받은 의료비 영수증을 보면 '급여'와 '비급여'로 구분돼 있다. 이 중에서 비급여는 건강보험 적용 대상 밖이라는 뜻이다. 결국 실손보험은 이를 대비해 개인적으로 드는 민영 의료보험이다.

병원들은 이를 앞세워 과잉진료를 해왔다는 지적을 받아왔고 이 여파로 보험사는 적자를 본다는 이유에서 해마다 보험료를 올려 실손보험 무용론이 제기되기도 했다. 이에 따라 나오게 된 새 실손보험은 기본형과 특약을 분리해 보험료 부담을 낮추고 과잉진료 가능성을 차단했다.

기본형은 과잉진료 가능성이 큰 도수치료, 비급여 주사제, 비급여 자기공명영상(MRI) 촬영 등을 특약으로 분리해 보험료를 35%가량 낮추도록 했다. 특약을 제외한 대다수 질병·상해는 보장한다. 기본형 상품의 40세 남자 기준 보험료는 기존 월 1만7430원에서 1만1275원으로 낮아졌다. 40세 여자는 월 2만1632원에서 1만3854원으로 인하됐다.

어느 보험회사에 가입해도 상품 구조와 보장 내용은 같다. 하지만 보험료는 회사별로 차이가 난다. 기본형은 회사별로 월 1만1210원에서 1만7050원(40세 여자)까지 최대 52%의 차이가 있다. 보험회사별 보험료는 금융감독원 금융소비자 포털인 '보험다모아'에서 비교할 수 있다. 보험다모아를 통해 온라인 가입하면 보험설계사 등을 통해 가입할 때보다 보험료가 저렴하다.

도수·체외충격파·증식 치료(특약 1), 비급여 주사제(특약 2), 비급여 MRI 검사(특약 3)는 특약을 통해 보험료를 더 내고 가입하도록 했다. 세 가지 특약에 모두 가입하더라도 월 보험료는 기존 상품보다 16%가량 싸다.

이같이 실손보험 구조가 정비됨에 따라 '의료쇼핑'은 원천적으로 불가능해지게 됐다. 특약 항목에 대해선 가입자가 내야 하는 자기 부담 비율(의료비 중 본인 부담 비율)이 20%에서 30%로 높아진다. 도수치료 때 본인 부담이 그만큼 늘어난다는 뜻이다.

특약 항목별 연간 누적 보장 한도와 횟수도 제한된다. 보험료 인상을 차단하기 위해서다. 도수치료와 비급여 주사 보장 횟수는 각각 연간 50회다. 보장 한도는 도수치료의 경우 350만 원, 비급여 주사는 250만 원까지다. 비급여 MRI는 횟수 제한은 없지만 보장 한도는 300만 원이다. 다만 비급여 주사제 중 항암제·항생제·희귀 의약품은 기본형에서 보장하도록 했다.

실손보험은 2년간 보험금(비급여 의료비)를 청구·수령하지 않을 경우 다음 1년간 보험료를 10% 이상 할인해주는 제도도 있다. 자동차보험에서 마일리지 특약을 적용해주는 방식과 같다. 예를 들어 5월 1일에 가입한 뒤 2년간 보험금을 받지 않았다면 2019년 5월 1일부터 1년간 할인된 보험료를 적용받는다.

이같이 거품이 빠진 실손보험은 주요 생명보험회사와 손해보험회사 등 24개 보험사에서 가입할 수 있다. 이 중 메리츠화재·삼성화재·KB손보·동부화재는 보험다모아를 통해 온라인 전용상품을 판매하고 있다. 나머지 회사도 상반기에 온라인 상품을 출시할 계획이다. 온라인 가입을 하면 보험료가 조금 더 저렴하다.

기존 실손보험 가입자는 별도의 심사 없이 새 상품으로 바꿔 가입할 수 있다. 다만 기존 상품의 약관과 비교해 추가되는 보장 항목이 있으면 추가 항목에 한해 심사를 받아야 한다. 우울증·공황장애 등도 보험사에 따라 특약으로 보장을 받을 수 있다.

새 상품으로 갈아타기 전 본인의 건강 상태 등을 고려할 필요가 있다. 대다수 보험회사가 60세까지는 실손보험 가입을 허용하고 있으나 65세 이후에는 받지 않는 곳도 있으니 퇴직을 앞둔 세대는 늦어도 퇴

실손의료보험 월 보험료 예시

(단위: 원)

구분	기본형	특약 1	특약 2	특약 3	합계
내용	일반 질병· 상해 보장	도수·체외 충격파 증식치료	비급여 주사제	비급여 MRI 검사	
40세 남자	1만1275	1182	603	1509	1만4569
40세 여자	1만3854	1612	757	1875	1만8098

직 직전에는 가입을 고려해야 한다.

암보험·사망보험 등을 주계약으로 하는 상품에 실손의료비 특약 형태로 가입한 경우에도 특약만 해지하고 새로운 단독형 실손보험으로 전환할 수 있다. 더 나아가 이 같은 실손보험 '끼워팔기'는 금지된다. 대다수 소비자가 다른 보험과 패키지 구매를 해 매달 10만 원이 넘는 비싼 보험료를 내고 있다는 금융당국의 판단에서다.

건강 체질이라 병원을 많이 안 갈 것이라고 자신한다면 실손보험이 없어도 된다. 하지만 60세가 넘고 건강수명이 끝나는 70세에 들어서면 병원 출입이 잦아질 수밖에 없다. 생명보험사회공헌위원회에 따르면 65세 이상 고령자가 사망할 때까지 평균 8100만 원의 의료비를 지출하는 것으로 나타났다.

이때를 대비해 실손보험은 필수품이라고 할 수 있다. 실손보험을 잘 활용하면 노후 부담을 크게 덜어줄 수 있어서다. 통상 실손보험은 가입 후 15년이 지나면 자동갱신이 끝난다는 점에도 유의해야 한다. 실손보험 가입자는 3200만 명에 달한다.

최후의 1인은 실버타운을 이용하라

"다들 이렇게 오래 사실 줄 누가 알았겠어요. 80세 넘기면 눈 깜짝할 사이 90세, 100세죠."

도쿄에서 승용차로 1시간 거리에 있는 지바현 나리타의 한적한 요양시설 '크로바'. 2017년 4월 방문한 이곳 고령자들은 한눈에 달라보였다. 혼자서는 식사는 물론이고 걷는 것도 불편해 숨만 쉬고 있다고 볼 만한 초고령자들이었다. 눈꺼풀조차 무거운지 눈을 뜨지 못하고 휠체어에 앉아 있는 사람도 있었다. 테이블에 둘러 앉아 전통놀이를 하는 할머니들도 입을 뗄 기력이 없어서인지 그저 말없이 놀이에만 열중했다.

이 요양시설 거주자는 모두 22명으로 평균 85세를 넘겼고 최고령자는 98세였다. 이들은 자신들이 이런 장수시대에 살 것이라고는 꿈도 꾸지 못했던 사람들이다. 더구나 가족이 있는데도 따로 떨어져 주택형 노인홈에 들어올 것이라고 생각한 사람은 한 명도 없었다는 것이 가노

에미코 총괄부장의 설명이다. 가노는 "가족이 있어도 자립 보행이나 자발적 취사가 어려워지고 치매 증상이 나타나면 가족 돌봄이 어려워진다"며 "언젠가는 요양시설 이용을 피할 수 없는 시대가 됐다"고 말했다.

더구나 고령화가 급진전하면서 자녀가 고령화하는 것도 초고령자의 가족 부양을 어렵게 만들고 있다. 일본에서 75세 이상 고령자가 1500만 명을 돌파하면서 100세를 넘긴 고령자도 5만 명을 넘어서며 속출하고 있다. 이들의 자식도 환갑을 훌쩍 넘기고 제 몸 가누기도 슬슬 어려워지면서 80대 후반 고령자는 돌봄 시설에 입소하게 된다.

그래서 일본에서는 노인홈 입주가 붐을 이루고 있다. 노인홈은 종류가 천차만별이다. 1인실을 사용하는 고급 실버타운급에서 최소한의 생존을 위해 들어가는 곳까지 다양하다. 어느 곳으로 갈지는 연금을 얼마나 준비해 두느냐에 달려 있다.

주택형 노인홈 입주

유명 부동산 회사를 퇴직해 도쿄에서 노후를 보내고 있는 나카야마 사부로(75)는 주택형 노인홈 입주 비용을 마련하고 있다. 자신이 여생을 마친 뒤 홀로 남은 부인이 노쇠해 일상생활이 어려워질 때를 대비하기 위해서다.

주택형 노인홈은 치매와 중풍에 걸리지 않아도 자립 보행이나 자발적 취사가 어려워진 고령자들이 입주해 생활하는 유료 시설이다. 일본에선 고령화가 진전되면서 노인홈이 급증하고 있다. 관건은 입주 비용이다. 연금이 부족한 노인들에겐 그림의 떡이다.

　연금이 없어도 들어갈 수 있는 특별양호노인홈이 있지만 이곳은 치매와 중풍 같은 중대 질환에 걸려 돌봄이 필요하다는 요양등급 판정을 받아야 한다. 생활보호대상자로 인정돼도 들어갈 수 있다. 하지만 고령자 급증으로 시설 부족이 극심해 대기자가 52만 명에 달하고 있다. 이들 중 상당수는 결국 고독한 독거생활에 직면하게 된다.

　500만 명을 넘어선 독거노인은 나이가 들수록 차츰 취사가 불가능해지거나 생활비 부족으로 식사를 거르게 되고 이윽고 고독사로 이어진다. 일본 내각부에 따르면 고독사는 연간 3만 건에 이른다. 이같이 극빈생활에 처한 고령자들은 '하류노인'이라는 신조어로 불린다. 이들은 월 5만 엔도 안 되는 국민연금에 의존해 생활하고 있다.

'상류노인'의 삶

반면 '상류노인'의 삶은 딴판이다. 도쿄 동쪽 지바현에 살고 있는 시타미치 도오루(65)는 전 국민 대상의 국민연금에다 직장생활 때 불입했던 후생연금을 받고 있다. 게다가 채권형 투자신탁 적립금까지 갖고 있어 부족함 없이 부인과 노후를 보내고 있다. 퇴직 후 한동안 지방 공항에서 파트타임 근무를 한 뒤에는 취미생활만 하고 있다. 퇴직 전 배워둔 오키나와 전통악기 산신(三線) 동호회 활동을 즐기고 있다. 수시로 오키나와를 오가면서 현지 친구들과 어울리고 기량을 연마한다.

　이같이 일본은 노후 준비의 정도에 따라 노후가 어떻게 달라지는지를 극명하게 보여주고 있다. 연금을 비롯해 노후자금이 마련돼 있으면 축복이고 그렇지 않으면 비참한 여생을 보내게 된다는 교훈이다. 상류 노인은 돌봄 서비스까지 제공되는 유료 노인홈으로 들어간다. 이곳에서는 밥이며 빨래, 방 청소까지 모든 생활편의가 제공된다.

비용은 만만치 않다. 화장실이 딸린 15㎡ 크기 원룸에 불과해도 여생을 마칠 때까지 최소 15만 엔의 비용을 매달 지불해야 한다. 여기에 치매와 중풍, 파킨슨병 같은 노인성 질환이 심해지면서 돌봄 서비스를 받게 되면 별도 비용을 내야 한다. 비용은 정부와 지방자치단체가 90%를 부담해주지만 요양등급이 높아지면 개인 부담도 최고 2만5000엔(27만 원)으로 늘어난다. 입주비까지 합하면 매달 20만 엔이 필요하다는 얘기다.

서울 강남구 대치동에 살고 있는 최모(73)씨는 노후 준비의 중요성을 단적으로 보여주고 있다. 사업으로 상당한 노후자금을 마련한 뒤 환갑 이후에는 매주 골프를 하면서 노후의 여유를 즐겼다. 하지만 69세가 되던 해 갑자기 퇴행성 뇌질환인 파킨슨병에 걸리면서 고난이 시작됐다. 손이 떨리고 몸 동작이 둔해지기 시작했다. 그래도 최씨는 젊은 시절 해둔 노후 대비 덕분에 의료비 걱정 없이 안정적 삶을 유지하고 있다.

그러나 노후자금이 넉넉지 않으면 오래 살수록 고난의 길로 접어들 가능성이 커진다. 치매나 중풍, 파킨슨병이라도 발병하면 와상환자 신세가 되고 노인장기요양보험 지원을 받아도 20%는 본인이 부담해야 한다. 본인 부담이 매달 50만~60만 원에 달하니 이마저도 감당할 수 없어 파산 상태에 이르는 고령자가 적지 않다.

아키야마 히로코 도쿄대 고령사회총합연구기구 교수는 "건강수명이 끝나는 70세부터는 노인성 질환과의 싸움이 시작되기 때문에 나이 들어 장수의 축복을 즐기는 것도 환갑 이후 10년 남짓 불과하다"며 "생애 의료비의 절반을 쏟아붓는 70세 이후를 대비해 철저한 재무적 준비와 건강관리가 필요하다"고 말했다. 일본은 남자 72세, 여자 78세를 고비로 병치레가 본격화한다. 기대수명이 남자 80세, 여자 87세이므로 각각 8년, 9년을 병마와 싸우다 생을 마감하게 된다.

노후 의료비의 현실을 직시하라

이는 결국 노후 의료비 문제로 이어진다. 일본인은 생애 의료비 가운데 절반을 70세 이후 쓴다. 복지 차원에서 정부 지원을 받으면 좋지만 정부조차 감당하지 못한다. 일본 정부는 2017년 8월부터 고령층 의료복지 특혜를 본격적으로 축소하고 나선다. 일본의 공적 의료보험은 70세 이상 고령자에 대해 의료비 본인 부담액이 일정액에 이르면 초과분을 돌려주는 '고액요양비제도'를 운영해왔으나 단계적으로 혜택을 축소하면서다.

또 75세 이상 후기 고령자에게 제공하고 있는 의료비 경감 특례도 단계적으로 폐지해 본인 부담액을 늘리기로 했다. 후기 고령자는 현재 연간 소득 370만 엔 이하에 대해서는 의료비의 10%만 내고 있지만 이를 20~30%까지 확대할 예정이다.

한국은 상황이 더욱 심각하다. 생명보험사회공헌위원회에 따르면 생애 의료비의 절반 이상을 65세 이후 쏟아붓고 있다. 그 비용이 8100만 원에 달하지만 이는 노후 의료비 예상액의 3배를 넘는 액수다. 국민 상당수가 준비 없는 노후를 맞이하고 있다는 의미다. 고령화의 급진전으로 함께 늙어가는 자식들의 지원을 기대하기도 어렵다.

START
FINISH

7

인생의
풍요로움을 즐겨라

여가의 정석

여행은 노후의 필수품이다

부부 모두 70세를 넘긴 최모씨네는 1년에 최소한 한 차례 해외여행길에 오른다. 최근 방문지는 비행기로 2시간25분 거리의 대만이었다. 최씨네는 환갑을 넘기면서 지인들과의 모임을 통해 자주 외유를 즐기고 있다. 그만큼 노후가 즐겁고 활력이 넘친다.

반면 이들과 같은 패키지 여행에 참여한 70대 중반 신모씨네는 첫 외유라 몸에 안 맞는 옷을 입은 것처럼 불편을 겪었다. 처음엔 함께 온 딸들에게 계속 불평을 늘어놓기도 했다. 딸들의 성화에 못 이겨 아들·며느리·사위·손자와 함께 왔는데 너무 걷는 게 많아 이럴 줄 알았으면 안 왔을 것이라는 불만이었다. 하지만 신씨네도 3박4일 일정을 보내면서 차츰 재미를 내기 시작해 여행 후반부로 가자 한결 표정이 펴지고 웃음꽃도 자주 피웠다.

퇴직자의 큰 즐거움, 여행

노후가 길어지면서 여행이 필수품이 되고 있다. 과거에는 지방에서 서울이나 제주도 한 번 방문하면 큰 여행이었지만 이제 은퇴자에게 해외여행 시대가 일반화되고 있다. 한국보다 20년가량 고령화가 먼저 진행된 일본의 판박이다. 일본에서는 현업을 마친 퇴직자의 큰 즐거움 가운데 하나가 해외여행이다.

72세의 다나카는 1년에 한 차례 해외에 나간다. 도쿄에서 부동산관리 회사에 나녔던 그는 58세에 명예퇴직해 환갑 이후 매년 해외에 나갔으니 12년째가 됐다. 65세를 넘긴 뒤로는 열흘에 50만 엔짜리 럭셔리 상품을 주로 선택해왔다. 웬만한 곳은 두루 다녀봤기 때문이다.

다나카는 은퇴 초기에는 해외여행에 관심이 없었다. 하지만 환갑을 지나면서 힘이 남아 있을 때 나가야 한다는 주변의 권유에 따라 해외여행에 본격적으로 눈을 돌리게 됐다. 이런 수요가 많아 일본에선 여행사가 실버 고객을 위한 상품을 다양하게 준비해놓고 있다. 10만 엔부터 50만 엔까지 상품 종류는 다양하다.

주로 유럽을 샅샅이 돌아보는 코스가 은퇴자들에게 인기다. 다나카는 최근 동유럽을 지긋하게 돌아보는 스페셜 패키지를 다녀왔다. 노후준비가 잘 돼 있어 최고급 상품을 이용했다. 그는 "앞으로도 무릎이 괜찮을 때까지는 1년에 한 번은 해외에 나가는 시간을 가질 예정"이라고 말했다.

관건은 건강

긴 노후를 보내려면 여행이 필요하다. 자녀들이 모두 출가하고 부부만 덩그러니 살고 있노라면 가끔 바람을 쐬고 싶은 게 인지상정이기 때문이다. 그런데 노년에 여행을 하려면 사전에 계획적으로 준비하면 좋다. 경제력은 기본 전제다. 경제적으로 준비가 안 돼 노후 빈곤에 시달리는 처지라면 여행은 남의 나라 이야기다.

하지만 어느 정도 노후 준비가 잘 돼 있는 경우 환갑 후 30년 가운데 중반부까지는 여행을 통해 황혼기 인생을 풍요롭게 만들 수 있다. 여행업계 관계자는 "가이드로 만난 고객 가운데 92세 노인을 모셔본 적도 있다"고 말했다. "너무 정정해서 30대 가이드가 헉헉거리면서 따라다니는 형국이 됐다"는 경험담을 털어놓기도 했다.

경제적으로 준비가 돼 있어도 끝나는 게 아니다. 체계적인 여행 계획 수립이 필요하다. 가장 피해야 할 것은 자식들이 나선 '묻지 마 효도관광'이다. 2014년 수도권의 한 마을에서 있었던 일이다.

평생 일하고 키워주신 은혜에 보답하겠다고 뜻을 모은 같은 동네 주민들이 자신들의 70대 부모를 동유럽 15박16일 코스로 패키지 여행을 보내줬다. 40~50대 자녀는 물론 여행을 떠나는 70대 부모도 너무 행복한 프로그램이었다. 그러나 막상 여행길에 오른 70대 관광객은 출발 하루 만에 어려움에 봉착했다.

'묻지 마 효도관광'은 금물

유럽여행은 국가 간에는 비행기나 고속철도로 이동하지만 같은 나라에서는 버스 투어를 하는 것이 일반적이다. 기본적으로 체력이 왕성하지 않으면 극도의 피로에 시달리기 쉽다. 더구나 아침 일찍 밥을 먹이고 밤 늦게 코스를 돌아다니는 패키지 여행은 70대 고령자에게는 고역이 아닐 수 없다. 게다가 70대에게 빵과 치즈 위주의 유럽식 음식이 입에 맞을 리 없다.

이들은 중간에 여행을 포기하고 싶다는 호소를 하기도 했지만 비행기를 비롯해 예약 관계 때문에 그럴 수도 없었다. 결국 나이에 걸맞지 않은 여행 프로그램 때문에 이들은 엄청난 고생을 했다. 물론 이국적인 풍경을 보고 새로운 문화를 접하면서 소소한 재미도 있었다고 한다. 그럼에도 해외여행 경험이 많지 않은 70대 고령자에게 효도관광이라도 장기간에 걸친 여행이 즐겁기만 했을 리는 없다.

따라서 은퇴 후 해외여행은 상대적으로 젊을 때 멀리 가고, 나이가 들어가면서 가까운 곳으로 거리를 좁힐 필요가 있다. 여행의 성격도 많이 걷는 코스는 조금이라도 젊을 때, 나이가 들어갈수록 휴양형 여행을 떠나는 것이 좋다.

국내여행도 좋다. 10년이면 강산도 변한다는 말처럼 과거에 가봤던 곳도 새롭게 업그레이드된 곳이 적지 않다. 과거에는 없던 둘레길이 전국 곳곳에 들어서고 지방자치단체마다 경쟁적으로 관광 유치에 나서면서 과거에 없던 볼거리와 체험거리가 새로 등장한 곳도 적지 않다.

국내 관광은 사시사철 언제든 할 수 있다는 장점이 있지만 이 역시 나이가 들수록 멀리 가거나 장기여행은 어렵다는 점에서 조금이라도 젊을 때 멀리 오래 다니고 나중에는 거리와 기간을 줄이는 식으로 바꿔나갈 필요가 있다.

개인차는 있겠지만 70대 중반을 넘어서면 직접 운전이 어렵다는 점도 노후 여행의 주의점이다. 나이가 들어선 가고 싶어도 못 가니 조금이라도 젊을 때 여행을 떠나라는 얘기다. 물론 80세가 넘으면 여행 중 언제라도 건강 문제가 발생할 수 있다는 점에도 늘 유의해야 한다. 80세가 넘으면 세 종류의 인생이 있다고 한다. 3분의 1은 이미 이 세상 사람이 아닌 경우다. 또 다른 3분의 1은 병들어 거동이 어렵거나 노후 자금이 없어 세상과 소식을 끊고 지내는 경우라고 한다. 또 다른 3분의 1은 돈 있고 건강해 장수시대의 축복을 누리는 경우에 해당한다. 노후 여행을 즐기되 건강이 관건인 셈이다.

여행에 필요한 5계명

이런 점에서 여행 5계명을 숙지해둘 필요가 있다.

첫째, 젊어서 많이 다녀야 한다. 백세시대에는 환갑을 기점으로 대다수가 1차 퇴직을 하게 되면서 노후 30년을 보내야 한다. 이때 무료하거나 우울한 노후를 보내지 않으려면 여행을 잘 하는 법을 젊어서부터 익혀둘 필요가 있다.

둘째, 먼 곳부터 다녀보자. 나이가 들수록 멀리 가기 어려워진다. 비행시간이 10시간 넘는 곳부터 다니고 동남아는 나중에 가도 늦지 않다.

조금이라도 젊어선 탐사형으로 나중엔 휴양형으로 옮겨가는 게 좋다.

셋째, 여행 갈 때는 돈을 넉넉히 가져가자. 여행은 즐거움을 돈으로 사는 과정이라고 할 수 있다. 맛있는 것도 많이 사먹고, 갖고 싶은 것이 있으면 살 수 있어야 한다. 물론 불필요한 물건을 사지 않고 낭비를 줄이는 눈을 갖는 것도 중요하다.

넷째, 휴가를 아껴두지 말라. 부장급 이상 되는 1960년대 출생자는 연차가 25일에 달하는 기업이 많다. 그러나 여름에 고작 5일 정도 쓰고 나머지는 버린다. 젊어서 여행을 다녀보지 못하면 나이가 들어서는 더욱 어려워진다.

다섯째, 패키지와 자유여행을 상황에 맞춰 선택하자. 장단점이 있으므로 선택적으로 활용한다. 패키지는 틀이 짜여져 있지만 체계적으로 볼 수 있다. 자유여행은 여유가 있지만 효율이 떨어질 수 있다.

악기를 배워라

서울에서 금융회사에 다니는 김모(46)씨는 토요일마다 플루트 레슨을 받는다. 플루트 전공 대학생이 자택을 방문한다. 눈코 뜰 새 없이 지내 느라 거의 연습을 못 하지만 레슨만 받아도 연주 솜씨가 달라진다. 레 슨 시간은 한 번에 50분이다. 처음에는 10분 만 불어도 기진맥진했는 데 이제는 부는 것 자체가 즐거운 일이 될 만큼 익숙해졌다.

그가 플루트를 배우게 된 건 노후 대비 차원이다. 딸아이가 중학생 때 불던 플루트가 집 안에 굴러다니는 걸 보고 저걸 배워두면 노후에 심심하지 않겠다고 생각했다는 것이다. 처음에는 딸이 연주할 때 어깨 넘어 곁눈질로 운지법을 배우고 딸에게 물어보기도 하면서 불어보기 시작했다.

하지만 소리가 날 리 없었다. 플루트는 다른 목관악기와 달리 입에 물고 바람을 불어넣는 리드(Reed)가 없어서다. 그냥 풀피리처럼 대롱에 뚫린 구멍에 바람을 넣어 소리를 내는 것이라 초보자는 소리를 내기 어렵다.

그러나 김씨는 레슨 6개월 만에 간단한 곡을 연주할 수 있게 됐다. 음표조차 읽지 못해 '악보 문맹'이었던 그가 반년 만에 이렇게 된 비결은 역시 레슨의 힘이 컸다. 세상에 '공짜는 없다'는 걸 다시 확인시켜주는 결과다. 악기도 돈을 들이면 연주할 수 있다는 것이다.

악보에는 많은 약속들이 들어 있다. 그런데 문자가 아니라서 전문가의 '해독'이 없으면 알 길이 없다. 음표를 보는 순간 손가락이 움직여야 하지만 플루트만 해도 타이·슬러·텅잉 같은 기법도 알아야 음정과 박자를 제대로 맞춘 소리를 낼 수 있다. 김씨의 얘기를 듣고 있으니 궁금한 점들이 많아 구체적으로 질문을 던져봤다.

Q 레슨은 누구에게 소개를 받나.

A "지금 같은 디지털 시대에는 인터넷에 들어가면 차고 넘칠 만큼 정보가 많다. 이제 선진국 문턱에 와 있다 보니 음악을 전공한 사람이 많다. 이들을 전문적으로 연결시켜주는 인터넷 중개업자도 많다. 대형 소개업체는 누적 회원 15만 명에 달하는 곳도 있다. 이런 곳을 포함해 현재 인터넷에 떠 있는 크고 작은 소개업체는 수없이 많다."

Q 강사들은 믿을 만한가.

A "강사는 원하는 대로 선택할 수 있다. 자신의 연령대에 맞춰도 되고 성별을 고를 수도 있다. 20대 강사부터 중년 강사까지 다양하다."

Q 가능한 악기는 무엇인가.

ⓐ "배우고자 하는 악기는 거의 다 된다고 보면 된다."

ⓠ 악기라면 과거에는 통기타 정도였는데, 관악기 같은 것들은 레슨비가 궁금하다.

ⓐ "이용자의 주관적 기준에 따라 다르겠지만, 생각만큼 부담이 크지는 않다. 플루트와 피아노처럼 강사가 많은 쪽은 한 번에 3만 원이 일반적이다. 한 달 4주를 기준으로 12만 원이란 얘기다. 전공자가 많지 않거나 희귀한 악기일수록 비싸다. 플루트는 3만 원이지만, 오보에는 7만 원을 받는 식이다."

ⓠ 악기 가격이 부담스러울 수 있겠다.

ⓐ "기타는 20만 원 정도면 초급자가 쓸 만한 걸 살 수 있다. 명품 일렉트릭은 수백만 원을 훌쩍 넘어간다. 관악기도 보급형 국산은 20만 원도 안 하지만, 명품 외제는 초급자용도 100만 원에 달한다. 명품 바이올린 스트라디바리우스는 10억 원이라고 하지 않나. 초보자는 보급형으로 시작하면 문제가 없다. 갈수록 악기 욕심이 나겠지만 일단 시작하고 보는 게 중요하다."

이같이 악기를 배우는 사람들이 많다. 악기를 배우면 좋은 점이 한두 가지가 아니다. 기나긴 노후를 보내려면 인적 관계만으로는 해결이 안 된다. 기나긴 세월, 혼자 보내는 시간도 많은데 이때 혼자 행복하게 놀려면 악기 하나 정도 익혀 두는 것이 좋다. 무엇보다 악기를 하면 집중이 잘 되니 정신 건강에도 좋다. 음표를 빨리 읽어야 하고 연주 기법을 익혀야 하기 때문에 치매 예방에도 좋다는 것이 전공자들의 설명이다.

악기 하는 사람 치고 치매가 잘 걸리지 않는다니 말이다.

무엇보다 음악에 대한 이해가 깊어진다. 평소 어디선가 많이 들었던 클래식도 이해하게 되고 음악에 대한 관심이 높아진다. 악기를 연주할 공간도 계속 늘어나고 있다. 음주문화가 개선되면서 서울 강남 바에 가면 기타를 칠 수 있는 곳도 드물지 않고, 피아노와 드럼, 색소폰, 플루트를 연주할 수 있는 곳도 늘어나고 있다.

악기 연주로 노후 행복을 예약해둔 사람들 얘기를 더 들어보자. 전북 전주시에 살고 있는 박모(54)씨는 기타를 배우려는 지인들에게 '선생님'으로 불린다. 그의 방은 웬만한 가수 부럽지 않은 음악 장비를 갖추고 있다. 고성능 소형 엠프에 보면대를 갖추고, 기타는 통기타와 일렉트릭을 모두 갖고 있다.

실력이 빨리 늘지는 않지만 그냥 음악을 이야기하는 것이 좋다는 게 수강생들의 반응이다. 취미 활동으로 하다 보니 따로 레슨비는 없다. 그저 음악을 이야기하고 노닥거리는 것만으로 좋다는 게 박씨의 설명이다. 그는 음악이 있으니 나이가 들어서도 다양한 친구를 사귈 수 있다는 게 참으로 행복하다고 말했다.

회사원 최모(55)씨는 최근 피아노를 시작했다. 그는 "음악이라면 역시 피아노라는 생각이 들어 어렸을 때 배웠던 기억을 더듬어 다시 시작하게 됐다"며 "너무 재미있어 새벽 1시까지 피아노를 치는 날이 많다"고 말했다. 하지만 이웃 사람들은 그가 피아노를 친다는 사실을 전혀 모른다. 이어폰을 끼고 치는 피아노를 사용하고 있기 때문이다.

백세시대에는 악기와 음악도 노후생활의 동반자가 될 수 있다. 다만 악기를 하려면 50대가 골든타임이다. 환갑이 지나면 손이 굳어지고 악보를 읽는 속도도 떨어지기 때문이다. 전공자나 전문가만 한다는 편견도 버려야 한다. 그 순간 악기와 음악을 친구로 얻게 된다.

취미가 곧 일거리가 될 수도 있다

취미가 소일거리로 발전하는 경우도 적지 않다. 급속한 고령화로 노인이 많아지고 있는데 이들을 대상으로 연주할 기회가 많아지기 때문이다. 노인복지센터는 물론이고 노인을 대상으로 하는 음악 공연의 수요가 갈수록 늘어나고 있다.

이런 자리는 전문가보다는 봉사활동 차원에서 아마추어가 찾아가는 경우가 많다. 약간의 봉사료를 받고 노인들에게는 큰 즐거움을 줄 수 있다. 그 자리에 앉아서 감상하는 노인이 되는 것도 좋지만, 그 앞에서 서서 연주를 하게 된다면 더 보람찬 노후생활이 될 것이다.

건강에도 좋다. 주말에 한강변에 나가 보면 여기저기서 악기 연주 소리가 들린다. 50대 중년은 통기타를 집단 연주하고, 60대 이상은 색소폰을 연주하는 모습이 일반적이다. 이런 자리에 나가 연주하는 것만으로 소일거리가 되면서 건강을 유지하고 사회적 관계를 형성할 수 있다. 악기 연주가 단순히 악기를 다루는 데 끝나지 않고 정신 건강은 물론이고 왕성한 취미 활동으로 신체적 활력까지 유지하게 해준다면 이보다 더 좋은 여가 활동은 없을 것이다.

귀농·귀촌은 모방하라

누구나 로망으로 꿈꾸지만 막상 실현되면 애물단지가 되는 두 가지가 있다. 요트와 별장이라는 우스갯소리다. 요트는 생각만 해도 낭만적이다. 해외 잡지에 실린 말버러 광고는 젊은 남녀가 요트를 타고 바다를 가로지른다. 넘실대는 파도와 뜨거운 태양 아래 선글라스를 낀 청춘 남녀의 모습은 아름답다.

하지만 막상 요트를 소유하면 관리하는 게 보통 일이 아니다. 사실 국내에선 여름이 짧아 요트를 탈 만한 자연환경이 좋다고 할 수 없다. 그럼에도 최근 국민소득이 3만 달러에 육박하면서 요트를 보유하는 부유층이 급증하고 있다. 한국은 세계적인 조선업 대국이지만 불행하게도 레저용 요트는 거의 생산하지 않는다. 따라서 요트를 해외에서 사들여오는 경우가 많고 겨울철에는 관리가 더 어려워진다.

별장 역시 마찬가지다. 하늘에 별이 초롱초롱한 시골 마을에 별장을 보유하고 싶은 생각을 해보지 않은 사람은 거의 없다. 하지만 현실은 녹록지 않다. 어쩌다 들르게 되는 별장은 여름에는 잡초투성이고 겨울에는 시베리아처럼 집 안이 차가울 가능성이 크다. 사람이 계속 거주하지 않으면 집 안에 먼지가 쌓인다. 여름에는 하루 종일 잡초만 제거하다 시간을 보내기 일쑤고 겨울에는 집 안을 데우고 청소하는 데만 한나절을 보낼 수 있다. 여름에는 모기와의 전쟁도 벌여야 한다.

낭만적으로 접근하면 실패

귀농·귀촌 역시 요트·별장처럼 현실과 이상은 크게 다를 수 있다. 가장 큰 고충은 사회적 단절이다. 도심권에서 살다 지방으로 삶의 터전을 옮기면 거의 새로운 인생을 살아야 한다. 알고 지내던 지인과의 관계가 끊기는 것은 비용이라고 쳐도 새로운 관계를 형성하려면 상당한 노력이 필요하다.

무엇보다 묻지 마 귀농·귀촌은 온갖 고생과의 직면을 의미한다. 땅을 사는 일부터 집을 짓고 농사를 짓는 것까지 모든 것이 초보자에서 출발하기 때문이다. 부지런하지 않으면 되는 일이 아무것도 없다. 새로 짓거나 사들인 시골 집은 손이 많이 간다. 계속 보수하고 보완하려면 스스로 전문가가 되는 수밖에 없다. 하나의 새로운 세계를 만들어가는 과정이라고 보면 된다.

처음엔 농사를 지을 생각이 없고 귀촌만 하려고 했는데 살다 보니 농사에 손을 댈 수도 있다. 하지만 농사라는 것이 밭에 씨 뿌려놓으면 저절로 수확이 되는 식의 간단한 일이 아니다. 종자와 농법에 대한 지식이 있어야 하고 부지런해야 한다. 한낮 땡볕에서는 일을 할 수가 없다. 가뭄이나 홍수라도 닥치고, 병충해가 창궐하면 아무리 노력하고 실패할 수밖에 없다.

실패담은 묻히고 성공담만 회자된다

이런 어려움에도 베이비부머가 퇴직 러시에 나서면서 귀농·귀촌 러시가 끊이지 않고 있다. 농림축산식품부에 따르면 2015년 기준으로 귀농·귀촌 인구는 32만9000가구, 48만6000여 명에 이른다.

2000년까지는 미미했지만 최근 몇 년 사이 해마다 폭발적으로 늘어난 결과다. 취업이 어려워지면서 귀농·귀촌 인구가 40대 중년층으로 확산되는 경향이 나타나고 있다. 이들 젊은 농부는 페이스북으로 농산물을 팔고 억대 매출을 올리기도 한다.

2015년 귀농 가구를 지역별로 보면 경북이 2221가구로 가장 많았다. 이어 전남(1869가구), 경남(1612가구), 충남(1374가구), 전북(1164가구), 경기(1061가구), 강원(986가구), 충북(928가구), 제주(390가구) 등 순이다.

귀촌 가구는 경기가 8만1465가구로 가장 많은 데 이어 경남(3만7541가구), 경북(3만5363가구), 충남(3만4445가구) 등이 뒤를 이었다. 이어 전남(2만9220가구), 강원(2만4323가구), 충북(2만854가구), 전북(1만6183가구), 제주(7천147가구) 등으로 나타났다.

이같이 귀농 및 귀촌은 트렌드로 자리 잡고 있다. 하지만 요트와 별장의 비유처럼 낭만적으로 접근하면 큰 낭패를 볼 수 있다. 올해 환갑을 맞이한 조모(61)씨는 조기 은퇴해 귀농을 했는데 배우자의 공감을 얻지 못해 외로운 노년을 보내고 있다.

더구나 집을 새로 짓는 과정에서 수도와 전기를 놓는 일부터 모두 스스로 하다 보니 예상을 뛰어넘는 정착비용을 지출했다. 농사에도 도전해봤지만 문외한인지라 고생만 하고 포기상태에 이르렀다. 이런 경우는 부지기수로 많다.

이런 실패담은 대부분 파묻히고 회자되는 것은 성공담뿐이다. 그러다 보니 수많은 귀농·귀촌 도전자가 실패의 전철을 밟게 된다. 하지만 일모작을 끝내고 노후 30년을 보내려면 귀농·귀촌은 도전해볼 만한 시도다. 다만 사전에 충분한 준비를 통해 시행착오를 최소화하자. 조기에 정착해야 성공을 앞당길 수 있어서다. 이를 위해서는 귀농·귀촌의 5대 법칙을 알아 둘 필요가 있다.

귀농·귀촌의 다섯 가지 성공 법칙

1. 제도적 도움을 받아라

전국의 모든 지자체는 귀농·귀촌 희망자 유치에 열을 올리고 있다. 이를 뒷받침하기 위한 '귀농어·귀촌 활성화 및 지원에 관한 법률'도 마련돼 있다. 지자체는 이 법에 근거해 이주자가 안정적으로 농어업을 하거나 정착할 수 있도록 지원하고 있다. 이주하고 싶은 각 지자체 홈페이지를 통해 지원 내용을 확인할 수 있다. 최대 3억 원의 창업자금도 받을 수 있다.

2. 정보를 수집하라

귀농귀촌종합센터(www.returnfarm.com)는 효과적인 길라잡이다. 여기에 들어가 자가진단부터 해보는 게 좋다. 귀농 결심을 언제부터 했는지, 귀농정보 수집은 얼마나 했는지, 귀농을 위한 교육은 수강했는지 등을 파악해 준비 상태를 점검받아볼 수 있다. 이에 따르면 귀농 결정은 최소한 2년 이상 해야 바람직한 것으로 보인다.

3. 가족 동의는 기본이다

가장 큰 걸림돌은 배우자의 반대다. 친구부터 생활편의까지 모든 것을 일시에 내놓고 갑자기 시골 생활에 나서는 걸 누구나 좋아하는 건 아니다. 따라서 귀농·귀촌을 희망한다면 나 홀로 먼저 '단신 부임'하는 것이 좋다. 정착에 필요한 기본 환경을 정비해놓고 배우자에게 장점을 보여주면서 자연스럽게 마음을 움직여야 실패 확률을 줄일 수 있다.

4. 발품을 팔아라

시골에 집을 마련할 때는 집보다 지역을 봐야 한다. 집만 덩그러니 좋다고 해서 농어촌 생활이 좋을 순 없다. 교통 접근성이 우수하고, 산수가 좋고, 역사·문화·관광 같은 지역 테마가 있으면 빠르게 정착하고 새로운 일거리도 찾기 쉽다. 이를 위해선 충분히 답사해 자신의 눈으로 이주 지역을 고르는 게 좋다. 그래야 적정한 값으로 땅을 사고 집을 짓는 부수효과도 거두게 된다.

5. 집은 실속 있게 지어라

전원주택을 비롯해 시골 집은 도시와 달리 집 자체의 가치 상승은 기대하기 어렵다. 가진 게 돈밖에 없는 부유층이 아니라면 집에는 투자를 적게 하고 농지나 텃밭을 많이 확보해 농사꾼으로 나설 경우 활용할 수 있는 자원을 많이 확보하는 것이 오히려 바람직하다.

행복하고 여유로운
삶을 위하여

인생 삼모작까지 준비할 수 있다면 성공한 인생이라고 할 수 있다. 인생 이모작은 퇴직 후 보통 10년이라고 볼 수 있다. 평균적으로 60세에 퇴직해 70세까지 새로운 길을 개척해나가는 시기다.

개인차는 있다. 이모작이 빨리 시작되면 삼모작도 빨라질 수 있다. 이모작이 늦으면 삼모작 없이 여생을 마감할 수도 있다. 어떤 경우든 백세시대가 되면서 인생 삼모작이라는 또 하나의 인생 통과의례가 등장하고 있다.

인생 이모작의 원동력은 체력과 의욕이라고 할 수 있다. 나이는 숫자에 불과한 시기여서 사실상 60대는 50대와 크게 다를 바 없이 사회생활을 하려고 한다. 재취업을 하든 창업을 하든 주도적으로 일을 만들고 경험을 쏟아놓으며 에너지를 발산한다.

하지만 삼모작은 차원이 다르다. 건강수명이 끝나는 70세를 넘기면서 상황이 많이 달라진다. 어느 자리에 서든 주도자가 되기보다는 원로의 위치에 서게 된다. 회사에 고문이 있는 것처럼 말이다. 역할도 여기에 맞춰지는 것이 순리라고 할 수 있다.

아직 일모작에 한창인 사람들은 이모작도 막연할 것이다. 그러나 백세시대가 되면서 순탄하게 이모작에 성공한 사람들은 삼모작을 경험할 가능성이 크다. 삼모작을 할 수 있다면 그야말로 백세시대의 축복을 누리는 주인공이라고 할 수 있다. 삼모작의 시기는 진정으로 하고 싶은 일을 하고 인생의 여유를 만끽할 수 있는 시간이기 때문이다.

인생 삼모작

삼모작은 이모작의 연장선일 수 있지만 많이 다르다. 삼모작은 진정으로 내가 하고 싶은 일을 하는 것이기 때문이다. 이모작은 돈을 더 벌기 위해서 하게 되거나 사회적으로 능력이 있다고 인정을 받는 분야의 전문가로서 일하게 될 가능성이 크다.

하지만 삼모작은 거의 신선의 경지에 들어가는 단계라고 보면 된다. 이모작은 의외로 일모작 뺨칠 정도로 눈코 뜰 새 없이 바쁠 수 있다. 오히려 일모작 때는 직장의 틀에 갇혀 행동에 제약이 있었다면 이모작은 내 뜻대로 하다 보니 더 왕성한 활동을 할 수 있다. 그래서 '백수 과로사'라는 말처럼 퇴직하고 난 뒤 더 바쁜 사람들이 많다. 어쩌면 이때가 인생의 황금기라고 해도 좋을 만큼 바쁜 사람들이 있다.

반면 삼모작은 차원이 많이 다르다. 일단 나이가 많다. 마음은 언제나 청춘같아도 70세가 넘어서면 외모에서도 확연히 달라진다. 그만큼 에너지가 떨어진다. 부총리 겸 교육부 장관을 지낸 안병영 연세대 전 명예교수가 전형이다. 그는 인생 일모작은 '일 중심', 이모작은 '보람 중심', 삼모작은 '자연회귀와 자아찾기'라고 말한다.

안 전 부총리는 에세이집 《기억 속의 보좌신부님》에서 10년 가까이 강원도 고성군으로 낙향해 농사를 지으면서 사는 즐거움을 기록했다. 그는 2008년 부인과 둘이서 고성군 토성면으로 이주, 990㎡(약 300평)의 밭을 일구며 살고 있다. 언젠가 시골에서 살겠다는 도회지 사람들의 평소 꿈을 가장 도회적으로 살아온 그가 실천에 옮긴 것이었다.

아름다운 삶을 추구하는 시간

책에는 인생 삼모작에 대한 안 전 부총리의 삶의 철학이 그대로 드러나 있다. 일모작이 취업 후 퇴직까지의 기간, 이모작이 은퇴 후 15~20년간 자신의 '전공'과 비슷한 일을 하는 시기라면 삼모작은 '백세시대'에 대비한 변화의 시간이다.

안 전 부총리는 이 삼모작 시기에 "큰 도시를 떠나라"고 조언하고 있다. 그는 "번잡한 도시를 벗어나 자연을 즐기고 싶은 사람, 검소하면서 아름다운 삶을 추구하는 사람이라면 시골 생활이 또 하나의 행복한 힐링처가 될 수 있다"고 이야기한다.

안빈낙도(安貧樂道). 바로 평화로운 시기 옛 조상들이 추구했던 삶이다. 속세의 일을 모두 끝내고 고향으로 돌아가 밭을 갈고 책을 읽던 평화로운 삶이다. 이때는 속세에 아무런 욕심이 없다. 누군들 이런 여생을 꿈꾸지 않겠나. 하지만 이런 삶을 살아가려면 탄탄한 노후 준비는 기본이다.

재무적 준비를 포함해 건강을 비롯한 비재무적인 준비가 돼 있어야 한다. 자신의 두 발로 온전히 걸어다니고, 자신의 치아로 밥을 먹을 수 있고, 손수 밥을 지을 수 있어야 행복한 삼모작이 가능하다. 모든 것을 자신이 스스로 할 수 있는 자연의 상태로 돌아가야 진정한 삼모작이 가능하기 때문이다.

관계도 중요하다. 늘 그렇지만 가화만사성이 중요하다. 자녀의 교육은 물론이고 결혼까지 다 끝나 있는 것은 물론이고 순탄하게 살고 있어야 부모가 애프터서비스를 해줄 필요가 없다. 손주를 돌보는 것도 지난 시기라면 더욱 좋다. 온전히 안빈낙도하면서 자신만의 삶을 살아가는 시기여서다.

안 전 부총리처럼 조용한 시골로 내려갈 수 있으면 좋지만 여건이 안되면 그냥 자신이 살던 곳에서 삼모작을 해도 좋다. 다만 새로운 일에 의욕을 보여서는 안 된다. 체력이 허용하지 않을 뿐만 아니라 말 그래도 늙어서 사서 하는 고생이 될 수 있기 때문이다. 일거리가 있더라도 소일거리가 되는 정도에서 만족해야 할 것이다.

반퇴의 정석

초판 1쇄 2017년 12월 13일

지은이 　｜ 김동호

발행인 　｜ 이상언
제작총괄 　｜ 이정아
책임편집 　｜ 조한별
조판 　｜ 김미연

디자인 　｜ 김아름

발행처 　｜ 중앙일보플러스(주)
주소 　｜ (04517) 서울시 중구 통일로 92 에이스타워 4층
등록 　｜ 2008년 1월 25일 제2014-000178호
판매 　｜ 1588-0950
제작 　｜ (02) 6416-3950
홈페이지 　｜ jbooks.joins.com
네이버 포스트 　｜ post.naver.com/joongangbooks
페이스북 　｜ www.facebook.com/hellojbooks

© 김동호, 2017

ISBN 978-89-278-0905-0 03320